A FILOSOFIA RESOLVE

COMO OS FILÓSOFOS NOS AJUDAM A SOLUCIONAR PROBLEMAS E A VIVER UMA VIDA MELHOR

A FILOSOFIA RESOLVE
COMO OS FILÓSOFOS NOS AJUDAM A SOLUCIONAR PROBLEMAS E A VIVER UMA VIDA MELHOR

MARGOT CARDOSO

A FILOSOFIA RESOLVE
COMO OS FILÓSOFOS NOS AJUDAM A SOLUCIONAR PROBLEMAS
E A VIVER UMA VIDA MELHOR
© Almedina, 2023

Autor: Margot Cardoso

Diretor da Almedina Brasil: Rodrigo Mentz
Editor: Marco Pace
Editor de Desenvolvimento: Rafael Lima
Assistentes Editoriais: Larissa Nogueira e Letícia Gabriella Batista
Estagiária de Produção: Laura Roberti
Revisão e Índice Remissivo: Sol Coelho e Editora Longarina

Diagramação: Almedina
Design de Capa: Roberta Bassanetto

ISBN: 9786554271486
Agosto, 2023

Dados Internacionais de Catalogação na Publicação (CIP)
(Câmara Brasileira do Livro, SP, Brasil)

Cardoso, Margot
A filosofia resolve : como os filósofos nos
ajudam a solucionar problemas e a viver uma vida
melhor / Margot Cardoso. – 1. ed. – São Paulo
Edições 70, 2023.

ISBN 978-65-5427-148-6

1. Filosofia – Estudo e ensino 2. Filósofos
I. Título.

23-155717   CDD-100

Índices para catálogo sistemático:

1. Filosofia 100

Henrique Ribeiro Soares – Bibliotecário – CRB-8/9314

Este livro segue as regras do novo Acordo Ortográfico da Língua Portuguesa (1990).

Todos os direitos reservados. Nenhuma parte deste livro, protegido por copyright, pode ser reproduzida, armazenada ou transmitida de alguma forma ou por algum meio, seja eletrônico ou mecânico, inclusive fotocópia, gravação ou qualquer sistema de armazenagem de informações, sem a permissão expressa e por escrito da editora.

Editora: Almedina Brasil
Rua José Maria Lisboa, 860, Conj. 131 e 132, Jardim Paulista | 01423-001 São Paulo | Brasil
www.almedina.com.br

Ao Mateus
Em meio a caminhos percorridos e correção de rotas, términos e recomeços, desapegos e ambições, angústias e encantamentos... é para ti, meu filho, todas as minhas chegadas a Ítaca.

AGRADECIMENTOS

Este livro foi escrito em tempos tempestuosos. No entanto, tive sorte. Em todos os momentos, pessoas lúcidas, competentes e amorosas caminharam comigo. Sem eles, este livro não teria sido possível. Antes de tudo, quero agradecer a amada Luciana Pianaro, empresária, empreendedora, amiga, que, primeiramente, confiou e acolheu a minha coluna semanal na Revista Vida Simples. Ao Eugenio Mussak pela sua crença no valor do meu trabalho que, desde sempre, me eleva nos meus momentos de insegurança. À consultoria crítica de Didier Ferreira, escritor, professor e pesquisador, pelo profundo conhecimento da língua portuguesa. Um ponto de extrema relevância para esta obra que ambiciona um olhar filosófico sobre o cotidiano e que não pode perder de vista que a estrutura da língua, molda, limita e acompanha a nossa forma de pensar.

Ao meu editor Marco Pace pela aposta, interesse, empenho e paciência na materialização deste livro no Brasil.

Ao meu orientador do mestrado em Filosofia, o professor Nuno Nabais, da Universidade de Lisboa, que cometeu a proeza de me fazer amar ainda mais a filosofia.

Aos queridos amigos Edmar Oneda, Reinaldo Polito, Marlene Teodoro, Roberta Vieira, Pedro Almeida, Anita Saavedra, Patrícia Jota, Isa Zimermann, Anna Carolina, Mariana Romão, Ana Catarina Jorge, Tiziano Simonelli, Bete Andrade, Georgia Matteini Palmerini,

Ana Marotti, Conceição Gomes, Carla Neto, Maurício Sita, Patrícia Delgado, Carlos Café, Mariana Gonzaga, Ricardo Felner. Amigos que estão comigo em qualquer parte do mundo e que — a boa maneira estoica — iluminam, alegram e fazem parte do que sou.

Aos leitores da revista Vida Simples, por acolher e ressignificar o meu trabalho.

À minha família portuguesa: Mário, Mariana e Guilherme Romão.

À minha família que, apesar de termos a imensidão do oceano Atlântico entre nós, mostra-me sempre que os nossos laços são fortes e permanecerão sempre intactos. E que não tem fim... Bem-vindos Miguel e Felipe!

Ao meu filho que dá sentido aos meus dias.

E, finalmente, ao David Martin que trouxe amor à filosofia.

SUMÁRIO

CAPÍTULO 1 – A FILOSOFIA ESTÁ À MINHA FRENTE.....: 17
Afinal, para que serve?
    1.1. A cura e o consolo que vem da filosofia 18
Que filosofia é boa para mim. Por onde eu começo?
    1.2. Experimente a lucidez do estoicismo 22
Aceitar a vida como ela é – sem garantias ou redes de proteção
    1.3. A vida que vale a pena, segundo Nietzsche 26
Você vive tempos maus, de escassez e conflitos?
    1.4. A força de Sêneca para encarar a vida de frente 30
Quer – definitivamente – conhecer a si mesmo e os outros?
    1.5. Mergulhe na sua verdadeira natureza através dos mitos gregos 36
Qual é o melhor, viver como asceta ou como esteta?
    1.6. A vida boa exige ética e estética entrelaçadas 40
Súbita, aguda, dolorosa, crônica... Como lidar com a tristeza?
    1.7. Ampare-se na força do pensamento de Nietzsche 43

CAPÍTULO 2 – A VIDA DE TODOS OS DIAS 49
Especialista em inícios... de dietas, de cursos, de relações?
    2.1. Agarre o leme do seu destino com Sócrates 50
Fórmulas de sucesso. Conselhos de gurus iluminados... mas tudo vai mal?

 2.2. *Byung-chul Han propõe a fuga do pensamento positivo*............................... 53
Como conviver com a angústia dos caminhos não percorridos?
 2.3. *Celebre o caráter inédito da vida com Espinosa*...... 56
Por que não consigo agir de acordo com o que penso?
 2.4. *Saiba como equilibrar pensamentos e impulsos*...... 61
Racional X Emocional. Qual escolher?
 2.5. *Nietzsche: "Assuma a sua essência emocional"*....... 63
Barthes fez seu retrato falado: angústia, abandono e impotência... Por que não toleramos a espera?
 2.6. *Aprenda a identificar as oportunidades do ato de esperar*.. 67
Sente o fardo dos dias, o peso de viver e anseia pela leveza?
 2.7. *Abrace e concilie os seus opostos*................. 70

CAPÍTULO 3 – OS RELACIONAMENTOS E... O AMOR..... 75
Do que falamos quando falamos de amor?
 3.1. *O mito da alma gêmea e outros amores na filosofia* 76
Por que as teorias sobre o amor não funcionam na prática? (Mesmo para os filósofos).
 3.2. *Os amores de Schopenhauer, Beauvoir e Russell*..... 80
Terreno desconhecido sobre nós mesmos, mas impossível de falsear... Afinal, o que é isso do sexo?
 3.3. *Freud e a consciência da soberania do corpo*........ 84
   Amar através da pele
Não subestime a dor aguda do rompimento amoroso.
 3.4. *O que sentimos é capaz de nos matar (o coração partido não é uma metáfora)*............................ 88
Ainda a procura da "pessoa certa"?
 3.5. *Um relacionamento é sempre com a pessoa errada*.... 91
O que esperar do casamento?
 3.6. *Somos todos incompatíveis... aceite essa e outras verdades da vida a dois*............................. 96

SUMÁRIO

CAPÍTULO 4 – NÓS, OS MODERNOS 103
Combata a (in)satisfação de consumir sempre mais.
    4.1. Racionalize seus desejos com Platão 104
Boa ou invejável? Qual é a vida que procura?
    4.2. O efeito danoso das celebridades em nós 106
Como sobreviver no mundo líquido de Bauman?
    4.3. Agarre uma ação e abrace suas consequências 109
A incrível sociedade das pessoas cansadas
    4.4. Vigie e respeite os seus limites 114
O excesso de estímulos adoece a mente
    4.5. Patino e os danos causados pela tecnologia 118
Satisfação com a infelicidade do outro?
    4.6. Schadenfreude pode ser convertido no melhor de nós 122
Cansaço mental, ruídos irritantes, dores de cabeça crônicas.
    4.7. A cura e o conforto que vêm do silêncio 125

CAPÍTULO 5 – DO MATERIAL DE QUE SOMOS FEITOS 129
Sensação de fracasso, insatisfação, baixa autoestima.
    5.1. O oráculo de Delfos mostra qual é o seu lugar no mundo 130
Acorda sem forças? Incidentes banais tem status de tragédia?
    5.2. Espinosa e o mundo que nos afeta 133
Muita informação e complexidade? Vá direto a fonte da verdade e da sabedoria.
    5.3. Intuição... essa dádiva divina, segundo Bergson 135
Por que temos horror à incerteza?
    5.4. Encare o inesperado com a lucidez de Nietzsche 138
Sua vida perdeu significado e conexão com a sua essência?
    5.5. Reconstrua-se através de pequenos rituais 142

CAPÍTULO 6 – O PRESENTE, O PASSADO E O FUTURO 147
É possível habitar o fugaz tempo presente?
    6.1. Santo Agostinho e a vida no agora 148

Quando o passado não passa e teme-se o futuro.
    6.2.   *Valide o término e comece a reconstrução* 151
Como lidar com a angústia da vida que nos escapa.
    6.3.   *Acolha e celebre o eterno fluir de Heráclito* 155

CAPÍTULO 7 – A TAL DA FELICIDADE 159
Desencontros e desencantos na busca de ser feliz.
    7.1.   *A felicidade e as lições de Epicuro* 160
Você só vê a felicidade no passado? Só se dá conta do que ama quando perde?
    7.2.   *"Eu era feliz... Mas não sabia": as considerações de Schopenhauer* 164
O que se busca: prazer ou fuga do sofrimento?
    7.3.   *Covardia e confronto com Freud* 169
É possível aprender a ser feliz através de modelos, como as biografias?
    7.4.   *Siga o caminho das pedras de um estudo de Harvard* 173
A pressão para a "felicidade a qualquer custo" está amargando os seus dias?
    7.5.   *Livre-se da ditadura da felicidade!* 177

CAPÍTULO 8 – NÓS EM NÓS MESMOS 181
Qual é a mais importante missão humana? A construção de nós mesmos.
    8.1.   *"Torna-te quem tu és!"* 182
Por que o homem moderno está ansioso e só?
    8.2.   *A angústia existencial segundo Sartre* 186
Por que somos assim? As más notícias sobre a natureza humana.
    8.3.   *Insensíveis, sádicos, dogmáticos e vaidosos* 189
A ansiedade é também uma doença física.
    8.4.   *Atitudes estoicas contornam esse mal moderno* 194
        Pegue o que quiser
Perplexidade e decepção diante das próprias atitudes?

SUMÁRIO

8.5. *Monistas reafirmam: não estamos no comando* 198
O que fazer quando o inimigo mora dentro de nós?
8.6. *Equilíbrio e consolo para o caos interno* 201
Hoje não, amanhã!
8.7. *O ato de procrastinar nem sempre é negativo.* 205

CAPÍTULO 9 – NÓS E OS OUTROS 209
Raiva, culpa, ressentimento, competição...
9.1. *A profunda importância do outro* 210
A nossa real necessidade de aprovação
9.2. *Aceita-me, porque a rejeição dói* 213
Conceitos fechados sobre tudo e o orgulho de não se deixar enganar.
9.3. *Saiba por que o cinismo adoece* 216
Os males da preocupação excessiva em ser bom.
9.4. *A coragem de não agradar* 219
Como encarar as hostilidades do cotidiano.
9.5. *A arte de lidar com as pequenas agressões diárias* 224

CAPÍTULO 10 – SER EMOCIONAL 227
As emoções podem acalmar ou perturbar a mente, adoecer ou curar o corpo.
10.1. *Saber gerir as emoções é o caminho para a vida boa* 228
Fuga de si mesmo, horror e vergonha de estar só?
10.2. *A solidão é uma necessidade* 234
Temor pelo que ainda está por vir e outros receios paralisantes?
10.3. *A ambição de viver sem medo* 236
Só o bom, o belo e o pensamento positivo?
10.4. *Não! Deixa-me sentir tudo* 237
Faça as pazes com a tristeza. Acolha-a e deixe ela dizer a que veio.
10.5. *Calligaris reivindica o direito à tristeza (nossa e dos nossos filhos)* 241

Perseguido pela consciência de uma falha, erro ou imperfeição?
    10.6. Beba com moderação as doses da culpa 245

CAPÍTULO 11 – VIRTUDES 249
Agradecer é prática de esotéricos e filósofos estoicos?
    11.1. Ciência confirma: a gratidão é a mãe da felicidade ... 250
Dúvidas sobre o que é certo e errado? Depende do filósofo.
    11.2. Kant sugere o amor como o melhor conselheiro...... 255
Tensão, ofensa, conflito... Como neutralizar a hostilidade?
    11.3. O incrível poder da gentileza.................... 258
As más notícias das rotinas calculadas e o "nada pode dar errado".
    11.4. A coragem de ser imperfeito.................... 261
A falta de empatia traz solidão e miséria existencial.
    11.5. Colocar-se no lugar do outro é uma virtude sofisticada – e pode ser aprendida 263
Como lidar com o estranho e o diferente de nós?
    11.6. Respeito: a igualdade possível de Aristóteles 267
Quero tudo! E quero já!
    11.7. Paciência, porque a pressa é inimiga da vida 271
Persistir, acreditar até o fim... Afinal, é bom ter esperança.
    11.8. Comte-Sponville e a outra faceta da esperança....... 274

REFERÊNCIAS 279

ÍNDICE REMISSIVO 281

CAPÍTULO 1
A FILOSOFIA ESTÁ À MINHA FRENTE

"Haveria eu de abandonar meu discípulo e não tomar também do fardo que suportas e da calúnia que te impuseram? À Filosofia não é lícito deixar a caminhar sozinho um discípulo seu".

BOÉCIO

Afinal, para que serve?

1.1. *A cura e o consolo que vem da filosofia*

A pergunta "para que serve a filosofia?" tem sido feita com menos frequência. Nos últimos anos, essa ciência humana por excelência saiu do mundo acadêmico, ganhou palcos, livrarias e está na moda. E muitos são os que tomaram a divulgação da filosofia como uma missão. A proposta não é nova, é uma espécie de regresso às origens: trazê-la para a praça pública, tal como Sócrates fazia há mais de 2.500 anos. Nas livrarias, filósofos figuram na lista de best-sellers, como o francês Luc Ferry e o suíço Alain de Botton. Na política europeia, jornalistas pedem a opinião do irreverente Peter Sloterdijk, filósofo que ostenta o status de celebridade na Alemanha. O australiano Peter Singer, professor na Universidade de Princeton (EUA), é chamado a opinar sobre os desafios éticos dos novos tempos. John Gray tem uma função semelhante no Reino Unido. No Brasil, dois dos palestrantes mais populares do país – Mário Sergio Cortella e Clóvis de Barros Filho – são filósofos. Em Portugal, os grandes debates pedem a opinião do filósofo José Gil e de Viriato Soromenho-Marques. E as iniciativas não cessam. Em 2008, Alain de Botton fundou uma espécie de escola de filosofia, a *The School of Life*, com filiais em várias cidades do mundo.

Isso porque o nosso tempo necessita da filosofia. Com o excesso de informação e a falta de nitidez e sentido, somos obrigados a refletir sobre conceitos como ética, verdade, justiça, normalidade. Mas os filósofos não são chamados apenas para os desafios da vida pública, são necessários também para a esfera privada. Desde o lançamento de *Mais Platão e Menos Prozac,* de Lou Marinoff, o aconselhamento filosófico tem estado a ganhar terreno e conquistar adeptos. Estados de angústia, frustração e vários tipos de depressão (como as sazonais) podem ser desencadeados por expectativas irreais e uma visão desfocada da vida, isto é, problemas filosóficos.

Um campo que também não é novo. Os dramas humanos são parte integrante da história da filosofia. E tão pertinente quanto a "para que serve a filosofia?", é a questão "o que é que a filosofia pode fazer por mim?". Em 523 d.C., o filósofo e estadista romano Anício Boécio fez todas as perguntas que gostaríamos de fazer à própria filosofia. E ela – encarnada e ficcionada numa zelosa enfermeira – respondeu. O fantástico encontro entre Boécio e a filosofia foi documentado na obra *As Consolações da Filosofia.* (Não confundir com a obra de mesmo nome de Alain de Botton). Descrita como a mais importante e influente obra da filosofia ocidental – e também considerada a última grande obra designada como clássica –, descreve boa parte dos dramas humanos, como o fracasso dos sentimentos de vingança, a escassez da boa vontade, o hedonismo descabido e os embates contra as muletas ideológicas.

A filosofia é como uma grande farmácia e apresenta remédios específicos para dores e males. Exemplos? Vive assombrado pelo alerta dos economistas e ecologistas que gritam que é preciso diminuir o consumo? E, para aumentar a sua culpa, tem a casa soterrada de coisas que não usa e que nem sequer se lembra do porquê de as ter comprado? E mesmo assim, o seu cérebro associa o fim de semana a centros comerciais? O que fazer? Guie-se pelas lições epicuristas e pratique a frugalidade. Mas não se preocupe, Epicuro não é contra os prazeres. O que está por detrás do conceito é a afirmação de que "aquele que não se satisfaz com pouco, não se satisfaz com nada".

Afinal, quem é que não conhece alguém que tem tudo, pode tudo, mas não valoriza nada, não vibra com nada e vive entediado?

Há turbulências? Passar por fases difíceis faz parte da dinâmica da vida (mais ainda se a vida for num país propenso a catástrofes 😮). O que fazer? Lance mão dos ensinamentos estoicos. Aqui ainda terá a vantagem de comprovar a sua eficácia com exemplos dos seus representantes maiores – Zenon de Cítio (o fundador), Sêneca e Epicteto. O estoicismo ensina a ver a vida como ela é, sem falsos romantismos e sem filtros dissimuladores. Para eles, a prática da virtude é suficiente para a felicidade. Daí vem a calma estoica, a confiança em si mesmo e a coragem para olhar a vida de frente. Pratique o bem e busque a justiça. Se o pior acontecer, estará preparado e terá mais condições – e munição adequada – para enfrentar as consequências, dizem os estoicos.

Os estoicos nos bastam? Nem sempre. Nada é mais desolador e difícil de suportar do que o amor não correspondido. Nos desgostos amorosos peça a intervenção de Arthur Schopenhauer. Como o pessimista rabugento que escreveu "hoje está mau e cada dia torna-se pior, até que o pior de tudo aconteça" pode consolar uma indefesa vítima do cupido? Exatamente por esse contraste. O eminente filósofo, bem-nascido e rico, ensinava a menosprezar o insucesso nessa área (e também o sucesso – ele era contra o casamento). Nada de dramas românticos, nada de fatalismos. É apenas a biologia a fazer o seu trabalho. O objeto do seu amor nada tem de fabuloso e o encontro com a celestial criatura nada tem a ver com um plano articulado pelo destino. Foi simplesmente o que o corpo biológico detectou para o banal e incontornável acasalamento. E essa é toda a explicação. A teoria é compreensível, mas e o que fazer diante do mal-estar e da dor aguda da rejeição e dos amores não correspondidos? Também não é para se afligir. O outro também não tem domínio sobre isso. Não é nada pessoal, nada contra si. Todas as histórias de amor são justificativas para algo muito banal e previsível: o impulso sexual.

E a contribuição de Schopenhauer não é apenas teórica, ele acumulava larga experiência no assunto: foi rejeitado inúmeras vezes. E para que conste, parte do seu insucesso amoroso deve-se ao fato de ele figurar na classe dos "sem noção" – uma categoria excessivamente povoada nos dias que correm. Aos 43 anos, Schopenhauer recebeu o último "não" oficialmente documentado, verbalizado pela insensível Flora Weiss. Durante um passeio de barco, onde Schopenhauer abriu o seu coração, Flora deixa cair, de propósito, as uvas oferecidas pelo filósofo. Mais tarde, a beldade de 17 anos afirmaria que rejeitou as uvas porque sentiu repugnância, já que o velho Schopenhauer as havia tocado.

Muito bem. Olhando assim, em largas pinceladas, parece um consolo um pouco cínico, algo como "as uvas estão verdes". Mas, acredite, é muito eficiente.

Já houve fases em que se deparou com uma decisão difícil e com desdobramentos ainda mais terríveis? Como um divórcio, por exemplo. Esse tipo de batalha exige protagonistas em pleno vigor, mas o que há são pessoas em frangalhos, infelizes e com autoestima em escala negativa. E para piorar, muitos ainda se sentem incompreendidos e sozinhos porque não há um único ser vivente que apoie a sua decisão. Nessa agonia, usamos a capa do psicopata e queremos resolver o problema já, não queremos pensar nas consequências. E todos são da opinião de que é preciso esperar, pensar melhor. Eu estive exatamente nessa situação. Até a psicoterapeuta a quem eu, corajosamente, pedi ajuda, disse que eu deveria esperar. E sabe quem é que me salvou? Nietzsche. Enquanto os meus familiares e amigos mais próximos me diziam "não faça isso, é uma loucura", Nietzsche dizia: "Eles não estão na tua pele, não sentem o que você sente. A melhor pessoa para avaliar é você, mais ninguém". E quando parecia que até o universo tentava me travar e a minha disposição fraquejava, Nietzsche pegou-me na mão e disse: "É a sua vida que está em causa, não recue diante de nada nem ninguém". (Bem. Nietzsche não disse exatamente nessas palavras, ficcionei para facilitar a compreensão).

Quando você estiver envolvido numa grande luta e precisar de encarnar uma personalidade beligerante e altiva que você não tem, mas que precisa ter para se manter à tona, Nietzsche é o melhor conselheiro que alguém poderia desejar. E esse grande filósofo alemão vivia o que pregava. Foi um combatente incansável durante toda a sua vida.

E não se preocupe com as sequelas no fim do embate: o querido leitor não se transformará num martelo furioso. Nietzsche, apesar da sua solidão e desamparo, da doença – "sinto dor 200 dias por ano" – não era pessoa de rancores e ódios. Era bondoso e compreensivo. O seu legado é o dos filósofos vitalistas, defensor da vontade humana e da vida como ela é. Foi vencido pela doença, mas lutou até o fim. Já debilitado, travou o seu último combate: ao ver um cocheiro maltratar um animal, intercedeu e, abraçado ao cavalo que acabara de ser açoitado, Nietzsche teve um colapso. Nunca mais se recuperou.

Seja qual for o consolo que precisar, poderá obtê-lo agora, neste momento. E nem sequer irá precisar de ir a uma livraria. Todas as obras aqui mencionadas, dada a sua antiguidade, são de domínio público, estão disponíveis na internet, em PDF. Identifique a sua situação, escolha o filósofo e transforme o seu sofá num divã.

Que filosofia é boa para mim. Por onde eu começo?

1.2. *Experimente a lucidez do estoicismo*

A pergunta "como a filosofia pode me ajudar?", ultimamente – tempos de urgência –, tornou-se mais direta: "qual é a filosofia que pode me ajudar?" Uma questão pertinente. Afinal, filosofias há muitas. Ela abarca desde as grandes questões da humanidade – o que é Deus, como se constrói o conhecimento, o que é o tempo – passa pela lógica e, finalmente, sobre a existência humana e o embate entre os nossos desejos e a realidade que se apresenta diante dos nossos olhos.

Não há nada contra as grandes ideias, a questão é que a maioria dos seres viventes está ocupada com questões sobre a melhor forma de viver, como deixar de sofrer e qual é o caminho certo. É uma questão de hierarquia. A esfera privada está em primeiro plano e é a nossa base de lançamento para outros voos. Há um *cartoon* de Bill Waterson que mostra o seu personagem Calvin a caminhar contrariado em direção à escola. O problema? Antes de qualquer tema que a escola lhe queira ensinar, ele quer primeiro saber qual é o sentido da vida.

Por essa primazia, sinto uma enorme felicidade quando vejo livros de filosofia para crianças ou iniciativas de "escolas da vida" – como a Casa do Saber (Brasil) – e a *The School of Life*, de Alain de Botton (com unidades em vários países do mundo). Somos lançados na vida, sem instrução, sem preparo. Se vivêssemos num mundo perfeito, ensinar a viver faria parte do currículo escolar. E se essa disciplina existisse, uma boa sugestão para o primeiro capítulo seria o estoicismo. Trata-se da mais completa das escolas filosóficas. Serve para tempos de paz e para tempos de guerra; são lições práticas, de fácil digestão. É como – para usar uma palavra da moda – uma mentoria. E, finalmente, é atemporal. Criada no início do século III a.C, pelo grego Zenon de Cítio, manteve-se sempre ativa e, ao longo dos séculos, influenciou teóricos e outras escolas filosóficas, principalmente, o pensamento cristão.

É uma espécie de paracetamol ou um antibiótico de largo espectro, o estoicismo pode beneficiar desde estadistas até ao mais comum dos homens. Não é exagero retórico, os três maiores expoentes do estoicismo foram um imperador, um escravo e um jurista com incursões na política. Respectivamente, o imperador romano Marco Aurélio; no outro extremo, o escravo Epicteto e, entre eles, Lúcio Aneu Sêneca, um dos maiores intelectuais do império romano.

Essa diversidade de teóricos reflete-se no seu corpo filosófico. O estoicismo contempla o peso da liderança, a solidão, o sofrimento da escravidão, as injustiças sociais, o desespero da decadência e o medo da morte. Condições que também enfrentamos hoje. Qual é a proposta estoica? Antes de tudo é preciso preparo. Não podemos entrar na vida sem capacitação. E para eles, as armas são as quatro virtudes estoicas: a sabedoria, a coragem, o autocontrole e a justiça.

Devidamente apetrechados de virtudes, estaremos aptos para a primeira lição do estoicismo: diferenciar a experiência externa – as coisas que estão fora da nossa mente – da experiência interna. Basicamente, é o mesmo que separar o que podemos controlar daquilo que não podemos controlar. A ideia é focar a nossa força naquilo que depende de nós. Não importa o quanto nos esforcemos, nunca teremos total controle sobre os eventos externos. Não está no nosso poder o comportamento dos outros, os desmandos políticos ou os caprichos do devir.

E o que fazer com as agressões, os reveses e as armadilhas do destino que recaem sobre nós? Interpretar, ressignificar e modular os seus efeitos em nós. Já deve ter ouvido por aí que "Não é o que te acontece, mas é como você reage ao que te acontece que importa". Eis a máxima de Epicteto. A ideia é "construir" o nosso olhar sobre a realidade. É claro que o estoicismo não prega a apatia e o conformismo. Devemos agir sobre a realidade, mas o foco, a artilharia pesada, é interna. Marco Aurélio, afirma que a felicidade depende da qualidade desse exercício. Quanto maior a qualidade de pensamento, mais qualidade nas ações.

E aqui entra o caráter essencialmente prático do estoicismo: as ações. "Não perca mais tempo em discutir sobre o que um homem bom deveria ser. Seja um", desafia Marco Aurélio. Esses pensadores ensinaram pelas palavras, mas também pelo exemplo de vida. A obra *Meditações* foi escrita como uma reflexão sobre si mesmo. Considerado o último dos cinco grandes imperadores de Roma, Marco Aurélio – o homem mais poderoso do seu tempo – não tinha nenhum motivo para expor as suas virtudes e vícios num livro. A sua sabedoria impediu que ele fosse corrompido pelo poder. Ciente de que as atitudes eram mais importantes do que as palavras, antes de ambicionar ser um grande imperador, procurava ser um homem bom e justo.

Epicteto mostrou que, para aquele que está seguro no seu mundo interior, qualquer lugar será bom para viver, independentemente das adversidades. Diz ele: "Doente e ainda assim feliz; em perigo e ainda sim feliz; no exílio e ainda assim feliz". Essas frases fora do contexto poderiam parecer autoajuda oca, mas ganham outro significado quando vêm de alguém que viveu boa parte da sua vida num ambiente hostil. Epicteto foi escravo de Epafrodito, o cruel secretário de Nero. Segundo a história, o seu senhor partiu-lhe uma perna. Uma agressão da qual nunca se recuperou e passou a andar de muletas. Aliás, nem sequer sabemos o seu verdadeiro nome. Epicteto significa "adquirido" ou "comprado". Talvez a coragem – uma das quatro virtudes estoicas – tenha na biografia de Epicteto a sua mais perfeita tradução: "Às vezes, até viver é um ato de coragem".

Eu já ouvi muitas críticas de que o estoicismo é uma filosofia para abnegados e passivos. É uma crítica injusta. O estoicismo não prega a aceitação passiva da vida. Marco Aurélio liderou uma Roma tempestuosa com guerras e pestes e teve que implementar decisões difíceis. Ele próprio sentiu a aridez da sua máxima "se não for certo não faça, se não for verdade não diga".

Sêneca defendia o tratamento humano para com os escravos e era vegetariano, dois grandes escândalos para a época. Oriundo de uma família rica e poderosa, culto e reconhecido como um dos maiores oradores do seu tempo, sempre ocupou altos cargos no senado de Roma. Após intrigas políticas, foi condenado ao exílio. De regresso, voltou como conselheiro de Nero e, no fim da vida, foi condenado a cometer o suicídio pelo próprio imperador. Mas, foi, até o último suspiro, um combatente estoico. Os seus últimos minutos de vida, em agonia – teve de cortar os próprios pulsos –, foram destinados a consolar familiares e amigos que sofriam pela injustiça da sua condenação.

Epicteto, apesar da sua condição, tinha como grande ambição uma vida plena, arrimada em nobres valores morais e éticos. Nessa busca, a condição de escravo não foi impedimento. Epicteto julgava que apenas o seu corpo estava destinado a escravidão, a sua mente permanecia livre.

Apesar de árdua, a ambição estoica é tentadora. Principalmente porque ela nos é muito familiar. O cristianismo assimilou muitos conceitos estoicos. Inclusive Sêneca trocou correspondências com o apóstolo Paulo. Na filosofia oriental, o budismo tem muitas semelhanças: manter o equilíbrio perante o sofrimento; serenidade para evitar pensamentos destrutivos; coragem e autocontrole nas adversidades... Se você ficou desanimado pela dificuldade da prática estoica e pensa que ela não está ao seu alcance, então você está num bom caminho. Afinal, diz o estoico, "só não é impossível aprender aquilo que você acha que já sabe". Comece olhando o seu interior, analise o que o aflige, coloque o filtro da generosidade e diminua os valores da escala. A sua vida financeira tem grau oito de insatisfação? Diminua para quatro? As suas relações, nove? Diminua para cinco. E por que esse exercício? Sêneca diz que na maioria das vezes estamos mais assustados do que derrotados, mais fragilizados do que destruídos. Sofremos mais por conteúdos fabricados pela nossa mente do que aquilo que existe na realidade. E, nesse exercício, não esqueça de diminuir a escala de exigência com você mesmo. Epicteto afirmava que nunca conheceu um estoico completo. Ser um aspirante a estoico já é o suficiente. Põe-te na estrada.

Aceitar a vida como ela é – sem garantias ou redes de proteção.

1.3. *A vida que vale a pena, segundo Nietzsche*

O que faz com que um filósofo do século XIX estampe camisetas e seja recordista de memes na internet, mais de cem anos depois da sua morte? Suas ideias de superação individual – independentemente do contexto – têm um impacto enorme para qualquer um que reflete sobre a vida, inclusive para os pensadores que vieram depois dele. O vigor nu do seu pensamento, associado ao talento para a escrita, fazem de Nietzsche um dos filósofos mais estudados de todos os tempos. E, a cada ano, aparecem mais livros, filmes e estudos sobre a sua obra. Atemporal e potente, algumas das suas máximas já foram incorporadas na nossa cultura, como "aquilo que não te mata, te fortalece" ou "temos a arte para que a verdade não nos destrua". A atualidade de Nietzsche extrapola o tempo e também as áreas de interesse. Ele, por exemplo, dialoga com os teóricos do Vale do Silício. Os magos do algoritmo que buscam alcançar a inteligência artificial, deparam-se com a barreira da falta de conhecimento sobre como o homem funciona. No impasse, reconhecem que Nietzsche fez a pergunta fundamental sobre o assunto. O filósofo debateu-se com a questão "como é possível a estupidez artificial?" Se nascemos cheios de potencialidades, inventivos e com os sentidos e a curiosidade aguçados, como é possível chegarmos à mediocridade?

É verdade que a popularidade de Nietzsche vem mais da sua habilidade como escritor – seus aforismos acutilantes marcam e cativam – do que da compreensão do seu corpo filosófico. A dificuldade vem do fato de que Nietzsche escrevia sobre conceitos complexos de forma direta, sem muita explicação. Muito erudito, para ele eram conceitos óbvios. A outra dificuldade é que as suas ideias não estão sistematizadas como em alguns filósofos, como Kant. Pós-moderno, Nietzsche atira para todos os lados – todos os seus livros falam sobre tudo. O que abriu lacunas para interpretações equivocadas sobre as suas ideias, como o conceito de Übermensch – que poderia ser traduzido por homem superior, super-homem ou além do homem – que foi usado e abusado pelo regime nazista. Ora, a superioridade do homem reivindicada pelo filósofo não tem nada a ver com raças. Nietzsche referia-se ao homem psicologicamente forte. Ele clamava que o ser humano deveria encarar a vida de frente, sem muletas metafísicas, como as da religião e outras doutrinas.

De acordo com ele, quem não faz o mal com medo da justiça ou do fogo do inferno, vale zero. Para Nietzsche, o homem é mais forte e vive uma vida autêntica quando encara a vida como ela é. E o que devemos encarar? Que vamos morrer, que somos sós, que a vida é assim: sem garantias e sem redes de proteção. E o que faz a grande maioria? Nega essa realidade. Nega a vida porque não é forte o suficiente para suportar essa verdade, refugia-se covardemente em misticismos e promessas de vida pós-morte e engana a si próprio.

E aqui você pensará: mas isso é ser niilista. É não acreditar em nada. Mas Nietzsche não é um feroz opositor do niilismo? Pois é. Mas para Nietzsche aquele que adota crenças que não são verdadeiramente as suas, como a de uma religião ou de um grupo – ou seja, aquilo que é absorvido de fora para dentro – também é um niilista. Um homem que vive abrigado por uma doutrina, vive de forma inautêntica, porque renuncia a si próprio em nome do céu, do estado, da família, da sociedade em que vive... O pensamento de rebanho – ou o comportamento de seguir a manada – é considerado por Nietzsche como um dos mais abomináveis e covardes comportamentos humanos. Ele considera-o como uma outra forma de escravidão. A proposta de Nietzsche é: não negue esta vida em nome de outra que está no além da vida. Descubra quais são os seus valores, as suas vontades, o que te move e viva de acordo com eles. Construa a sua coragem, trabalhe para uma versão melhor de você mesmo. Viva esta vida, a sua vida, a verdadeira, a autêntica. Essa é a vida que vale a pena ser vivida.

E ironia do destino: hoje há uma necessidade urgente de percorrer o caminho para ser um Übermensch, mas é também um tempo em que há muito mais obstáculos do que no passado. Primeiro, porque hoje o homem é ainda mais emocionalmente fraco do que o que Nietzsche testemunhou. O psicólogo da educação brasileiro Içami Tiba (1941-2015) chamava as duas últimas gerações de parafusos de geleia: não aguentam nenhum aperto. Isso ou aquilo não pode ser dito porque é ofensivo. Certas restrições fazem-lhes danos irreparáveis. E o contexto político e social é o pior possível. Os grandes problemas são maquiados. Nada pode ser verdadeiramente discutido porque não é politicamente correto, porque é uma ideia de direita ou de esquerda. E a verdade? Não conta. A verdade é dura demais. A sociedade ataca ferozmente quem se desvia da rasa narrativa oficial – mesmo que a realidade mostre o contrário. Aqueles que têm coragem de dizer a verdade, de colocar o dedo na ferida, são ostracizados e tratados como material tóxico.

Se isso assusta metade do mundo, a morte de Deus, anunciada por Nietzsche, é a martelada que dói na cabeça da outra metade do mundo. É verdade! Nietzsche, filho de um pastor protestante, era um feroz opositor da moral cristã. Para ele, os crentes de forma geral – não apenas os cristãos – não são bons (ou tentam ser) porque se preocupam com o próximo. Eles são bons porque têm temor. Portanto, não é uma bondade genuína. Temem o castigo divino do pós-morte.

Nietzsche não via sentido numa vida que negasse a própria vida, em detrimento de uma eventual vida no além morte.

Como é possível aceitar uma vida onde impera o temor, a culpa e o remorso? Nietzsche também combateu os falsos moralistas. Para ele, o indivíduo que não rouba porque tem medo de ser apanhado, não é moralmente correto. É só medroso. Por isso, ele propôs uma ideia de ética que dependia simplesmente da própria pessoa, da sua força interior – sem recompensas ou punições. Todas as ideias de Nietzsche clamam pela vida, são um convite para viver a vida verdadeira.

Um dos pilares que suporta a vida verdadeira prescrita por Nietzsche é o conceito do Eterno retorno. E não. Não é a sucessão das estações do ano. É um convite para refletir sobre a vida que vivemos. Em muitos momentos você se perguntou: "mas o que eu estou fazendo aqui?" ou constatou: "isso não tem nada a ver comigo!" Essas interrogações banais que surgem de vez em quando, Nietzsche aconselha a dar muita importância a elas. No aforismo número 341 do livro *Gaia Ciência*, Nietzsche desafia para que você se imagine na seguinte situação:

> Como seria, se um dia ou uma noite, um demónio imperceptivelmente se arrastasse até a tua mais isolada solidão e te dissesse: "esta vida, tal como a vives agora e tens vivido, terás de vivê-la uma vez mais e mais vezes sem conta; e não haverá nela nada de novo, mas sim te hão-de voltar cada dor e cada prazer, e cada pensamento e suspiro, e tudo o que é indizivelmente pequeno e grande na tua vida, e tudo na mesma ordem e sequência, e de igual modo esta aranha e este, e também este instante e eu próprio. A eterna ampulheta da existência está sempre de novo a ser virada, e tu com ela, ínfimo grão de pó da poeira!" – Não te lançarias ao chão, rangendo os dentes e amaldiçoando o demónio que assim falava?
>
> Ou experimentaste alguma vez um portentoso instante, em que lhe responderias: "tu és um deus e eu nunca ouvi nada de mais divino!" Se este pensamento te dominasse, tal como és, te transformaria talvez, mas talvez te aniquilarias: a pergunta "queres isso ainda uma vez e um número incalculável de vezes?" (...)

É essa a reflexão que Nietzsche pede de nós. É um pedido urgente de avaliação da vida que levamos. Qual seria a sua reação se não houver mais nada além desta vida que retorna eternamente? Pavor ou alegria? Quais são as forças que precisam habitar um homem para que ele chegue ao fim de sua vida e diga: "mais uma vez, por favor". Você ama a vida que tem agora a ponto de querer repeti-la infinitas vezes tal como ela é, sem alteração? Eis a grande indagação da filosofia pela voz de Nietzsche. Se a resposta for não. Faça alguma coisa. Você ainda vai a tempo! Encare a sua vida como um ato único e múltiplo. Execute cada pequeno ato da vida com intensidade e alegria, pois ele se repetirá para sempre.

Você poderia se perguntar qual é o resultado dessa filosofia na prática? Ora, a própria vida de Nietzsche pode servir como exemplo. Ele foi daqueles que viveu as ideias que pregou. Apesar de fisicamente doente durante quase toda a sua vida, Nietzsche teve bons amigos, mas viveu só; amou e não foi correspondido, mas nunca foi amargo ou consumiu-se em autopiedade e revolta. Viveu intensamente e, sobretudo, viveu a vida única e intransferível que descobriu dentro de si. E é essa, e só essa, a vida que vale a pena.

Você vive tempos maus, de escassez e conflitos?

1.4. A força de Sêneca para encarar a vida de frente

Nos últimos anos tenho notado – e não apenas entre aqueles que buscam aconselhamento filosófico – um crescente interesse pelo filósofo estoico Lúcio Aneu Sêneca. O estoicismo sempre foi considerado uma filosofia para poucos. É sabido que o filósofo Michel de Montaigne tinha uma citação de Epicteto esculpida no teto da sua casa. Thomas Jefferson tinha Sêneca na mesa de cabeceira. Bill Clinton afirma que todos os anos lê *Meditações*, de Marco Aurélio – que foi, simultaneamente, imperador, estoico e o homem mais poderoso do seu tempo. Mas hoje – tempos de busca fanática por fórmulas de felicidade – aparentemente parece um contrassenso. Mas são só aparências. Há muitas razões para ter Sêneca nas mãos. As *Cartas a Lucílio*, por exemplo, é um manual sobre a arte de viver. Além de ser uma leitura agradável, dá um prazer extra abrir o livro, ler uma carta e imaginar que ela foi escrita para nós. Sendo uma adepta da filosofia para todos os dias, considero-o um mestre da filosofia prática. Tudo o que experienciamos na vida, mereceu o olhar de Sêneca.

E sobre o caráter pesado e pessimista do estoicismo? Não é verdadeiro. Sêneca não vai recomendar que você leve uma vida de privação e miséria, sem alegria e sem prazeres. Primeiro, porque o estoicismo não comporta essa redução. E, para além disso, Sêneca via algumas teorias do epicurismo sob medida para a prática estoica. Uma espécie de tempero para o estoicismo... à base de ervas, bem entendido. Talvez a conotação árdua venha do fato do estoicismo ser muito reivindicado nas adversidades. É uma espécie de arma para tempos de guerra, um período em que precisamos cobrir a pele com uma armadura protetora. Mas, ele não é só isso. Também é possível apreciar Sêneca em tempos de paz. A força e a beleza do seu pensamento, traz alento e otimismo. Mostra um caminho claro para a ética e é um convite para superarmos as nossas próprias limitações.

Sêneca é melancólico e depressivo? Acho horrível essa anomalia de julgar personalidades do passado com os valores atuais. É preciso fazer-lhe justiça. Sêneca viveu em tempos maus. No primeiro século da nossa era, Roma era um palco instável e violento. Sêneca teve de lidar com pessoas caprichosas e poderosas, enfrentou ameaças constantes, o exílio, a doença e, por fim, a condenação à morte. Sua carreira política foi construída durante uma sucessão de líderes cruéis, tirânicos e imprevisíveis. Ele viveu literalmente sem saber o dia de amanhã. No ano de 49 d.C., Sêneca teve de assumir – contra a sua vontade – o cargo mais ingrato da administração do império: o de tutor de um garoto de 12 anos, chamado Lucius Domitius Ahenobarbus, que viria a ser o Imperador Nero. Logo ficou claro que Nero era um psicopata homicida.

Com poderes absolutos, o Imperador tinha por hobby "convidar" seus desafetos – ou donzelas abduzidas nas ruas – para as câmaras subterrâneas do seu palácio, onde ele friamente os executava. Outros hábitos de Nero era o combo crueldade-espetáculo, como decapitar, desmembrar, lançar pessoas vivas aos leões e aos crocodilos. E qual era o crime dessas vítimas? Salvo raras exceções, nenhum. Gladiadores eram lançados aos lobos, simplesmente porque não proporcionaram um belo espetáculo ao imperador. Às vezes, bastava um simples rumor. Transportando para os dias de hoje, seria como uma condenação à morte por conta de uma *fake news*. Como é natural, Sêneca não era otimista e tentou se afastar da corte. Por duas vezes, entregou ao imperador sua carta de demissão. Por duas vezes, ela foi recusada com um abraço. E o argumento era o de que Nero preferiria morrer a fazer mal a seu tutor. Porém, nada do que Sêneca experienciava confirmava essas palavras. E estava certo. Pouco tempo depois, Nero condenou Sêneca a cometer suicídio.

Ora, guardada as devidas proporções, vivemos tempos conturbados. Crise econômica, terrorismo, violência urbana, pandemia, fanatismo religioso, ódios raciais. E além de tudo, um caos semântico sem precedentes, onde a manipulação, as *fake news*, a alienação e a praga do politicamente correto encurralam a verdade e o discernimento. E para piorar, ausência total de estadistas ou, pelo menos, liderança séria. Os Neros continuam a liderar o mundo. A sensação de instabilidade e perigo iminente sãos os mesmos experimentados por Sêneca.

E mais do que atender as necessidades do seu tempo – e deste – o estoicismo contempla dramas intemporais. Quase como uma premonição dos nossos tempos de urgência ecológica, Sêneca fez um guia prático para frugalidade e como contentar-se com o suficiente. Ele afirma que pobre não é o homem que tem pouco, mas o homem que anseia por mais. Qual é o limite adequado para a riqueza? É, primeiro, ter o que é necessário, e, segundo, ter o que é suficiente. No campo da ética, cada carta à Lucílio é um tônico fortalecedor do caráter, da resiliência e da consciência do presente. Tudo o que você considera confuso – desde a decisão de abandonar um trabalho, passando por fundar uma empresa, até terminar um relacionamento –, torna-se simples à luz do discernimento de Sêneca.

Porém, é no domínio das emoções que reside a grandiosidade desse filósofo. Se você fizer uma lista do que amarga a vida, você vai ver raiva, estresse, descontrole, frustração, desilusão... Sêneca ensina a se livrar de todas elas. Vamos começar por um exemplo simples: você está frustrado e irado. Mas a culpa não é sua. É do trânsito. As pessoas não sabem conduzir, fazem absurdos, colocam a vida dos outros em risco. Aliás, isso nem ao menos é um problema filosófico. Sêneca discorda. A raiva é um problema filosófico e, inclusive discorda que a raiva é irracional e incontrolável. Pelo contrário. Para Sêneca, a raiva tem origem em ideias racionais sobre o mundo. E mais: ideias racionais otimistas.

As pessoas ficam com raiva porque criam expectativas elevadas. O que está na base da raiva é a sensação de surpresa e injustiça. O problema é que confusão e incompetência no trânsito não são injustas, nem surpreendentes, mas um fato previsível da vida. Quem se zanga com elas tem expectativas erradas em relação ao mundo. E aqui a proposta de Sêneca: seja mais pessimista em relação ao trânsito. Veja bem: usei o "pessimista" por uma questão didática. Na verdade, o que Sêneca quer dizer é que devemos ajustar a nossa visão à realidade da vida. O que ele propõe é que se aceitarmos que nem todos sabem dirigir bem, não vamos ficar surpreendidos e não vamos nos descontrolar quando nos depararmos com eles. O máximo que cabe a nós manifestar é uma expressão de rabugice, "olha lá mais um", ao invés de espumar de raiva e rugir contra condutores. Sêneca acreditava que um dos motivos da raiva, da frustração, do desapontamento, do estresse – e muitos outros estados que nos tiram do sério – é imaginarmos que as coisas serão sempre do jeito que queremos, que somos capazes de moldar o mundo segundo nossos desejos.

Não somos. Há muitas coisas que a única ação que nos cabe é aceitar. Nem sempre temos liberdade para mudá-las. Uma analogia, creditada a Zenon de Cítio, ilustra essa realidade da vida com uma comparação. Para ele, somos como cães amarrados a uma carroça em movimento. A correia é longa o bastante para nos dar alguma liberdade, mas não para permitir que cada um vá para onde quiser. O cão logo se dá conta de que, para aumentar o seu conforto, ele precisa, algumas vezes, se contentar em seguir a carroça. É bem melhor segui-la para onde você não quer ir do que se debater para tentar mudar a sua rota. Porque além de ir para onde você não quer, você vai em sofrimento, estrangulado pela superioridade da carroça. O cão somos nós, a carroça, o destino. A síntese desse ensinamento que também foi comentada por Sêneca é a sua famosa máxima "o destino guia quem o segue de bom grado, mas arrasta quem se recusa a segui-lo". Somente a capacidade de resistência e a submissão à necessidade proporcionam o alívio para o que é esmagador.

Mas, nessa metáfora, levamos uma vantagem. Somos dotados de razão e essa nos dá um trunfo: a capacidade de perceber o que podemos e o que não podemos mudar. E mais um bônus da razão: podemos mudar a nossa atitude em relação ao que não é possível mudar. Sêneca acredita que essa dupla liberdade é o que nos distingue como humanos. O conhecimento filosófico é o meio para a calma e o controle, diante de qualquer adversidade.

Pode-se argumentar que a única coisa que afligia Sêneca era a perigosa cena política, uma vez que o filósofo sempre foi muito rico. É mais fácil ser plácido com dinheiro. Afinal, o dinheiro dá conforto e ampara muitas quedas. É uma imagem errada. Observador do mundo a sua volta e habituado a conviver com a alta sociedade da Roma imperial, Sêneca constatou que a riqueza torna as pessoas ainda mais frustradas e iradas, não mais calmas. É o mesmo verifica-se hoje. É destaque no noticiário que uma celebridade quebrou parte da mobília do seu quarto de hotel, que a esposa do Príncipe Harry berrou diante da impossibilidade de confirmar se um prato era 100% vegano, que um célebre músico fez um escândalo diante de toalhas brancas, quando esperava-as pretas.

Na sua próxima viagem, veja como se comportam os passageiros da classe executiva e econômica. Compare. Há sempre um na executiva a bradar alguma exigência. E Sêneca também aponta casos absurdos como esse no seu tempo. Ele conta que durante um exuberante banquete, um escravo quebrou uma taça de cristal. Como punição, o anfitrião, Publius Vedius, ordenou que o escravo fosse lançado para o tanque de lampreias para ser devorado vivo. Entretanto, apesar desses abusos serem uma prática banal naqueles tempos duros, o castigo foi considerado exagerado e cruel. E quando o irascível anfitrião tentou executar o castigo, foi travado por um dos convidados: o Imperador Augusto em pessoa. Indignado, o imperador ordenou que todos os valiosos cálices do anfitrião fossem quebrados. Qual a constatação de Sêneca? A ira de Vedius vinha da sua crença de que no mundo, os copos valiosos não se quebram. E, talvez, essa também foi a constatação de Augusto. E para que ele aprendesse a lição, todos os seus valiosos cálices foram reduzidos a pedaços diante dos seus olhos.

Dessa forma, temos que concordar com o filósofo: o otimismo é o agravante. E os ricos são mais otimistas do que os pobres. Quanto mais ricos, mais são as expectativas porque eles acreditam que o dinheiro os protege dos reveses e das frustrações. Claro. Todos nós – em menor ou maior grau – reagimos mal às frustrações. E já que nem o dinheiro resolve, o melhor é reduzir as expectativas. Porém, isso não basta, sob pena de vir também a apatia e o pessimismo. É preciso fazer uma antecipação de cenários para eliminar o fator surpresa. Não adianta agonizar e aumentar o nível de estresse durante o tempo de uma reunião. Aceite que ela durará duas horas e se prepare. Sêneca diz que o estressante é aquilo que nos pega de surpresa. Se você admite que o projeto pode ser recusado, que o fornecedor pode se atrasar; se o pior acontecer, você estará preparado. Ele é contra o hábito do consolo com afirmações-mantra do tipo "tudo vai dar certo", "não se preocupe". Para ele, esse apoio pode ser cruel, pois deixa que o outro fique desarmado diante do infortúnio. Quer ajudar um amigo? Faça uma ronda sobre os eventuais cenários negativos. É claro que Sêneca não quer que você seja um pessimista de plantão. Ele não proibi você de esperar coisas boas, quer apenas que esteja preparado para as más.

Mais do que pessimismo e otimismo, ele recomendava a visão realista. Muitas vezes superestimamos a nossa capacidade de ação. Para combater essa ilusão, Sêneca invocava o poder da deusa romana Fortuna (romanização da deusa grega Tique). A deusa é representada por uma mulher com os olhos vendados, portando numa mão uma cornucópia cheia de moedas de ouro e na outra um leme. A cornucópia simboliza o poder da deusa de conceder riquezas, favores e todas as coisas boas da vida. Na outra, o leme, indicando que basta um leve toque para destruir nossas vidas. Repentinamente, o nosso emprego, a casa dos nossos sonhos e muitas outras dores de cabeça podem acontecer. Coisas boas e ruins fazem parte da vida e devemos aceitá-las com a máxima serenidade possível. E, se não for possível, pelo menos encare-as com dignidade e calma, sem desatinos e gritos.

Essa é uma realidade que não podemos mudar. Mesmo quando tudo parece calmo, pode surgir o desastre. Não temos controle sobre o nosso destino. Com sorte, nada de tão terrível irá acontecer conosco. Mas coisas ruins podem acontecer e a melhor maneira de amenizar os golpes, se eles vierem, é estarmos preparados. Se Sêneca fosse o nosso contemporâneo, provavelmente recomendaria o popular "aceita que dói menos".

Quer – definitivamente – conhecer a si mesmo e os outros?

1.5. *Mergulhe na sua verdadeira natureza através dos mitos gregos*

Certa vez, Nietzsche referiu-se a Dostoiévski como "o único psicólogo com quem tenho algo a aprender. Ele pertence às inesperadas felicidades da minha vida". Não conheço nenhum meio mais rápido e acessível para o autoconhecimento do que a literatura. Com ela, nos expomos a novas experiências e vivências, viajamos para qualquer lugar do mundo e para qualquer tempo. Com as suas narrativas, aprendemos a nominar o que sentimos e ampliamos a nossa compreensão sobre os outros. Da clássica a contemporânea, a literatura, pelo seu caráter transformador, tem o mesmo status da obra de arte. Gigantes russos – como Tolstói e Dostoiévski – "guiam" pessoas de todas as nacionalidades e épocas. O leitor de Machado de Assis ou Eça de Queiroz se reconhece nos seus personagens. Ainda antes desses está a Ilíada e a Odisseia de Homero, narrativas que mostram a nossa missão e as razões da nossa existência.

Os seus temas – a ambição, o amor, a vaidade, a traição, o ciúme, o preconceito, a maldade – atravessam os tempos, fazem parte da condição humana e estão presentes no mundo de hoje, no que sentimos, na nossa história. Eles são um espelho nítido daquilo que carregamos dentro de nós.

Para além do conhecimento, que não é pouco, os livros abarcam outras dimensões. No que toca aos clássicos, há encanto maior do que ter acesso ao conteúdo de um livro – por mais difícil que seja – que Nietzsche, Freud ou qualquer outro autor que você admira leram? Ou o fascínio de saber que uma pessoa do século II teve o mesmo livro de Platão que tenho agora nas minhas mãos? Está gravado na minha memória o dia em que tive acesso a lista de livros que Espinosa leu. Como ele viveu em relativa pobreza e, no seu tempo, os livros eram caros, seu pequeno acervo foi registrado no inventário de suas posses. Era necessário vendê-los para suportar as despesas do funeral. Por conta desse preciosismo legal, hoje temos acesso ao que o filósofo lia. E quando, anos mais tarde, soube que Nietzsche fora um leitor voraz de Espinosa, passei a partilhar – com modéstia, claro – uma espécie de cumplicidade com Nietzsche: tínhamos os mesmos gostos!

Confissões excêntricas à parte, considero uma joia rara deste nosso tempo, o acesso a este grande número de clássicos, suas reedições, suas traduções melhoradas. Afinal, apesar das mazelas do consumismo e das doenças trazidas pela tecnologia, ainda há muita coisa maravilhosa. E não é necessário a ida às livrarias ou bibliotecas. Devido a sua antiguidade, o acesso a eles é de domínio público e a maioria está disponível na internet, em formato PDF.

Porém, ainda mais distante e muito antes dos clássicos, temos a gênese de tudo: a mitologia. Os mitos estão na origem, uma espécie de antessala da filosofia e também da religião. Antes dos filósofos e da religião, as nossas razões e as do mundo eram explicadas e analisadas através dos mitos. Vários estudiosos procuraram descobrir a origem dos mitos. O que se sabe é que eles carregam todo o conhecimento da psique humana. Uma espécie de banco de dados universal de todos os dilemas humanos. Povos que viveram em épocas remotas e habitaram lugares distantes, sem nenhuma conexão, partilharam mitos semelhantes. A mitologia grega – a nossa, porque é a base da cultura ocidental – está presente em nosso dia a dia.

Mais do que isso, por serem arquétipos, o modelo original de todas as coisas existentes, dizem respeito a camada mais profunda da psique humana. Não é por acaso que os mitos são usados a exaustão pela psicologia – como o complexo de Édipo, narcisismo. Os mitos ainda hoje mostram como funcionamos. Com eles entendemos porque sentimos o que sentimos e compreendemos melhor a nós mesmos e os outros. E o melhor de tudo é que eles foram escritos num mundo cru. Nada de maquiagem, de falso maniqueísmo e do politicamente correto. E além da experiência de alma, não há diversão melhor. Os personagens principais, os deuses, tem um perfil muito longe do previsível. Enquanto hoje buscamos atribuir santidade e bondade a Deus (ou deuses), os gregos não escondiam que suas divindades eram cruéis, vingativas e passionais.

E o enredo? É sem tédio. É de deixar o júri de Cannes de boca aberta. O grande entrave é que eles não são acessíveis como os clássicos. Os mitos estão espalhados, fragmentados e/ou "embutidos" na literatura (como a obra de Shakespeare, por exemplo), no cinema, na cultura. A razão é que não há um corpo organizado e muitos mitos têm várias versões, sequela de um tempo de oralidade, antes da escrita. Talvez, o único livro que posso recomendar seja *A Sabedoria dos Mitos*, de Luc Ferry. Nessa obra, o filósofo francês faz uma deliciosa história do mundo, passando por várias agruras humanas.

Atendendo ao caráter fragmentado dos mitos, deixo aqui, como uma tarefa minha para o leitor, a junção de alguns mitos numa narrativa coesa onde entra alguns personagens conhecidos. Seleciono aqui a origem de um ser mitológico muito conhecido na cultura ocidental: o Minotauro. Começo por ele porque esse ser metade homem, metade animal simboliza as nossas próprias trevas interiores que mais cedo ou mais tarde precisamos enfrentar. Muitos tentam manter esse interior adormecido e para isso precisam lançar mão de mais "crimes e pecados", aumentando ainda mais o tormento interior. (Quem leu *Crime e Castigo*, de Fiodor Dostoiévski, entenderá melhor).

Antes, um alerta: os mitos, produto da oralidade, estão fragmentados e há muitas versões diferentes para o mesmo mito. Peço permissão para fazer aqui uma reconstrução possível, sem compromisso e sem rigor científico. Conta-se que Minos – em disputa com os seus irmãos – ambicionava o trono de Creta. E como naquela época o candidato precisava provar que a sua eleição era vontade divina, Minos reuniu os cretenses em frente ao mar e solicitou fervorosamente a aprovação do deus do mar, Poseidon (posteriormente rebatizado de Neptuno pelos romanos). O plano articulado por Minos faria inveja ao melhor dos políticos populistas de hoje. Ele afirmou que do fundo do mar surgiria um lindo touro branco e esse era o sinal de que ele era o escolhido pelos deuses.

Já de conluio prévio com Poseidon, Minos prometera que se o touro surgisse do mar e ele fosse escolhido rei, em troca, sacrificaria o touro em um culto a ele. Tudo acertado. Diante da multidão maravilhada surge – no limite entre o horizonte e o mar – um lindo touro branco. Minos era o rei de Creta. O que não estava previsto era a extrema beleza do touro. E Minos – como político que era – resolveu não cumprir o combinado. Enganou Poseidon e sacrificou outro touro no lugar daquele. O deus percebeu o embuste e, enfurecido, resolveu dar o troco. Bem, pensou: se Minos gostou tanto do touro, farei com que a sua mulher goste ainda mais, muito mais. E assim, foi feito.

Pasifae, a mulher de Minos, apaixonou-se perdidamente pelo touro. Porém, para o seu desespero, o seu amor não era correspondido. Por maior que fosse o seu desejo e suas carícias, o animal lhe era totalmente indiferente. E aqui entra a parte cômica: inconformada, Pasifae pede a ajuda de Dédalo (inventor extremamente popular da época, foi ele que confeccionou as asas de Ícaro, por exemplo). Pasifae apresentou a sua ideia: queria que ele fizesse um disfarce de vaca para que ela pudesse consumar o seu amor pelo touro. O plano deu certo e Minos foi "enganado" pelo seu touro favorito. Como era esperado, da união carnal, nasceu um ser metade touro, metade homem, e foi maldosamente batizado pelos cretenses como "Minotauro", literalmente, o touro de Minos.

Revoltado com a traição e as más línguas dos cretenses, Minos confinou o seu suposto filho no labirinto (também idealizado por Dédalo). E, como era de se esperar, também sobrou para o povo. Como punição pelas piadas, Minos decretou que, todos os anos, 14 jovens súditos deveriam servir de alimento à fera. Bem... Um deles foi Teseu, e você deve conhecer o fim da história.

E mais do que nos sentirmos constrangidos e envergonhados minotauros, esse mito faz uma visita a parte primitiva da mente, um tempo em que os homens tinham mais consciência do seu livre arbítrio. Uma reflexão que mede o embate entre os apelos da alma e as paixões instintivas que se movem dentro de cada um de nós. Mostra como as nossas escolhas lidam com o destino, com os deuses ou com os outros. Quantos não tentam prever o futuro e lutam para modificar um destino que adivinham? O mito ensina a intervir no mundo, a confrontar o desequilíbrio das circunstâncias e, nesse exercício, revemos nos personagens as nossas próprias angústias. Através deles podemos visitar a nossa essência – a porta que dá acesso ao sentido da vida e – principalmente – o nosso espaço de paz no meio do caos.

Qual é o melhor, viver como asceta ou como esteta?

1.6. *A vida boa exige ética e estética entrelaçadas*

Sempre pensei que, na vida, a ética estava acima de tudo. O fazer o que é certo e justo, o olhar atento para os limites do bem e do mal... Dito de outra forma, pensava que a vida boa é a do asceta. Aquele que se cultiva, que vive num constante ajuste de contas consigo mesmo.

Julgava que essa era a nossa missão maior. E não só na vida, mas também dentro da filosofia. Na minha vivência acadêmica, lamentei que alunos brilhantes defendessem suas teses em estética. Achava um desperdício.

Não acho mais. Nos últimos tempos, tenho conhecido um número enorme de pessoas sem dimensão estética. Tratam-se de pessoas funcionais, sem interesses, reflexões, paixões. Apenas cumprem ordens e tarefas. Por isso, só agora, na falta, no momento em que ela escasseia, é que noto a sua extrema importância. Uma pessoa sem dimensão estética é um autômato. Nessa condição, a ética é inútil. A ética não alcança os autômatos.

O senso comum vê a estética apenas como sinônimo dos estudos sobre a beleza e dos fundamentos da arte. Mas a estética vai além disso, ela contempla o fenômeno estético em todas as superfícies. Um olhar atento aponta que travamos contato com as dimensões ética e estética juntas desde cedo. Quem nunca ouviu o pai ou a mãe falar: "o que você fez foi muito feio?" Isso para mostrar a diferença entre a conduta certa e a errada, ou seja, a conduta ética.

Essas duas dimensões fazem parte da nossa educação porque não nascemos com elas. Ambas precisam ser aprendidas. Elas dependem do nosso aprendizado na família, na sociedade e na cultura a qual pertencemos.

Habituamo-nos a pensar que de um lado – e na liderança – está a ética com os seus valores e os seus deveres. Do outro lado, está a estética com as suas sensações agradáveis, a beleza e os prazeres fúteis que precisam ser contidos. Em parte, essa visão negativa vem de exemplos extremos de pessoas que viveram apenas para os vícios e para os excessos.

O que ocorre é que hoje caminhamos para o extremo oposto: a ausência de estetas. Você pode achar estranho porque há uma espécie de consenso de que vivemos numa sociedade hedonista. Todos estão em busca de sensações e novas experiências em aplicativos de encontros, em festas. Em todos os meios e maneiras. Há uma dependência febril e uma conexão permanente com as redes sociais.

E aqui o grande equívoco. O homem contemporâneo, envolvido em múltiplas tarefas, afogado em rotinas e hiperconectado, está longe do hedonismo. Ele está muito próximo do autômato e a quilômetros do esteta.

Na verdade, a formação do esteta é um empreendimento cultural duríssimo. Porque ninguém pode usufruir da experiência estética sem cultura, sem estudo, sem investimento. Um exemplo? O vinho. Os apreciadores de vinhos sabem que esse gosto não existe se não se construir um conhecimento, um treino, uma cultura ao seu redor. É preciso conhecer as castas, o *terroir*, participar em degustações, educar os sentidos. É preciso algum esforço.

O cultivo da dimensão estética – e mesmo do hedonismo – é um projeto de atenção, de dedicação ao mundo. É um exercício que envolve pessoas estudiosas e reflexivas. E é preciso tempo e disponibilidade mental. Desfrutar dos benefícios da experiência da natureza é outro exemplo. É preciso um investimento de tempo e uma disponibilidade mental. Precisamos escolher o local, reservar tempo para as caminhadas e se entregar à experiência.

E o que temos? O que temos hoje são pessoas distraídas. Divagam nas redes sociais, têm as cabeças preenchidas por ruídos constantes. São quase autômatos, vão para o trabalho, cumprem funções e, nas horas vagas, passam de uma tela para outra: do celular para o computador, do ipad para a televisão. E, em pequenos intervalos, encaixam as necessidades físicas, como o alimento e o sexo.

Hoje somos muito pouco hedonistas. Somos muito mais autômatos do que estetas. E aqueles que estranham o termo "autômato" por associar a ciborgues ou humanos com chips estão enganados. Essa sofisticada tecnologia é desnecessária. Quem, hoje, esquece o celular em casa ou passa as férias sem Wi-Fi? E aqui o problema: ninguém é hedonista com um celular na mão.

Talvez, essa seja apenas mais uma visão alarmista – mais uma! – da nossa realidade contemporânea imediata. Talvez os otimistas argumentem que isso é temporário. Depois dos excessos, há sempre um retrocesso, onde o equilíbrio é restabelecido. Tudo ficará bem.

Porém, não se deve descurar um pormenor: essa realidade distraída e alienada também contempla as crianças e os adolescentes. Portanto, compromete também a geração seguinte. Com uma falha geracional, talvez o reequilíbrio possa demorar.

Com isso, não pretendo verter água no moinho dos pessimistas. É apenas um alerta para corrigirmos a rota. Ainda dá tempo. Ainda há tempo para os adultos se corrigirem e corrigirem as crianças. Precisamos cultivar e zelar pelas nossas dimensões ética e estética. Precisamos cumprir deveres – fazer o que é certo. Mas precisamos educar os sentidos, cultivar o gosto e desenvolver a percepção para a dimensão de beleza da vida.

Felizmente, há muitos que ainda conseguem olhar para dentro de si e enxergar o extremo deserto que o habita. Há ainda quem feche um livro em estado de êxtase. Há ainda quem consiga se enternecer com a natureza, que acorde para ver o nascer do sol.

Há ainda quem consiga contactar o sublime, desfrutar da natureza, olhar para o horizonte e contemplar a grandiosidade do mundo. E assim, na estética – na dimensão mais ampla da existência – olhamos para nós mesmos, estendemos o nosso olhar para o mundo e encontramos o nosso lugar nele.

Súbita, aguda, dolorosa, crônica... Como lidar com a tristeza?

1.7. *Ampare-se na força do pensamento de Nietzsche*

Talvez se lhe pedissem uma definição sobre a vida, Espinosa responderia que são encontros que acontecem no mundo. E ele divide esses encontros em duas categorias: alegres e tristes. E é aqui que nos encontramos, numa espécie de painel com ativos e passivos, onde desesperadamente nos inclinamos para os encontros alegres. Porém, por maiores que sejam os nossos esforços – e a nossa arte –, as tristezas são soberanas. E foi com Espinosa em mente que visualizei os picos abruptos de tristezas no meu gráfico de encontros. Um deles – muito elevado, mas de curta duração – foi quando o meu filho nasceu. Havia lido vários livros sobre a maternidade, recém-nascidos e os cuidados necessários, mas a prática revelou-se aterradora. Num país que não era o meu e sem a minha família (minha mãe só chegaria para me salvar um mês depois), sentia-me insegura e perdida, incapaz de cuidar do meu filho. Na minha mais profunda psique, sempre procurei alguém para cuidar de mim. Não só não tinha encontrado, como agora eu é que tinha alguém para cuidar.

Vivia numa gangorra emocional. De um momento para outro, alternava a felicidade extrema de ter o meu filho nos braços e o medo de não ter a competência necessária para cuidar dele. Passava os dias às lágrimas. E se saía para uma breve caminhada, era para chorar mais à vontade. É claro que nesse "encontro", o cansaço, a falta de sono, os hormônios e o fenômeno *baby blues* tiveram a sua contribuição. Aqueles que romantizam a maternidade podem considerar esse quadro uma patologia. Esse é um lado válido da questão. Mas visto de outro ângulo, talvez seja uma contribuição da natureza para nos alertar sobre os desafios desse novo papel. Pois foi exatamente esse estado que revelou a real dimensão da minha responsabilidade como mãe. Uma consciência que mantenho viva até hoje.

Mais para frente, no meu mapa consta outro pico de tristeza. Íngreme, imponente e muito mais duradouro. Uma tristeza sem nome me trespassou. A alegria e o otimismo que eu carregava colapsaram. A mente racional, que até então esteve à altura dos desafios que surgiam, adoeceu. E atingiu o corpo. Não me reconhecia mais. A razão dessa queda foi um rompimento. Mas, o motivo da tristeza não foi a separação em si, a ausência do outro. Foi a compreensão de que aquele que se julgava muito próximo era outra pessoa. A pessoa que estava no primeiro e no último pensamento de todos os dias, revelou-se um estranho indiferente. A pessoa amorosa era uma ilusão. O passado ficou sem sentido. Já não sabia onde estava e caminhava numa espécie de terra estrangeira onde tudo era desconhecido.

Esses meus dois estados não são únicos. São experiências humanas banais. A forma e a força com que lidamos com elas é que são diferentes. Há muitos tipos de relações e, por isso, muitos tipos de rompimentos. Alguns são fáceis de lidar. Outros precisam do apoio da família, dos amigos, de psicoterapia. Alguns necessitam de medicação. Esperar a ação do tempo? Essa é uma irresponsabilidade perigosa da autoajuda oca: o tempo não cura tudo. Há feridas que quando não tratadas nunca cicatrizam.

Os amigos ajudam até certo ponto, as mães não nos podem salvar sempre. Equacionei o arsenal de medicamentos psiquiátricos – mas tive receio de que os efeitos adversos comprometessem a minha capacidade de trabalhar. Então, eu equacionei a psicoterapia. Porém, esses são períodos em que os níveis de otimismo estão muito baixos. Não achei que poderia fazer muita diferença. Freud – talvez também numa fase pessimista como a minha – escreveu que a psicanálise poderia no máximo transformar miséria histérica em infelicidade comum. Então, por inércia, fiquei com a filosofia. Tal como Boécio, em *A consolação da filosofia*, escrita em 524 d.C, vejo a filosofia também como uma fonte de cura.

Olhei para a minha fraqueza e aceitei a mão estendida de Nietzsche. Suas palavras de comando deram-me impulso para emergir e, aos poucos, Nietzsche sinalizava o caminho de como voltar a respirar. Talvez, dentre as opções, tenha sido o caminho mais moroso e difícil, mas também de lucidez. Compreendi um lado da vida que eu não alcançava. Tive uma consciência maior do sofrimento dos outros. E enxerguei melhor a minha fragilidade. Antes eu tinha uma casca rígida e um interior muito mole. Vivia numa angústia constante, com medo de que alguém rapidamente atingisse a parte frágil. Qualquer sinal de perigo, todas as minhas luzes vermelhas eram acionadas. Agora, tenho pelo menos duas camadas rígidas. Como alguém que se sabe protegido, caminho com mais serenidade.

A sensação de que "aconteceu o pior" é muito libertadora. Subi para o nível seguinte. E mais do que isso, compreendi melhor o pensamento de Nietzsche. Entendi a pluralidade de forças contrárias que envolvem todas as coisas. Vivi todas as implicações da citação latina *"quod me nutrit me destruit"* (O que me nutri também me destrói).

Essa sentença – sem origem incerta e que atravessa os tempos – traduz essa dualidade da vida que nos fascina, mas também nos aterroriza. A ideia de que aquilo que nos eleva, também comporta o poder de nos destruir. Tudo o que nos faz felizes pode, com a mesma intensidade, fazer-nos infelizes. O amor nos torna insanos de alegria, mas a sua perda é uma das piores dores psíquicas. Os filhos são o nosso extremo deleite, mas comportam angústias crônicas.

Nietzsche adotou a *"quod me nutrit me destruit"* pelo seu avesso "aquilo que não nos mata, nos torna mais forte". Entretanto, nessa verdade, o filósofo alemão põe em relevo a nossa responsabilidade: nós escolhemos o que nos nutre/destrói. Cultivamos na nossa vida aquilo que tem o potencial de nos trazer felicidade e nos descuidamos de que a sua perda comporta exatamente o oposto – e com a mesma intensidade. Grandes amores, grandes perdas. Portanto, aconselha Nietzsche, devemos refletir longamente sobre o que abraçamos.

É certo que com o tempo, quanto mais projetos implementados, decisões tomadas e quereres estabelecidos, maiores serão as chances de perdas e do "mundo desabar sobre as nossas cabeças". É a estatística. Após as quedas, acovardados, a sensação de impotência sobe em flecha e passamos a ter medo de tentar de novo. Perplexos, percebemos que não temos a força que imaginávamos. Mas eis que o filósofo alemão vem ao nosso socorro. Essa covardia pós-queda não deve ser levada a sério. Somos sempre mais fortes nas ações do que nas suas consequências.

Muitas vezes, estamos à altura no momento da ação, do ato. Mas depois, quando vem os desdobramentos e as suas consequências, mostramo-nos muito aquém do ato. Não conseguimos suportar o fardo das decisões implementadas ou das suas consequências. Nietzsche nos conforta: não devemos nos afligir com esse desnível porque essa é uma verdade banal da condição humana. Não devemos nos punir em excesso por isso.

Não importa se estamos alegres ou tristes, em êxtase ou devastados, estamos sempre esquecendo uma verdade fundamental da vida: sabemos muito pouco sobre nós. A tal ponto que, às vezes, só sabemos que precisamos de algo quando o encontramos. E, por essa razão, às vezes, passamos a vida inteira sozinhos e não sentimos solidão, mas, subitamente, enquanto caminhamos pelos nossos dias, descobrimos o outro e, junto com a descoberta do outro, percebemos que estamos sós.

CAPÍTULO 2
A VIDA DE TODOS OS DIAS

"É afastando-nos dos prazeres que nos tornamos moderados; mas é quando nos tornamos moderados que melhor nos podemos afastar deles."

ARISTÓTELES

Especialista em inícios... de dietas, de cursos, de relações?

2.1. Agarre o leme do seu destino com Sócrates

A vida é pavimentada de mudanças. Porém, há alturas em que não se vislumbra nada novo ou diferente. Tudo parece parado. Até se sabe qual é o caminho, mas não se dá um único passo em direção a ele. Outro efeito da estagnação é atirar para todos os lados. Agarramos tudo o que está a nossa frente e, com a mesma facilidade, largamos tudo no passo seguinte. E viramos especialistas em inícios... de dietas, de cursos, de relacionamentos... Se você se revê nesse cenário, talvez você não tenha muitos problemas, mas apenas um: você não está no comando do seu destino.

A vida sem rumo nem sempre é visível a olho nu. O seu diagnóstico é difícil, exige minucioso autoexame e capacidade reflexiva. E, talvez por isso, essa tenha sido a primeira proposta prática da filosofia: examinar a vida. Na Grécia antiga, Sócrates – o primeiro filósofo a se preocupar como o homem deveria viver – defendia que uma vida não examinada, é uma vida que não vale a pena. E como os gregos desconheciam essa necessidade, Sócrates encarregava-se de demonstrar sua importância. Fazia perguntas, ouvia as respostas, perguntava novamente – exatamente como os psicólogos e terapeutas fazem hoje. Porém, fazia-o em público. Interpelava transeuntes nas ruas de Atenas e bastavam duas perguntas do filósofo para que o seu interlocutor se desse conta de que estava à deriva, que não sabia para aonde estava indo.

Sócrates defendia que a vida precisava ser pensada, ter uma rota, ser planeada. É preciso reflexão, deve-se pensar para agir e só agir depois de pensar. Se você não assumiu o controle e não está no comando, as chances de uma navegação em círculos são altíssimas. Provavelmente você está em movimento, mas volta sempre para o mesmo lugar.

Como eu não vivi na Grécia antiga e não fui alvo das perguntas fundamentais de Sócrates, no início da minha carreira sentei-me no divã com o "quero mudar isso na minha vida e não consigo, ajuda-me?" E eu não poderia ter tido Sócrates melhor. Recebi com reverência todas as perguntas do magnífico psicólogo André Samson (1962-2002), que, mais do que um profissional competente, era uma pessoa generosa, cheia de amor (minha gratidão eterna, André!).

À parte a sorte do encontro com grandes interlocutores, o olhar crítico sobre nós mesmos é um excelente ponto de partida. É o coração do autoconhecimento. Sócrates, recomendava um exame minucioso sobre nós mesmos. Faça um levantamento rigoroso de todos os seus valores, o que traduz o que você é, o que acredita. Para se ter uma ideia da importância deles, se você traçar um objetivo e, em algum ponto, ele for contrário a um valor integrante da sua personalidade, esse objetivo não se concretizará. Isso porque a mente humana está programada para bloquear os impulsos que são contrários aos seus valores. Percebeu a importância dos valores? Eles são a base: comece por eles. Depois de estabelecido os seus valores – por escrito (é melhor) –, a lição seguinte é: esses valores são realmente seus?

Aqui cabe uma reflexão cuidadosa. Esses valores são seus ou foram absorvidos da sua família, de amigos ou da sua cultura? Certifique-se se eles são realmente seus. Pode parecer óbvio, mas esse é um engano muito comum. Trago o exemplo de um homem que possuía uma vida invejável: filhos queridos, esposa amorosa, uma bela casa e o status (e o salário) de uma bem-sucedida carreira como engenheiro. Para a sua família e para a sociedade, era uma vida perfeita? Era. Menos para ele. O que ele queria mesmo era ser fotógrafo. Diante da plateia perplexa (inclusive sua esposa, que desaprovou a nova ambição e mais tarde pediu o divórcio), ele desistiu de tudo e hoje é um fotógrafo feliz e bem-sucedido.

Pergunte a você mesmo: este valor é meu por que eu escolhi, ou é um valor imposto pelo meu tempo, pela sociedade em que eu vivo, pela minha família? Você é educado com determinados valores, mas você precisa revê-los, reconhecê-los como seus. Os valores definem quem você realmente é, e com essa informação fica mais claro em que direção seguir. Essa é uma tarefa pessoal e intransferível, por isso que o bom terapeuta não dá conselhos. O que está na mesa são os seus valores e só você sabe deles. Um conselheiro vai sempre dar uma opinião baseada nos seus próprios valores e esses podem ser muito diferentes dos seus.

Depois do "quem eu sou?", as perguntas "o que eu quero?" e "para aonde quero ir?", ficam muito mais fáceis. Separe a sua vida por departamentos (como uma empresa, mesmo!), estabeleça um objetivo para cada área. Estabeleça um plano, um prazo e trabalhe para a concretização. Documente o processo: materialize o seu plano em um objeto – como um caderno – e mensalmente anote os seus avanços e recuos (não se envergonhe deles, assuma-os e registre-os). Estabeleça metas a curto, médio e longo prazos. A vida com propósito, erigida sobre as grades do eu verdadeiro, exige constante vigilância. Mas é uma sentinela doce, porque quando os seus valores estão no comando, as rotinas fluem, o caminho traz alegria e um imenso otimismo empurra tudo o que você faz.

Fórmulas de sucesso. Conselhos de gurus iluminados... mas tudo vai mal?

2.2. *Byung-chul Han propõe a fuga do pensamento positivo*

Há muito que se sabe que as pessoas que externam positividade são as que mais precisam dela. Longe de figurar na lista das contradições humanas, o comportamento está na categoria da autocura, o ensinamento de que se cultiva aquilo de que se necessita. Mas depois de ler a *Sociedade do Cansaço* e *Sociedade Paliativa* (ambos da Editora Vozes), obras do sul-coreano radicado na Alemanha, Byung-chul Han, entendi que o problema é muito mais grave.

Um dos mais reconhecidos dissecadores dos males que acometem o homem moderno, Han afirma que por conta da pressão do sistema econômico global focado no lucro crescente, chegamos ao reino da competência e da alta performance. Uma condição que o filósofo chama de Sociedade do Desempenho. A alta performance está em todas as esferas e é visível nas nossas estruturas físicas: ginásios de fitness, edifícios inteligentes, bancos on-line, aeroportos sustentáveis, shopping centers e laboratórios de genética.

Porém, toda essa estrutura demanda alguém para sustentá-la. A sociedade do desempenho precisa de você para se manter de pé. Escolas técnicas e universidades formam trabalhadores, MBA's treinam especialistas e uma máquina de marketing incentiva a caminhada para cima. Estamos no reino da positividade: há receitas para uma vida bem-sucedida; conselhos de gurus iluminados, palestras motivacionais; estímulos para o sucesso profissional. As lições da autoajuda estão disseminadas em todo o globo. Sabemos o que precisa ser feito. Temos de ser positivos, produtivos (competentes), empreendedores (proativos), inovadores (criativos)... Ah! Mas não é muita coisa? "Claro que não. Usamos apenas 10% da nossa capacidade cerebral, ainda podemos muito mais". Em tempo: esse percentual absurdo tem sido desmentido, sem sucesso, pela ciência; entrou para a lista das mentiras que repetidas exaustivamente ganharam status de verdade.

O sistema capitalista, a romantização do trabalho árduo e a sensação do dever cumprido fazem o resto. Estamos completamente exaustos, no limite das forças, mas achamos que estamos no caminho certo.

Acontece que esse ritmo está adoecendo o homem. E essa é a grande denúncia de Han. Para ele, todas as épocas têm seus males. Houve o tempo das doenças bacterianas, depois as virais. Com o desenvolvimento da ciência – a conhecimento do sistema imunitário e os antibióticos –, passou-se para a fase seguinte. Agora, século XXI, diz Han, por conta do excesso de positivismo, no panorama patológico estão as doenças neuronais, como a depressão, o Alzheimer, o transtorno de déficit de atenção e hiperatividade, transtornos de personalidade (bipolaridade e *borderline*), anorexias, Síndrome de Burnout (estado físico, emocional e mental de exaustão extrema).

Para ele, o excesso de pensamento positivo – e a disposição para ver só o lado bom de tudo – está imputando ao homem males incuráveis. Isso porque não estamos diante de um oponente a quem devemos combater. Não estamos mais diante da negatividade, de um agente agressor como um vírus ou uma bactéria. Não há um agente negativo que o nosso sistema imunológico detecta e tenta combater. O agente agressor somos nós mesmos. A causa da doença, a violência neuronal, é feita por nós e para nós. É uma autoagressão. A pessoa cobra-se cada vez mais para apresentar melhores resultados, tornando-se, ela própria vigilante e carrasca de suas próprias ações. Ela explora a si mesma – submete-se a trabalhar mais e a receber menos – e acha que está se realizando. E é por essa razão que há números recordes de males neuronais, como depressão, doenças autoimunes, transtornos de personalidade, perturbações autoagressivas – como automutilação, compulsões e transtornos alimentares. Na sociedade do desempenho, todas as atividades humanas entram para o saco da eficiência, o que torna o homem hiperativo e hiperneurótico.

Para quem rebate que vivemos numa sociedade melhor, em comparação com o regime de repressão e obediência – comum nas ditaduras – Han não concorda. Para ele, a sociedade positiva é muito pior, porque é difícil combatê-la. Ela vem numa embalagem de motivação.

Achamos que ela é boa, que ajuda. Não identificamos a "motivação", o "pensar positivo" como algo nocivo e, por isso, não a combatemos. As redes sociais estão repletas de frases motivadoras; gurus e influenciadores gritam "não desista, não recue"; as livrarias trazem técnicas de performance e biografias de vencedores. E aceitamos tudo porque pensamos que é o melhor para nós.

É óbvio que os estímulos são importantes e tem um papel. O problema é o excesso. Quando eles ultrapassam os limites, passamos a nos comportar como hamsters que correm na roda. Trabalhamos arduamente, fazemos especializações, cuidamos do corpo, do nosso espaço, levamos os nossos filhos para cursos disso e daquilo (eles também precisam) e não atingimos os objetivos. E apesar do cansaço extremo e da frustração, achamos que não estamos nos empenhando o suficiente – a culpa é nossa – e continuamos a arrastar o fardo.

O que está errado, o que o positivismo não ensina, são os limites. O trabalho extenuante não é garantia de carreira bem-sucedida. É o contrário. Férias de 30 dias ou mesmo um ano sabático pode fazer muito mais pela sua carreira do que dedicação exclusiva e em tempo integral. Profissionais que trabalham sob pressão e com responsabilidades diárias, como médicos, enfermeiros, professores, policiais, jornalistas, dentre outros – e que ainda tem excesso de trabalho – são candidatos ao Burnout, também chamado de síndrome do esgotamento profissional. E se você tem orgulho de se intitular *workaholic* porque passa a ideia de competência, reveja isso. Já é consenso entre os especialistas de que a adaptação ao trabalho em excesso, pode ser um sintoma de depressão. A crença de que quem sofre de depressão está sempre desanimado e sem energia não é verdadeira. A depressão tem muitas facetas e uma delas é o vício em trabalho.

E quando o mal está instalado, o positivismo e as dicas de autoajuda aceleram a descida para o fundo. Recomendar a uma pessoa com depressão que ela tem de se animar, é uma agressão. Porém, não há muito o que se possa fazer; o positivismo está em toda parte e não é possível destruí-lo.

Mas, com discernimento, dá para amortecer os seus golpes. Seja crítico e questione o pensamento vigente. Se possível, vá às mesmas fontes: nas livrarias, procure obras que falem sobre as alegrias da imperfeição, os benefícios do fracasso. Essas abordagens funcionam como uma vacina e ajudam a assentarmos os pés na terra. O tédio, a solidão, a introspecção e a contemplação viraram os grandes vilões da sociedade positiva, quando, na realidade, eles não são! Traga-os para a sua vida. Assuma: hoje não vou fazer nada. Encerre o seu dia de trabalho uma hora a menos do que o habitual e use essa hora como um bônus para uma caminhada sem destino pelas ruas. Separe momentos do seu dia para refletir, pensar, abstrair.

Dê-se tempo livre, reserve momentos para não fazer nada produtivo. Desligue-se do mundo de vez em quando. A obsessão em ter todas as horas do dia preenchidas, saber tudo o que acontece, ter o controle de tudo, aumenta os níveis de ansiedade, sobrecarregam a mente e trazem um enorme cansaço para a vida.

Como conviver com a angústia dos caminhos não percorridos?

2.3. Celebre o caráter inédito da vida com Espinosa

Todos os dias fazemos escolhas. Das mais simples – como o que comer ou o que vestir – até as mais complexas – como uma profissão ou um relacionamento amoroso. Certamente você já experimentou a agonia da dúvida, seja numa decisão com múltiplos caminhos ou numa – não tão simples – questão de "sim" ou "não". E essa é só a primeira parte; depois vêm os desdobramentos. Você pode constatar que pouca coisa mudou; que o resultado não era o esperado; que você sequer caminhou na direção pretendida; ou simplesmente chegou à conclusão de que errou na escolha.

Seja qual for o resultado, só há uma certeza: não dá para voltar atrás. O jogo é esse. Com o tempo, tenta-se melhorar a mira: reconstrói-se os passos de uma decisão e procura-se compreender em que ponto houve o desvio... E lá mandamos tudo para o nosso banco de dados interno – para uma próxima vez. Porém, nem sempre identificamos dados para armazenar. Com alguma perplexidade, nota-se que tudo fugiu ao controle, houve uma série de acontecimentos inesperados – perto do absurdo – outros fatos passaram longe do seu radar; houve dias sem energia... Como num jogo de xadrez onde, sucessivamente, o seu adversário movimenta peças que não estavam no seu foco de visão? Bem-vindo à vida.

Cientes dessa complexidade, muitas vezes fugimos às decisões e deixamos tudo como está. Passamos de quatro a seis anos num curso universitário, mas a meio, descobrimos que não queremos ser advogado, enfermeiro, professor... Mas continuamos lá porque não temos outro plano, porque nos dizem que temos de terminar o que começamos, porque um curso superior é bom para o currículo... É só por isso que não desistimos? Não. Gostamos de ter um caminho, um objetivo, seja ele qual for. Faz parte da nossa humanidade. E, para completar, somos apegados à esperança, aos milagres... Bem... Os ventos podem soprar ao nosso favor... mais um ano e a profissão poderá ganhar um novo perfil e – melhor – poderemos nos transformar numa pessoa completamente diferente.

Não é possível viver sem planos, mas grande parte da vida que nos acontece não é passível de controle ou padrão. Toda a filosofia de Baruch de Espinosa baseia-se nesse drama. Diariamente, afetamos e somos afetados pelo mundo. Um dia podemos acordar confiante, mas a simples observação de uma cena na rua pode mudar completamente esse estado. E não dá para fazermos uma lista de encontros positivos e atermo-nos a eles. Muitos tentam. Não funciona. Somos emocionais e complexos. Um mesmo gesto pode despertar raiva ou calma, dependendo do nosso humor. Há dias em que algumas coisas podem nos irritar intensamente, em outros dias, a mesma coisa, nos é completamente indiferente. O que agrada hoje, pode não agradar amanhã. Isso ocorre porque o mundo nos afeta e nos modifica todos os dias.

Podemos passar dias sendo levados passivamente de uma direção a outra, ao sabor de quem ou do que encontramos. Reagimos até aos sinais mais sutis daqueles que nos rodeiam. Mesmo assim – porque o nosso cérebro tende a ordem –, tentamos assimilar e armazenar padrões. É a forma que encontramos para ter algum controle sobre o que nos afeta. E isso é bom e é ruim, pois assim como guardamos padrões úteis – que facilitam a vida –, também colecionamos outros nocivos e inadequados. E ficamos presos a eles, comprometendo a nossa paz e a dos outros.

E por falar em outros... o drama sobe de tom quando a tentativa de controle chega às relações afetivas. Mais do que qualquer projeto profissional, lutamos para que elas deem certo. A tarefa é pesada: tentamos controlar o nosso emocional, o do outro e tudo o que está ao redor, inclusive outros que cercam a relação... Todos conhecem a dificuldade dessa gestão. A patologia surge quando os viciados em controle, munidos do seu vasto banco de dados, tentam escapar ao ineditismo da vida e começam a "fabricar" cenários. Esses têm um nome – e não é bonito: são os manipuladores. A psicologia tem um arsenal enorme sobre essas criaturas. Esses não se relacionam, controlam. E vão fazendo vítimas por onde passam. Mas há quem consiga escapar. Você já notou que algumas relações acabam repentinamente e sem explicação? Uma razão possível para o fim abrupto pode ser essa: não era relação, era manipulação.

Patologias à parte, depois de alguma experiência, começamos a assimilar que não estamos realmente no comando. Um absurdo incômodo que tentamos esquecer. Não admitimos o fato nem sozinhos no quarto com a luz apagada. Como isso é possível? Uma das razões de não sermos senhores na nossa própria casa é que, quando fazemos planos, imaginamos nós e o mundo estáticos. Ocorre que nunca estamos parados. Parte da grandeza da filosofia de Martin Heidegger vem desse pequeno insight. Antes dele, a filosofia pensava o homem parado no tempo. Para ele, esse foi um erro crônico da história do pensamento: não é "o homem", é "o homem e o tempo". A sua obra máxima – *O Ser e o Tempo* – revela o homem como um ser lançado no mundo. E esse "ser-aí" – literalmente, em alemão, *dasein* – está em movimento e não se deixa fotografar.

Antes de Heidegger, uma parte do caminho já havia sido feita por Espinosa. O homem, lançado no mundo, nunca é sempre o mesmo. A cada passo, ele afeta e é afetado, apequena e é apequenado, maravilha e é maravilhado, agride e é agredido, transforma a si próprio e transforma o outro. Os encontros com o mundo físico e com os outros nos modificam. Alguns encontros são conscientes, outros não; alguns reagimos, outros aderimos passivamente; uns fazemos oposição, outros nos deixamos levar. E no meio dessa impermanência, temos de fazer escolhas, algumas definitivas. Como é possível?

Será que é possível saber a motivação verdadeira de tudo o que decidimos? Aos 15 anos, o meu filho tomou uma decisão: queria abandonar o estudo do violino iniciado aos cinco anos. Pedi para ele adiar a decisão e pensar melhor. Após um tempo, ele voltou ao assunto. Estava cansado e queria mesmo desistir. Eu ponderei o cenário e decidi que não permitiria que ele abandonasse o estudo do instrumento. Argumentei que seria uma regressão, seria jogar todos os anos de estudo na lata do lixo. Ele aceitou. Após dois meses dessa conversa, o meu filho, repentinamente – depois de 10 anos – apaixonou-se pelo violino. De menos de meia hora de estudo esporádico, passou para mais de duas horas por dia. Deu um salto enorme na técnica. Por que isso aconteceu? Bem... o violino é o mesmo, o professor é o mesmo, o que se conclui é que a mudança foi nele. Ele é um outro diferente daquele que queria desistir do violino. Por quê? Não faço ideia e ele também não.

Às vezes me pergunto como seria se eu tivesse permitido que ele desistisse... E aqui chegamos a outro acidente perturbador do nosso trajeto: o insone "e se eu...". Recordamos o passado e olhamos nos olhos das nossas escolhas. Foi a melhor? Por que escolhi isso e não aquilo? E se eu tivesse dito sim em vez de não? Fernando Pessoa debruçou-se sobre esse drama no poema *Obra Édita*:

Quem escreverá a história do que poderia ter sido o irreparável do meu
[passado
Na noite terrível, relembro o que fiz e o que podia ter feito

Mas o que eu não fui, o que eu não fiz, o que nem sequer sonhei
O que só agora vejo que deveria ter feito
O que só agora claramente vejo que deveria ter sido (...)
Tivesse voltado para a esquerda em vez de para a direita
Se em certo momento
Tivesse dito sim em vez de não, ou não em vez de sim
Se em certas conversas
Tivesse dito as frases que só agora, no meio-sono, elaboro
Se tudo isso tivesse sido assim
Seria outro hoje, e talvez, o universo inteiro seria insensivelmente levado
[a ser outro também.

Pensar sobre o que poderia ter sido é um exercício metafísico natural, não motivado apenas pelo arrependimento. Quem nunca imaginou a possibilidade de viver a segunda opção num mundo paralelo? E mesmo que seja só um exercício teórico, ele não deve ser desprezado. O não vivido também faz parte de nós e é parte fundamental da nossa construção como pessoa. Todo mundo pensa no que não viveu e o que não se viveu tem muita força. Porque o "não vivido" impacta e maltrata o "vivido". Por que alguns temem o casamento? Eles têm medo de dizer "sim" para uma pessoa? Não. Eles têm é medo de dizer "não" para todas as outras. E, mais aterrador: têm medo de dizer "não" para todas aquelas que eles ainda irão conhecer no futuro. E são muitos "poderia ter sido".

A solução é viver sem planos. Dá? Não dá para viver sem planos. Não dá para agarrar e soltar ao sabor das ondulações da vida. E não é possível fazer uma lista de regras, porque o caminho é sempre novo e irrepetível – para o bem e para o mal. O que dá para fazer é se preparar e abraçar o ineditismo da vida. Precisamos trabalhar a nossa elasticidade, enrijecer a carapaça, hidratar a pele, expandir a envergadura, melhorar a destreza... Faça planos para amanhã, para daqui a cinco, dez anos, mas mantenha a porta aberta a todas as possibilidades do devir. E, sobretudo, deixe espaço para a pessoa que você ainda irá se tornar.

Por que não consigo agir de acordo com o que penso?

2.4. Saiba como equilibrar pensamentos e impulsos

Nas reflexões sobre o comportamento humano, há uma pergunta que não falta. Mais do que uma interrogação, é quase uma perplexidade: por que não consigo implementar o bom e o certo que decido? Racionalmente sei o que e o porquê devo fazer. Estou consciente da atitude correta... mas na hora, não dá. Ao contrário do senso comum, esse é um assunto que não deveria nos tirar o sono. O assombro não tem razão de ser. Não é uma praga moderna, confusão mental ou fraqueza de caráter. É humano e nos acompanha desde o início dos tempos. E mesmo os melhores não escaparam a esse drama. No ano de 55, na Grécia, o apóstolo Paulo escrevia que "o querer (fazer bem e ser bom) está em mim, mas não consigo! Não faço o bem que quero, mas o mal que não quero".

Quantos médicos – e outros especialistas da saúde – cultivam hábitos nocivos? Mais do que racionalmente, eles conhecem, por dentro, o mal que o vício faz, sabem que estão em risco; têm o desejo de mudar, mas tudo permanece igual.

E se é assim, por que continuamos perplexos diante dessa realidade? A primeira parte da explicação vem de uma cultura de séculos da supremacia racional: a razão humana como a medida de todas as coisas. Mas é preciso dizer que há alguns – poucos, é verdade – que não concordam com a soberania do racional e esse desacordo é responsável por uma cisão estrutural na filosofia: o dualismo e o monismo. Os dualistas – Platão, Kant, Santo Agostinho entre outros – acreditam que o homem é formado por duas partes, um corpo e uma alma. Mas, não são partes iguais. Para eles, a alma é sábia e soberana. Deve estar no comando. O corpo? Bem, o corpo está numa categoria inferior. O corpo é fraco, obtuso... atrapalha e convém ser dominado pela alma. Na prática seria assim: você tem uma vontade e decide agir. Pensa, racionaliza, pondera... e decide não agir. Os dualistas fariam a seguinte leitura: o corpo desejante reivindicou "um querer"; mas a alma, superior – comprometida com o bem e com a verdade – vetou o "desatino". Se você decide fazer, você tem uma alma corrupta, fraca, incapaz de conter o corpo. Se você tem uma alma fraca, então o corpo está no comando e você está no caminho da danação... dizem os dualistas.

Bem. E no outro lado da filosofia? Estão Aristóteles, Nietzsche, Espinosa e outros – os monistas. Para esses, não há divisão, o homem é uno. Para Nietzsche – de quem certamente Freud se serviu para a sua teoria sobre as pulsões – não somos corpo e alma, somos uma mistura de pulsões que chegam de todas as direções. O homem tem um desejo, uma pulsão, uma força que luta para se transformar em ato, mas é travada. Por quem? Por outra pulsão. Ou outras. Nos momentos de maior impasse, sentimos o sangue em ebulição. Vários impulsos se levantam. E qual é a principal pulsão que nos trava. Geralmente, é o medo. Pois, nada bonito, muito diferente da grandiosidade encenada pelos dualistas. E é assim. É a vida como ela é.

À parte isso, a grande beleza do pensamento de Nietzsche é a constatação de que quanto mais repertório e vivência tivermos, mais aumenta o número de forças que habitam em nós. Quanto mais forças dialogando entre si, mais qualidade de pensamento. Da qualidade de pensamento vêm as melhores escolhas. Das melhoras escolhas vem a satisfação com a vida... e com ela, todas as formas de felicidade.

É talvez por essa razão que Nietzsche afirma que o homem superior é aquele capaz de prometer e cumprir. Quando se promete no altar o "até que a morte nos separe" o que na verdade se promete é que se vai amar o outro amanhã, depois, o mês que vem, o ano que vem, independentemente do que acontecer, do que o outro fizer, disser. Cumprir o prometido exige muita força para domar poderosas e permanentes pulsões contrárias e contraditórias. Segurar a nossa onda não é uma tarefa fácil.

Racional X Emocional. Qual escolher?

2.5. Nietzsche: "Assuma a sua essência emocional"

O mundo exige o ser racional e nós, bichos emocionais, procuramos dar o nosso melhor. Corremos de uma ponta a outra. Buscamos atender a nossa parte que sente – que reclama, que se alegra, que entristece – e tentamos atender o mundo lá fora, que exige a nossa máxima racionalidade. Porém, esse esforço, essa tentativa de equilibrar o que sentimos e o que pensamos, é feito por nossa conta e risco. A sociedade menospreza esse esforço. Para ela, é um trabalho desnecessário, o que ela quer é que se elimine o emocional. Só o pensamento, e com qualidade – racional e preciso –, interessa. Mesmo antes do "penso, logo existo" de Descartes, todo o conhecimento partia dessa premissa. Não é sem razão. Esse é – acredita-se – o divisor de águas entre nós e os animais. Um marcador da nossa superioridade.

Desde muito cedo somos ensinados a valorizar o racional em detrimento ao emocional. É dito que o mundo é um paraíso para aqueles que pensam, e um inferno para aqueles que sentem. Recebemos a instrução de que o emocional atrapalha. Mas como não é possível livrar-se dele, somos instruídos a escondê-lo. Fiquei imensamente triste quando percebi que o meu filho tinha aprendido esse funcionamento nocivo do mundo. Ele frequentava a mesma escola desde os três anos de idade e, aos nove, pediu para sair: queria uma nova escola. Eu quis saber suas razões, mas depois de muita conversa percebi que só havia uma. Seus colegas conheciam-no desde o infantário e já haviam testemunhado o seu choro várias vezes. Sua constatação: os colegas se lembravam disso, considerava-o um fraco e, por isso, ele não era "tão" respeitado como os outros.

Há um consenso de que demonstrar sentimentos é um sinal de fraqueza, de desequilíbrio. Na sociedade, não há paciência para o que se sente. Quando encontramos alguém, a pergunta "tudo bem?" é quase automática, mas sabemos que o outro quer ouvir apenas o "tudo bem". O que é natural, as conversas sobre o que sentimos não são práticas.

Aqueles que resistem ao modelo e tentam escapar ao texto, são vistos como "problemáticos". Outros esquivam-se com desdém: "eu não sou psicólogo" ou "não suporto dramas". Muitas vezes, aquele que está a tentar fugir, está também a tentar fugir do que ele próprio sente. Por que haveria de ter o espelho do outro para mostrar exatamente o que não se quer ver?

Ocorre que a tentativa de anular o emocional é uma agressão contra a nossa natureza. Uma vida bem-sucedida – se é que podemos usar esse adjetivo – está justamente nessa habilidade de acomodar a natureza emocional à moldura racional do mundo. Ora, se somos indivíduos emocionais, a tentativa de eliminar as emoções consiste também na tentativa de eliminar o sujeito que sente as emoções. Como é possível? Mas há quem tente. Há um contingente enorme de pessoas que vivem a se esquivar de si mesmas, fogem de lugares com muita luz, falam sem olhar nos olhos, não assumem o que sentem. E com essa prática deixam de ter o espelho do outro, perdem o acesso a si mesmas e, a longo prazo, perdem a capacidade de saberem o que sentem.

E aqui temos o homem inautêntico, apontado por Heidegger. O tipo mais comum hoje no mundo moderno. Não é nem um ser racional, nem emocional. Não habita nenhum dos mundos. É um autómato, um indivíduo funcional que executa tarefas. Há quem viva nesse limbo uma vida inteira. Ao invés de olhar dentro de si, atender os seus interesses, negociar com o racional e viver uma vida autêntica, com sentido e com intensidade, vai "interpretando" os papéis exigidos. Incapaz de externar suas emoções, adquire várias máscaras e vai usando-as de acordo com que a sociedade pede. Carl Jung dá o nome a essas máscaras sociais de *personas*: são personagens que aprendemos a interpretar.

Não são vidas, são construções sociais. Acorda-se e põe-se a máscara do advogado, do professor, do pai. Muitos estão numa relação – namoro ou casamento – e quando perguntam se há amor. A resposta é não. Não há. "É uma companhia, dá jeito". É uma construção social. E entre uma máscara e outra, se angustia, se estressa e refugia-se nos vícios. A casa que poderia ser um refúgio, um espaço de reflexão e encontro do "eu" vira um templo de alienação via tecnologia: televisão, YouTube, redes sociais.

Fim do dia, cansaço, sono. E, no dia seguinte, começa tudo de novo. Esse é um dos modelos, há piores. Um estudo do Instituto para Estudos do Álcool (IAS, em inglês), no Reino Unido, descreve, a rotina da classe trabalhadora (semelhante a outras nacionalidades): trabalhar, embebedar-se, dormir, trabalhar, embebedar-se, dormir...

Qual é a saída possível? Identificar, acolher e vivenciar tudo o que se sente. Esse é o ponto de partida. Só quem tem um emocional bem desenvolvido é capaz de acomodar as exigências racionais. A racionalidade só serve, só é possível, a partir de um sólido conhecimento emocional de si mesmo. Sócrates avisava que se o que você procurar, não encontrar primeiro dentro de você mesmo, você não encontrará em lugar nenhum.

Identificar e viver as emoções é o único caminho para a construção do ser híbrido necessário emocional-racional. A lucidez extraordinária de Nietzsche vai mais além e dá conta de que é da fonte emocional que nasce o pensamento racional. O emocional é a base, a nossa plataforma de lançamento do racional. Pensamos a partir do que sentimos. Apesar de não termos consciência disso, a forma como sentimos influencia a nossa maneira de pensar. Quanto mais vivenciamos o nosso emocional, mais qualidade temos no racional. Quem sabe o que sente, pensa racionalmente melhor. Quanto maior for o acesso às suas emoções, melhor será o seu pensamento racional.

Ah! Mas há "pessoas práticas" (analfabetos emocionais) que pensam racionalmente e tomam boas decisões. Talvez. Mas o mais provável é que essas decisões são emprestadas dos outros, não são de cunho próprio. E como identificamos essa fraude em nós mesmos? Você já esteve num lugar ou numa situação e veio a pergunta "que diabos estou fazendo aqui?". Esse é um sinal.

Outros exemplos: delibera-se sobre uma decisão importante, como abandonar um projeto ou uma relação, por exemplo. Todas as implicações racionais foram pensadas e segue-se a ação. O resultado: os meses seguintes foram de vazio e arrependimento. O que houve? Você tomou a decisão apenas olhando o racional, o emocional foi esquecido, não foi preparado, não foi avisado. O contrário também acontece. Você aceitou um projeto completamente dominado pelo emocional. Nos dias que se seguiram você bateu de frente com todas as consequências racionais que foram negligenciadas. Emocional e racional precisam estar em equilíbrio, caso contrário, mais cedo ou mais tarde, você terá que se sentar à mesa para o banquete das consequências.

E como se faz essa harmonização na prática? O racional é fácil, todos ajudam. O emocional é mais complicado. É um caminho solitário, de você com você mesmo. Exige que você encare o seu lado menos bom, as suas limitações. Há que lidar com os golpes na autoestima. Há que dialogar com inseguranças e medos. Há que saber lidar com os seus demônios. E não basta olhar para eles, eles precisam ser aceitos e integrados como parte da sua natureza.

O que sentimos não pode ser esmagado pelo que pensamos, sob pena de ficarmos sem nem um dos dois. Na nossa estrutura mental, o que sentimos confunde-se com o que somos, funde-se com o nosso corpo físico, vem antes do pensamento. Todo o nosso cognitivo – a capacidade de adquirir conhecimento e absorver aprendizados – é construído a partir do que sentimos.

Ele é tão mais relevante, que mesmo quando o cognitivo vai embora, o que sentimos permanece. Depois da morte do escritor Gabriel García Márquez, foi publicado um artigo em que um jornalista foi testemunha do encontro entre o escritor e um amigo, à mesa de um café. Na altura, o autor de *Cem anos de Solidão*, que já estava em estado de demência, dirigiu-se ao amigo: "Não sei quem você é, mas sei que gosto muito de você". Ele já não conseguia reconhecer o amigo, mas o sentimento que tinha por ele continuava a existir. O que sentimos permanece, mesmo quando todo o resto se vai.

Barthes fez seu retrato falado: angústia, abandono e impotência... Por que não toleramos a espera?

2.6. Aprenda a identificar as oportunidades do ato de esperar

Há quem deteste esperar e também deteste ser esperado. Há quem deteste esperar pelo outro, mas não se importa que o outro espere. Mas esperar mesmo, ninguém gosta. Nem pessoas, nem acontecimentos. O francês Roland Barthes (1915-1980), em *Fragmentos de um Discurso Amoroso*, assume a espera como o principal tormento do ato de amar. "Quem ama é aquele que espera (encontros, telefonemas, mensagens, voltas)".

Para ele, semelhante a uma peça de teatro, a espera tem uma cenografia, um tempo e três atos. Começa a peça: o prólogo. Lá estou no café. Olho o relógio, constato e registro o atraso. Solto a angústia que existe em mim, afinal, espero. Tem início, então, o primeiro ato. E ele é todo ocupado por estimativas. "Será que houve um mal-entendido sobre a hora? Ou sobre o lugar?" Procuro me lembrar quando o encontro foi marcado, os detalhes que foram combinados. Será que aconteceu alguma coisa? O que fazer? Mandar uma mensagem? Mudar para o café vizinho? E se o outro chegar durante essa ausência?

Adiante. Passamos ao segundo ato: a cólera. Dirijo acusações violentas ao ausente. "Ele bem poderia ter avisado", "Ela bem sabe que odeio esperar", "Que falta de respeito para com o tempo dos outros". O terceiro ato é a mais pura angústia: a do abandono, a da impotência. Num segundo, passamos da ausência à morte. É como se o outro estivesse morto: explosão. Fico completamente lívida.

Assim são os três atos da espera, a menos que seja encurtada pela chegada do outro. Se chega no primeiro ato, a acolhida é calma; se chega no segundo ato, há "discussão". Porém, se ele chega no terceiro ato, é o reconhecimento, a ação de graças. Respiro profundamente. "É como sair do subterrâneo e reencontrar a vida... e com um fresco aroma de rosas". O drama segue nessa belíssima obra de Barthes, mas quem nunca?

E aqui chegamos à realidade. Todas essas fases angustiantes captadas por Barthes fazem parte do nosso cotidiano. Cada um de nós, espera. Diariamente somos confrontados com a espera, desde a mais curta como a espera pelo nosso pedido num restaurante até a espera de projetos que duram décadas.

Se você ficou surpreso com o drama de Barthes, você é um otimista. Há mais. Aquele que espera sente-se entediado, improdutivo, irritado, impotente, ansioso, deprimido. Afinal, é estar imobilizado, preso na condição da espera. Algumas vezes, você já deve ter vivenciado o quadro descrito por Barthes. Mas você já imaginou esse drama de forma permanente? Aqui, chega-se ao sofrimento psíquico: a ansiedade. E há milhares de pessoas nesse inferno. Em 2020, em Portugal e em vários países, o consumo de antidepressivos triplicou. Hoje estamos numa condição muito pior daquele que espera num café. Lá, poderíamos simplesmente desistir do encontro e sair do cenário da incerteza. Mas para a maioria das esperas, não há fuga possível.

Há quem defenda que é possível contornar o mal da espera com exercícios de atenção plena, meditação, yoga.... Não é. Essas são ações que podem ajudar a controlar o estresse e abrandar o ritmo acelerado de vida. Aqui a história é outra. Não escolhemos a espera, como uma meditação ou o ano sabático. Ela não está no seu controle. A espera não é escolhida, ela é imposta por outros. E, muitas vezes, vem de algo ou alguém que tem poder sobre você e impede o uso do seu tempo de acordo com a sua vontade.

Se somos obrigados a fazer algo contra a nossa vontade, perdemos autonomia, uma das bases que sustentam o nosso bem-estar. O "estar na mão do outro" é onde reside todo o mal. E todos conhecem esse mal, afinal, a espera é uma arma muito utilizada por quem deseja exercer poder sobre o outro.

Podemos fazer alguma coisa? Podemos. De acordo com o professor Jason Farman, autor do *Delayed response: the art of waiting from the ancient to the instant world* (algo como *Resposta tardia: a arte de esperar do mundo antigo para o mundo instantâneo*). Farman acredita que podemos aprender a esperar melhor. A primeira ideia tem inspiração na filosofia estoica: ela pode ser ressignificada. A espera – que também pode ser chamada de pausa – é uma parte importante do movimento e, também, sinônimo de potência. Para dar um exemplo aristotélico: a semente comporta a potência de ser uma planta. A pausa da planta é a semente. A espera é um estado de latência, um tempo que precede a ação, o movimento do tornar-se algo. E, claro, a qualidade da pausa influencia a qualidade do movimento que vem a seguir, assim como a qualidade do período de espera da semente também ditará a saúde da planta.

Depois desse olhar no detalhe, vem a visão do todo. Faça a pergunta "quem se beneficia com a minha espera?" Apesar de compulsória, às vezes, podemos ser o seu principal beneficiário. Por exemplo: podemos vê-la como uma forma de economizar dinheiro. Ter tempo para se preparar para algo melhor e maior. Podemos ter um ganho como pessoa, no aprimoramento da nossa personalidade, sermos capazes de exercitar a paciência, por exemplo. E devemos estar atentos aos bônus extras, já que uma pausa é terreno fértil para insights e ideias inovadoras. Mas atenção: esse fenômeno só acontece se superarmos a irritação da espera.

Mais um ponto positivo? A espera é uma oportunidade para escapar da escravidão do modelo capitalista. A ideia da alta performance, do "vestir a camisa" desumaniza e faz profissionais autômatos e estressados. É o sonhar acordado, o tédio, a ociosidade – proporcionados pela espera – que desbloqueiam os padrões repetitivos do cérebro e abrem as portas para o conhecimento intuitivo e todas as dádivas do momento presente.

E importante: fuja da crença de que a espera é um limbo, uma fase intermediária entre o pensar e o agir. Tendemos a achar que há um intervalo, um tempo vazio, entre o que estávamos a fazer e o que esperamos que aconteça. A espera pode ser um tempo de questionamento e reflexão. Será isso mesmo que eu quero para o futuro? É o que eu ambiciono? Como harmonizo o que eu desejo com os meus relacionamentos mais próximos? Aqui é uma etapa que vai além do autoconhecimento. A espera – com os seus silêncios, lacunas e distâncias – permite-nos imaginar o que ainda não existe. Explorar o espaço da espera é como habitar um mundo novo, com mais consciência e menos superficialidade. Paramos de funcionar no automático.

E, finalmente, chegamos a um botão que eu não canso de apertar. O tempo da espera nos puxa para o presente. Quando estamos em ação, não damos pelo tempo. Quando esperamos, o tempo é inevitavelmente perceptível. Na espera, compreendemos todo o significado do agora, temos todo o corpo estendido na realidade. É só na espera que realmente estamos no presente, o nosso, o único que existe.

Com essa consciência, há grandes chances de a espera não ser um fardo, mas um momento de aprendizado e conexão. Um tempo nosso, onde intuímos qual é o melhor terreno, a melhor estação; onde ganhamos impulso para o salto e abrimos os braços para o que ainda está por vir.

Sente o fardo dos dias, o peso de viver e anseia pela leveza?

2.7. *Abrace e concilie os seus opostos*

Por conta de um seminário na margem sul do Tejo, cruzei a Praça do Comércio durante toda a semana. Saía do barco, atravessava a praça e avançava sob o arco da rua Augusta, oficialmente a porta de entrada da cidade. O mesmo trajeto que durante séculos fizeram todos aqueles que chegavam a Lisboa por mar. Apesar da repetição, o trajeto nunca foi monótono. Houve dias em que senti uma leveza extrema: a belíssima arquitetura, tingida de amarelo com suas torres e esculturas, que abraça o campo de visão; o histórico café Martinho da Arcada, frequentado por Fernando Pessoa; o quiosque de licor de ginja; as esplanadas dos cafés; o clima de festa no rosto dos turistas...

Em outros dias, fui soterrada pelo peso da história da praça. Foi nela que registrou-se, em 1640, o fim do domínio espanhol, assinalado com a morte do secretário de estado – o infeliz foi atirado da janela do palácio para a praça. Esse mesmo cenário foi transformado em escombros pelo terremoto de 1755. O Palácio Real e sua biblioteca de 70 mil volumes, documentos históricos e centenas de obras de arte – entre as quais pinturas de Ticiano e Rubens – foram completamente destruídos. Nessa mesma praça, em 1908, o rei D. Carlos e o seu filho foram assassinados...

A mesma praça, dois estados: peso e leveza. As duas faces da vida na visão do filósofo grego Parmênides, que via o mundo como pares opostos: o ser e o não ser, o quente e o frio, o peso e a leveza. Apesar da pertinência, Parmênides tinha preferência pela leveza, considerava que ela tinha mais chances de trazer a liberdade.

Desde a descoberta dessa condição, a disputa entre o peso e a leveza tem sido acirrada. No passado, o domínio tecno-econômico consagrou os equipamentos robustos e pesados como os melhores. Uma marca que ainda conservamos na linguagem. Ainda – e penso que não será por muito tempo – dizemos que alguém "é de peso" (tem prestígio), mas também já afirmamos que alguém "é um peso" para a família (um fardo). Porém, hoje, muito mais do que qualquer outra época, a leveza ganhou importância máxima. Nunca a leveza criou tantas expectativas, desejos e obsessões. Nunca fez comprar e vender tanto. Ela tornou-se um valor, um ideal a ser perseguido, quase uma virtude.

A demanda é ser leve, viver de forma solta, sem o peso das amarras. A recomendação é simplificar a vida, viajar com pouca bagagem e eliminar tudo o que nos aproxime da terra firme. Todos clamam pela leveza e suas variações. No campo pessoal, há o elogio a magreza, as dietas detox, a desaceleração, a busca do zen, do *mindfulness*, do minimalismo. A arquitetura e a arte materializam a leveza em linhas sóbrias e materiais finos. Não é mais tecnologia, agora é nanotecnologia que oferece equipamentos cada vez menores e com o mínimo de peso. Sem as amarras de fios, o *wireless*, são quase etéreos. Por todos os lados, a ordem é desmaterializar. Mais do que dinheiro e felicidade, a escolha do corpo e do espírito é pela mala menos pesada. E exige-se do outro que ele "pegue leve". Nietzsche identificou a preferência: "O que é bom é leve, tudo o que é divino corre sobre pés delicados".

E qual é o problema? A ironia. Com todo esse arsenal de leveza, a cada dia, a vida parece mais pesada e difícil de suportar. A crônica busca pela leveza é pesada e estamos caminhando em círculos: buscamos a leveza, encontramos o peso e, por isso, aumentamos ainda mais a nossa sede pela leveza. O primeiro que alertou para esse fracasso foi o teórico da hipermodernidade Gilles Lipovetsky. Para ele, a leveza do digital é uma ilusão. Você pode discordar ou pelo menos considerar um exagero. Afinal, não é óbvia a leveza do mundo digital. As demoradas correspondências, entregues pelo carteiro, deram lugar a mensagens instantâneas para qualquer lugar do planeta. E melhor: nada das eternas cartas empoeiradas guardadas no fundo do baú e o peso de ser cobrado no futuro por promessas escritas e o confronto de provas concretas. Agora, pode-se trocar mensagens e fotos que se autodestroem, segundos depois de serem lidos. Tudo como uma magia etérea, um sopro de ar.

E isso não é bom? É. O problema é que essa "leveza" traz junto o peso da ditadura das respostas imediatas ("Visualizou e não responde? Por quê?"). Alguns podem dizer que a tecnologia em si não é má, basta saber usá-la. Ok. Você quer usufruir da leveza de não ser incomodado com mensagens. Não dá. A eficiência da tecnologia trouxe a impossibilidade de se distanciar, de se ausentar. Lembra o clássico "Qualquer dia eu desapareço!"? Impossível. Você pode ir para os confins do mundo, qualquer lugar tem Wi-Fi. A tecnologia traz a leveza da existência nômade, o "meu escritório é o mundo", mas também é mensageira da vida em fluxo tenso, do "zero atraso" e da sensação de estar "enterrado no trabalho".

Entretanto, a tecnologia trouxe quantidade, leveza e agilidade para a principal busca humana: o outro. Será? Os aplicativos de relacionamentos proporcionam muitos encontros com a leveza do não compromisso. Sim, mas eles não eliminam o peso da insegurança e do medo do abandono. A tecnologia oferece um cardápio de pessoas à escolha, mas não elimina as expectativas e os sonhos de amor, nem as frustrações que daí decorrem. Ela oferece as delícias da experimentação leve, mas também o pesadelo de não ser aceito. E, por fim, o hedonismo ligeiro dos sites de namoro a exibir catálogos de pessoas, não retirou um milímetro da importância da fidelidade.

E por que é assim? Porque não existe nada leve ou pesado. Não há como experimentar a leveza doce do amor por um filho, sem o peso do dever de educá-lo. Não há um grande amor, sem o igualmente grande medo da perda. A existência etérea da borboleta carrega o peso da memória da lagarta. Eles não são contraditórios, são faces da mesma moeda, se alternam e se encontram. São parte da diversidade necessária para o equilíbrio da vida. Milan Kundera no maravilhoso livro *A insustentável leveza do ser* – que não posso deixar de citar – personifica essa união nos personagens Teresa (peso) e Thomas (leveza).

E mesmo que fosse possível escolher. Qual dos dois é o melhor? A leveza intensifica a sensação de liberdade, mas também traz a insignificância e a dispersão. Ela não carrega malas, mas também não cria vínculos. O peso vem quando nos relacionamos, mas só nos relacionamos quando a leveza permite que sejamos tocados. O peso nos puxa para a terra, diminui a nossa agilidade, mas é esse mesmo peso que pavimenta o caminho da leveza de se rever e de se perder naqueles que amamos. A leveza traz a capacidade para o sonho, mas é no peso que encontramos o sentido da vida.

CAPÍTULO 3

OS RELACIONAMENTOS E...
O AMOR

"Nunca nos encontramos mais desprotegidos contra o sofrimento do que quando amamos, nunca nos sentimos mais desesperadamente infelizes do que quando perdemos o objeto amado ou o seu amor".

FREUD

Do que falamos quando falamos de amor?

3.1. O mito da alma gêmea e outros amores na filosofia

Constantemente a filosofia recebe críticas de que tem pouco a dizer sobre as relações amorosas. Excetuando alguns apontamentos em Schopenhauer e Michel de Montaigne, o assunto passou em branco para a maioria dos filósofos. O mesmo não aconteceu com o ato de amar: há um arsenal imenso de definições. A filosofia grega definiu e dividiu o amor em categorias, com os consagrados conceitos de amor *Eros* – o amor apaixonado (também sinônimo do desejo sexual); o amor *Philia* – o conceito de amizade, mas que se desdobra em lealdade à família, à comunidade e ao trabalho; e o amor *Ágape* – o amor de Deus para com os homens e dos homens para com Deus e também extensivo à toda a humanidade. Esse último é o mais nobre de todos: além de incondicional e um amor que não exige reciprocidade.

Platão foi além dessa tríade. No livro *O Banquete*, ele fez uma ressonância magnética sobre os diversos tipos de amor. É nessa obra que figura a delícia dos românticos: o mito da alma gêmea. Platão – usando Aristófanes como porta-voz – conta que no início dos tempos, o homem era muito diferente do que é agora. E detalha a monstruosa forma antiga do homem: "Inteiriça, esférica, com o dorso redondo, os flancos em círculo; quatro mãos, quatro pernas, dois rostos sobre um pescoço torneado, a cabeça sobre os dois rostos opostos um ao outro era uma só, e quatro orelhas, dois sexos. O seu andar era ereto como agora, em qualquer das duas direções que quisesse; mas quando se lançavam a uma rápida corrida, como os que cambalhotando e virando as pernas para cima fazem uma roda, do mesmo modo, apoiando-se nos seus oito membros (mãos e pernas!), rapidamente se locomoviam em círculos".

Plantão – sempre na fala de Aristófanes – conta que esses seres, conscientes da sua força e vigor, voltaram-se contra as divindades. Zeus e outros deuses reuniram-se em assembleia para discutir a ousadia humana. Apesar da arrogância dos homens, os deuses gostavam da adoração e dos templos construídos por eles e não queriam matá-los. Depois de laboriosa reflexão, tiveram uma brilhante ideia: eles cortariam os homens ao meio para torná-los mais fracos. Reunidos no Olimpo, os homens foram cortados ao meio, um a um, e lançados à terra... E assim surgiu oficialmente o mito da alma gêmea. Os homens divididos, mutilados na sua essência, procuram, desde então, a outra metade perdida, a metade que falta. O pedaço que irá restaurar a sua antiga natureza. E é essa a razão, diz o mito, para a nossa solidão e sensação de vazio. Falta-nos uma parte. E esse passou a ser o nosso destino: procurar incessantemente a nossa outra metade...

Bem, eu poupei você, caro leitor, e resumi o grande castigo de Zeus. Na obra, Platão é detalhista. Narra cisões de umbigo, cirurgias de órgãos, de Apolo torcendo pescoços... O relato de Platão e seus pormenores rocambolescos não é inocente. Platão ao creditar esse mito na narrativa de Aristófanes, pretendia parodiar o seu ofício – uma dramaturgo de comédias – e que tinha por hábito, nas suas peças, satirizar Sócrates. A ideia era vingar o filósofo.

Dessa forma, o mito da alma gêmea entrou para o topo da lista dos grandes enganos de interpretação de textos da filosofia. Um caso clássico de "tiro que saiu pela culatra". Esse mito não faz parte da cultura grega, foi inventado por Platão, inserido num contexto discordado por ele, mas que acabou sendo, ao longo do tempo, o principal destaque da obra, convertendo-se no mito da alma gêmea, a mais famosa de todas as teorias românticas sobre o amor. E, possivelmente, esse trecho do banquete é o mais citado de todos os livros de Platão. E os pormenores ridículos? Ninguém se importa. O que ficou retido é a ideia de que em algum lugar do mundo existe uma parte que nos falta, a nossa metade. Desde então, cada pessoa sente a falta de sua metade original e parte para buscá-la para voltar a se sentir inteira outra vez. A ideia de que amamos para nos tornamos completos é uma das crenças mais disseminadas no mundo, principalmente depois do romantismo.

À parte a tentativa de ridicularizar o dramaturgo, essa teoria é quase antiplatônica. O filósofo não era nem de longe um romântico. É preciso que se diga que essa não é a primeira distorção de Platão no que toca o amor. O senso comum chama de amor platônico a condição de casais que amam-se a distância, sem a junção carnal. Platão jamais pensou isso. Essa redução imprecisa foi retirada da sua definição de amor. Para Platão, amar é desejar. Você só ama aquilo que você deseja. E você só deseja aquilo que não tem e que faz falta. A partir do momento que se tem, que acontece a posse, desaparece o desejo da posse. Desaparece o desejo, desaparece o amor. Simples assim. Aquele que persegue a pessoa amada e logo depois de consolidada a relação, perde o interesse. A criança que implora por um brinquedo durante meses, mas desvia o olhar assim que abre a caixa... Todos esses amam à maneira de Platão, portanto, esse é o amor platônico.

Porém, o mito da alma gêmea não é a única definição de amor no *O Banquete*. A obra traz um resumo de várias definições do amor, a dar conta de que já em meados do ano 330 a.C. não havia acordo sobre o que é o tal do "fogo que arde sem se ver". E mesmo sem respostas, essa obra continua a ser o livro mais conhecido – e também o mais lido – de Platão. Muito mais do que *A República*, considerada por especialistas como a obra maior de Platão. Talvez um indicador do primado do amor frente à filosofia.

Depois de Platão, o amor seguiu vigoroso na história do pensamento ocidental. Kant coloca o amor como o mais eficiente modelo ético. Quando você tiver dúvida sobre como agir em relação a determinada pessoa, pergunte: qual seria a sua decisão se você a amasse. E essa será a decisão correta. Em terrenos da modernidade, o enigmático Lacan relacionou o amor com a verdade por ambos possuírem uma "estrutura ficcional e são como artifícios usados para camuflar enigmas que não podem ser decifrados". Você percebeu? Bem... É Lacan no seu melhor a contribuir com mais uma definição sobre o amor.

Assim, apesar do arsenal de teorias, muitas perguntas continuam sem respostas. Seria o amor romântico um anseio íntimo da nossa humanidade? O amor romântico seria a máxima felicidade possível ou uma fonte de extrema angústia? Ou seria um truque da biologia para nos induzir a procriar? Ele leva à morte e à danação como querem escritores e poetas? O amor traz significado e propósito à vida ou é um paliativo que usamos para escapar às nossas vidas solitárias e difíceis? "Amar é sofrer" como quer a sabedoria popular? Ou é tudo isso ao mesmo tempo?

Com todo esse cenário devastador, há alguma luz no fim do túnel? Da filosofia não avisto nada, mas há muitos estudos em andamento e talvez o futuro nos reserve melhores notícias. Recentemente, a professora de filosofia Skye Cleary fez um levantamento das teorias sobre o amor romântico ao longo da história do pensamento. O resultado dessa pesquisa está no livro *Existencialism and romantic love* (publicado pela Palgrave MacMillan). Vale adiantar que o único consenso que ela encontrou foi sobre a capacidade infinita que a filosofia tem para pensar sobre o assunto.

E fora da filosofia? Também há. Durante uma década, a antropóloga evolucionista, Anna Machin procurou uma definição do amor. E, finalmente, ela lançou um livro divulgando todas as suas descobertas, o *Why we love* (publicado pela Pegasus Books). Para os ansiosos, ela despejou um balde de água fria. Sua conclusão é: o amor é complicado. Após 10 anos de pesquisa, ela garante que encontrou 10 respostas bem fundamentadas sobre o que é o amor. A pergunta que se segue é: com essas 10 respostas o assunto está arrumado? Não está. Ela já veio a público dizer que se lhe derem mais 10 anos, ela com certeza arrumará mais 10 respostas "bem fundamentadas".

Por que as teorias sobre o amor não funcionam na prática? (Mesmo para os filósofos).

3.2. Os amores de Schopenhauer, Beauvoir e Russell

Por que as teorias sobre o amor importam? Porque se pensa que elas poderiam ajudar no insondável do exercício do amor: os relacionamentos. E a queixa é exatamente sobre esse ponto. A filosofia não contempla e nem propõe solução para as dúvidas, as agruras e as angústias dos que amam, dos que amam e não são correspondidos, dos que amam e são abandonados. E já que nenhuma teoria dá conta da complexidade do assunto, talvez a sua prática possa dar algumas pistas. Pensadores extraordinários que especularam sobre o amor, como viveram suas relações amorosas? Teriam testado suas teorias na prática? Trago aqui três filósofos – Schopenhauer, Beauvoir e Russell – e algumas pistas de como viveram o amor romântico – ou algo parecido com isso.

É preciso que se diga que há um grande número de teorias desabonadoras sobre o amor romântico. Arthur Schopenhauer provocou um terremoto na filosofia da consciência quando apontou as razões inconscientes e biológicas do amor. O alemão antecipou-se a Darwin e – em quase meio século – à psicanálise de Freud. Para ele, o amor romântico é uma forma tortuosa que a natureza engendrou para nos induzir à procriação. Diante da revelação dessa condição fraudulenta do amor romântico, mais a convicção de que a vida não valia a pena, Schopenhauer sugeriu uma única saída honrosa para esse duplo abominável engano: desistir da reprodução.

A ideia era tentar evitar o tormento dos jogos do amor e, ao mesmo tempo, extinguir a vida humana de forma lenta e indolor. Numa única e pequena atitude, dois ganhos gigantes. Eliminava-se o sofrimento causado pelo amor e o homem desapareceria da face da terra sem traumas, sem dramas, sem violência. Quase que alegremente. Eis a solução de Schopenhauer.

Sou contra, mas... Não que o irascível alemão fosse indiferente à prática do amor. Pelo contrário, para ele o amor romântico nada tinha de banal. Tratava-se de um sentimento avassalador, capaz de mobilizar a nossa mente de dia e de noite. Com todo o seu pessimismo, Schopenhauer não tinha a pretensão de achar que conseguiríamos excluir o amor, queria apenas consolar os corações partidos. "Você não sofre porque é um romântico incurável, sofre porque é um escravo do impulso da vida", diria ele. Não devemos nos culpar pelo desespero e obsessão que nos acomete quando amamos e não somos correspondidos. Nada podemos fazer porque estamos subjugados pelo nosso mais profundo inconsciente. Esse, não vê os meios para atingir os seus fins porque a sua missão é grandiosa: a sobrevivência da espécie. E não há nada que possamos fazer: a biologia é mais forte que a razão.

Porém, o que Schopenhauer queria deixar claro é que é um erro pensar que a felicidade tem algo a ver com isso. Para ele, quando o amor é consumado, somos devolvidos às nossas existências atormentadas. Só depois do encantamento inicial – com ou sem prole – damo-nos conta de que fomos enganados. E daí, ou vem o divórcio ou passamos a fazer tediosas refeições a dois. Schopenhauer não queria nos deixar deprimidos, mas nos libertar das expectativas que podem gerar frustrações. Paradoxalmente, às vezes, os pensadores mais pessimistas podem ser os que mais oferecem consolo.

Quem me acompanha sabe da minha crença de que a filosofia deve ser vivida. Então, passo ao resultado da filosofia de Schopenhauer praticada por ele mesmo. Apesar de toda a sua genialidade e conhecimento, ele não conseguiu se livrar do sofrimento do amor romântico. Mesmo sendo um defensor convicto do "não casamento/não filhos", teve muitos amores românticos e consumiu-se em sofrimento – inclusive amargou as dores agudas do amor não correspondido.

Há uma crença na cultura que afirma que as mulheres amam mais do que os homens. E o que pensaria sobre o amor uma mulher filósofa? Simone de Beauvoir, a eterna companheira do filósofo Jean-Paul Sartre, acreditava que o amor romântico era uma forma de dar sentido às nossas vidas. Para a filósofa francesa, o amor é a busca de parceiro para agregar significado à vida. A sua preocupação não era especular as razões do amor. Ela estava interessada na qualidade do ato, em amar melhor, o que ela chamava de "amar autenticamente". A posse, a dependência e os ciúmes do outro eram vetados, pois conduziam ao tédio e aos jogos de poder. A proposta era quase uma amizade. Os amantes deveriam se apoiar mutuamente para descobrirem a si mesmos, para caminharem além de si mesmos e, juntos, enriquecerem suas vidas e o mundo.

Bem... Como foi o exercício dessas teorias na prática do midiático casal? Um sucesso. Beauvoir e Sartre viveram uma relação aberta, colaborativa e sem dependência. Oficialmente, o casal de existencialistas vivia um amor-amizade, sem posse e sem fidelidade. Nunca coabitaram, mas permaneceram juntos até a morte de Sartre. Fim da história? Não. Depois da morte de Simone, veio à tona que a filósofa não era feliz. Segundo amigos próximos, Beauvoir sofria com esse invejado modelo de relação. Paralelamente à relação com Sartre, Beauvoir mergulhou de cabeça no amor romântico. A filósofa amou desesperadamente o escritor norte-americano Nelson Algren – como comprovam centenas de cartas apaixonadas. A romântica promessa "eu serei sua para sempre", encontrada em uma das suas cartas, foi motivo de assombro na França. Não pelo amante, já que a infidelidade fazia parte do pacto da relação com Sartre, mas por ela amar exatamente conforme o modelo de relação que ela combatia. Beauvoir, afinal, era apenas Simone, e amava como a mais apegada das mulheres. Ao mesmo tempo que Beauvoir escrevia o *O Segundo Sexo* – um tratado sobre a necessidade da emancipação da mulher – Simone escrevia a Algren que queria cozinhar para ele, servi-lo, mimá-lo. "Eu sinto muito sua falta, de suas mãos, do seu corpo quente e forte, do seu rosto, do seu sorriso, da sua voz. Sinto terrivelmente sua falta".

Nem o britânico Bertrand Russell – importante pensador da matemática e da lógica – escapou de fazer considerações sobre o amor. Para ele, o amor não é apenas um artifício para escapar à solidão e colmatar desejos físicos e psicológicos – é, sobretudo, proteção – quase como um sistema de defesa. Por habitarmos um mundo frio e cruel, tentamos construir carapaças duras para nos protegermos. E a intimidade e o deleite do amor fazem parte dessa construção. O amor nos ajuda a ultrapassar o medo do mundo e nos faz participar mais intensamente da vida. Russel também concordava com Schopenhauer, mas com lirismo: "Somos projetados para procriar. Mas sem o êxtase do amor apaixonado, o sexo não seria satisfatório".

O filósofo britânico na prática? Tudo indica que a necessidade de proteção de Russel exigia doses cavalares de amor para aplacá-la. Na juventude, foi acusado criminalmente de lascívia. Casou quatro vezes e teve inúmeras amantes. E a sua crença de que o amor é o refrigério para encarar a crueldade da vida foi praticada até o fim. Aos 88 anos, Russel foi condenado e preso por desobediência civil. A sua quarta esposa, Edith Finch – coautora no delito e na condenação – foi a sua companheira de cárcere.

Se o amor romântico tem algum propósito, nem a ciência, nem a psicologia, nem a filosofia descobriram ainda. Mesmo que talvez nunca saibamos por que nos apaixonamos, sabemos que o amor é doloroso e sublime; devastador e magnânimo. Faz-nos cair e faz-nos levantar. Leva-nos ao submundo da dor, mas também nos faz voar. Traz salvação e danação, loucura e tragédia. Faz com que nos percamos e também nos achemos. E mesmo com o olho no mau agouro dos casais da literatura e seus fins trágicos – Tristão e Isolda, Romeu e Julieta, Anna Karenina e Conde Vronsky –, seguimos amando. Mesmo assombrados pela possibilidade da queda, do medo de que tudo pode dar errado, da ameaça do coração aos pedaços, ainda assim, queremos amar. E queremos amar perdidamente.

Terreno desconhecido sobre nós mesmos, mas impossível de falsear... Afinal, o que é isso do sexo?

3.3. Freud e a consciência da soberania do corpo

Aqueles que pensam que o amor é o mais insondável dos temas é porque ainda não chegou ao capítulo sexo. Dentro da filosofia, é praticamente um não tema. Os poucos que se aventuraram nesse campo ficaram pela vertente da biologia, como Schopenhauer. Uma das poucas exceções, talvez seja mesmo Nietzsche. Para ele, deveríamos parar de ouvir a "voz da consciência" e voltar a ouvir o corpo. Nietzsche escreve em *Aurora* que "os sentimentos sexuais têm afinidades com a compaixão e a adoração". Mas não vai além disso. Compreensível para a sua condição de "quase abstêmio".

Freud fez incursões profundas na pulsão sexual e os *Três Ensaios sobre a Teoria da Sexualidade* é um panorama sobre o desenvolvimento e anomalias da sexualidade humana.

Dessa forma, no sexo – tal como no amor – continuamos no mesmo registro do incognoscível. Por mais que falemos, ele permanece velado. Raramente conseguimos falar sobre a nossa personalidade sexual. Às vezes, nem sequer com a pessoa com quem dividimos a cama.

Como resultado, ficamos prejudicados porque uma parte essencial nossa fica na sombra. E não é qualquer parte. De acordo com Michel Foucault, a sexualidade é a única porção em nós que não é possível falsear. É mesmo o nosso terreno da verdade. É fácil compreender o valor dessa faceta do sexo. Num mundo onde as regras sociais condicionam tudo o que fazemos – e até o que pensamos – predomina o falso e o aparente. Em sociedade, é difícil saber se as pessoas gostam de nós ou estão sendo simpáticas por formalidade ou conveniência.

Lugar da verdade, a sexualidade é orgânica e soberana. A atração física e o erotismo esmagam o ser racional que há em nós. Dessa forma, o sexo também é um espaço de liberdade, onde revelamos o que e quem somos.

Contudo, essa é a única parte fácil na compreensão da sexualidade. As dificuldades maiores estão relacionadas com a forma grosseira e simplista a que foi reduzida pela modernidade. É certo que evoluímos. Há um longo caminho percorrido desde a crença de que a masturbação causava doenças – loucura, cegueira e até a morte – até a banalização da pornografia. Porém, esse avanço foi quase sempre na superfície ou na clandestinidade, a passar por cima de toda a sua complexidade e riqueza.

Como resultado, o sexo foi reduzido a um ato mecânico e banal, revigorante e saudável, quase como um esporte. E, mais do que isso, há uma crença generalizada de que a maioria dos problemas que envolvem o sexo – falta de libido, ausência de orgasmo, impotência, frigidez, ejaculação precoce – podem ser resolvidos com o domínio de certas técnicas, como o Kama Sutra e o pompoarismo. Em outras palavras, trata-se de melhorar a performance, aprender novas posições. Tal como uma modalidade esportiva.

Mas afinal, por que aderimos massivamente a esse simplismo? Porque é mais fácil. Mas não só. O filósofo Alain de Botton, na sua obra *Como Pensar mais sobre Sexo*, afirma que é muito raro não passar pela nossa cabeça o quão estranhos somos sexualmente. Quase todos nós somos perseguidos por culpas, neuroses, indiferenças, repulsas e desejos estranhos. Nenhum de nós lida com o sexo de uma forma natural. Em parte, e sob alguns aspectos, isso deve-se ao fato de estarmos completamente no escuro.

Há muitas interrogações sobre o assunto: por que esse me atrai, se não me convém? E por que essa não, que está disponível, é simpática e até gosta de mim? Por que encaramos a atração não correspondida como uma aversão abominável? Por que não aceitar como natural algo que o outro não controla? Por que alguns atiram-se com fúria contra o amado, como se o "não sentir do outro" fosse uma agressão contra nós?

Mais do que isso, talvez essas incompreensões inaceitáveis se prendam a um pormenor que a modernidade não assimilou: a sexualidade tem suas raízes nas cavernas profundas da nossa psique. Isto é, a vida social e a íntima levam muita distância uma da outra. E como se não bastasse o distanciamento, a vida social ainda nos pede para pôr máscaras. De acordo com Alain de Botton, não conquistamos o respeito ou o afeto dos outros sem reprimirmos severamente tudo o que há em nós de ostensivamente mau: nossa agressividade, nossa imprudência, nossa tendência à ganância, ao egoísmo, ao ciúme. Não podemos revelar o que nos vai na cabeça – e nem todos os nossos estados de espírito – sob pena de não sermos aceitos. E eis aqui, a grande satisfação do sexo. Ele permite que alguém conheça o nosso lado secreto, um lado que ninguém vê. E mais do que isso: que aprove. Daí que o sexo também tem um forte componente de satisfação emocional.

Atos que parecem extravagantes e assustadores. Gostos que nos envergonhariam se viessem a público. Todas as nossas mais esquisitas intimidades são aceitas pelo nosso par amoroso. Pelo menos aqui, nos tornamos confortáveis na nossa própria pele. O ato sexual revela-se um oásis de aceitação/aprovação contra as máscaras do mundo lá fora.

Fazer amor nos purifica de tudo o que julgamos ser ruim em nós. A intensa junção de partes de nós em partes do outro... "O ato físico em si, simbolicamente, mostra que somos aceitos na nossa totalidade", diz Botton. E é aqui nesse ponto, onde ocorre a falha, o erro grosseiro da modernidade. Negligencia-se o grande componente psicológico e emocional que existe na sexualidade. O ato sexual está intimamente ligado às nossas grandes questões psicológicas. Não é uma simples fricção física. É o êxtase que sentimos perante uma pessoa que tem a capacidade de aliviar alguns dos nossos maiores medos: o de não sermos aceitos tal como somos.

A passagem do mundo das aparências para o nosso mundo íntimo é tão significativa que geralmente registramos como um episódio único, um marcador que pode ficar na memória durante uma vida inteira. Geralmente, retemos esse sublime marco através do primeiro beijo. Eis a razão do porquê numa história de amor, ele nunca é esquecido. É no primeiro beijo que admitimos a nossa atração física por alguém e sabemos se somos correspondidos. É através dele que ultrapassamos a linha que separa a dimensão social da íntima. O primeiro beijo é uma espécie de portal onde o nosso eu público sai do isolamento para a aceitação do eu íntimo.

Amar através da pele

Partilhar a intimidade com o outro é ainda mais profundo do que a acolhida do nosso eu. Freud teoriza que o ato sexual é uma espécie de regresso – inconsciente – para o tempo dourado da nossa existência: os nossos primeiros anos. Primordialmente, chegamos a esse mundo com uma enorme vantagem. Assim que abrimos os olhos, passamos a viver em intensa união física e emocional com uma mãe protetora. Estamos em união física, pele com pele, num corpo que é aconchego e alimento. Somos embalados pelo calor e ritmo do seu coração. E como se não bastasse, "somos contemplados com deleite e adoração" (Botton).

E o que fazemos para merecer todo esse amor? Nada. Nenhum esforço. Apenas existimos e basta. Porém, aos poucos entramos em lento declínio. O nosso corpo deixa de agradar e de ser permitido exibi-lo. O bar aberto de leite doce é substituído por sopas ácidas com hora marcada. Enfim, o contato físico torna-se raro. Um beijo ou um abraço de vez em quando.

E não para por aí. O que somos deixa de importar, é o que fazemos que passa a ter relevo. Temos que ter boas notas. Ser querido com os irmãos, participar nas tarefas domésticas. A partir daqui, o declínio é mais rápido ainda. Em breve, alguém dirá que deveremos ir a nossa vida, arrumar um trabalho. Ingressamos no mundo público, começa a contar muito o que "parecemos". Enfim, o deleite dos primeiros tempos desaparece no horizonte. E é aqui que entra o sexo, como um resgate de parte desse idílio primeiro.

Passe o tempo que passar, nunca perdemos de vista essa necessidade que carregamos desde cedo: sermos aceitos como somos, independentemente do que fizermos. E na parte mais profunda da nossa psique (atesta Freud) ansiamos por sermos amados através da nossa pele. Buscamos o envolvimento dos braços de outra pessoa, o contato do nosso corpo com outro corpo, alguém a quem beijar e com quem dormir.

E é do parceiro sexual – com sorte, potencializado pelo amor romântico – que vem a promessa desse resgate. É um reencontro com os primórdios de nós – depois de um longo intervalo. Nesse reencontro, o corpo todo é um acontecimento. Há a sensação de que cada célula se reconstrói e se reorganiza. O sangue pulsa veloz até o limite máximo da superfície da pele. No nosso cérebro, todas as sinapses se multiplicam e dançam. A partir de nós, há um realinhamento perfeito dos cosmos. E tudo o que é visível é apenas o contato do nosso corpo com outro corpo.

Não subestime a dor aguda do rompimento amoroso.

3.4. O que sentimos é capaz de nos matar (o coração partido não é uma metáfora)

A valorização do racional continua na cotação máxima. Forjada pela cultura, é uma ideia com raízes profundas, difíceis de arrancar. Apesar da supremacia óbvia das emoções e sentimentos, seguimos acreditando que somos seres racionais, senhores da nossa casa. Com isso, levamos a vida menosprezando o que sentimos e também o que os outros sentem. Ao amigo deprimido enumeramos as razões pelas quais ele não deveria estar prostrado. Recomendamos que se divirta, que saia de casa – "que tenha força de vontade". Ao ansioso, prescrevemos serenidade e fazemos uma lista das razões para viver o presente. Isto é, falamos ao seu racional. Afinal, não há sintomas físicos evidentes. É uma coisa da cabeça. Basta ter força de vontade e... passa. Apesar da ansiedade e a depressão já constarem no topo da lista das doenças que mais matam, continuamos a minimizá-las.

Porém, nada é mais negligenciado quando se trata de perdas e rupturas amorosas. Afinal, não há nenhuma doença física, não há danos à vista. "Você é bonita, inteligente e talentosa. Arrumará outro logo". "Parte para outra, mulher é o que não falta neste mundo". "Ah! Esquece, você merece alguém melhor".

O que escapa a esses "conselheiros" é que essas dores existenciais também atingem o corpo físico. O que sentimos pode desencadear as mais diversas síndromes e doenças. A sobrecarga das perdas e de eventos estressantes fazem o corpo colapsar. A cada desgosto, o nosso sistema de defesa enfraquece e ficamos mais expostos a processos inflamatórios. Rupturas e traumas emocionais podem desencadear desde as clássicas taquicardias e problemas respiratórios – passando por abrupta perda de peso, eczemas de pele, ansiedade e ataques de pânico – até o surgimento de tumores.

Esse não é um fato novo. Desde a antiguidade, especula-se sobre a ligação direta entre os males psíquicos e os físicos. A doença acontece primeiro na mente e depois se materializa no corpo. A novidade é que essa crença está sendo mapeada e confirmada pela ciência. Há um estudo dos psiquiatras Thomas Holmes e Richard Rahe, conhecido como The Holmes and Rahe Stress Scale, que enumera 43 acontecimentos estressantes capazes de desencadear doenças físicas. Por razões óbvias, não vou enumerar todos, deixo aqui os cinco primeiros, por ordem de importância: a viuvez, o divórcio, a separação, ser preso e a morte de um familiar. O estudo aponta ainda que os primeiros três meses de luto – seja pela morte do cônjuge ou a morte da relação – é o período da vida com o maior risco de morte.

Mais do que adoecer o corpo, o que sentimos recai de forma contundente num órgão específico: o coração (sim, precisamos dar razão aos poetas). É verdade que em momentos de êxtase e estados de felicidade sentimos "o coração explodir de alegria". Experimentamos a plenitude da vida quando "amamos com todo o coração". Ocorre que quando chegam as decepções e as rupturas inesperadas, o coração despenca do oitavo andar e se parte em pedaços.

Quando tudo parecia bem, há uma reviravolta e tudo o que era, deixa de ser. A pessoa que fazia parte da sua vida, repentinamente desaparece. Enfrentar o choque e a dor da perda encolhe-nos. Deixa-nos, literalmente, "para morrer". Mais do que metáforas, essas expressões parecem capturar algo essencial sobre como nos sentimos e que não conseguimos traduzir verbalmente. As dores emocionais atingem em cheio o coração e a medicina tem tomado nota das consequências: enfartes, arritmias, paragens cardíacas, hipertensão severa, hemorragia cerebrovascular e morte súbita.

A ciência mostrou ainda que o "coração partido" não é apenas em sentido figurado. Uma análise detalhada sobre essa anomalia, conhecida como síndrome do coração partido ou miocardiopatia *takotsubo* (palavra japonesa que denomina um tipo de armadilha para capturar polvos), foi formalizada pela mão do cardiologista Hikaru Sato, em 1990. Os estudos confirmam que o sofrimento causado por uma separação – ou a morte de alguém íntimo – desencadeia reações semelhantes ao infarto. O quadro assemelha-se a um ataque cardíaco, mas sem que haja bloqueios nas coronárias. Contudo, apesar da ausência de patologia física, mata do mesmo jeito.

O enfarte é a consequência mais grave, mas não é a única. Antes dele, há mal-estar generalizado, palpitações, dificuldade respiratória, ataques de pânico e ansiedade. Um estudo da Universidade de Duke (EUA) afirma que 70% dos infartos do miocárdio nos homens acontecem no pós-divórcio. Já um estudo de Harvard Medical School, de 2010, aponta que a síndrome do coração partido afeta sobretudo as mulheres. A explicação dada em nota de rodapé sugere que talvez as mulheres – culturalmente e biologicamente – são mais propensas a "sentir demais".

E, para confirmar, um estudo da neurocientista Naomi Eisenberger mostra que a descrição que fazemos do que sentimos – como "meu coração estava apertado", "meu coração queria sair pela boca" – não são metáforas, são realmente dores físicas. Resumindo uma longa história, ela diz que o cérebro não faz distinção entre um osso quebrado e um desgosto amoroso. Os dois males são "compreendidos" e registrados no cérebro como se fossem a mesma coisa.

Enquanto a medicina das emoções não chega, é preciso estar atento. Não considere covardia o medo de novos relacionamentos: pode ser apenas uma questão de saúde. Para o coração, o limite entre a morte real e a morte psíquica é muito difuso. Bem... Para tornar isso mais leve, trago o outro lado da moeda. Os verdadeiros e bons encontros também contemplam um novo e melhor ritmo cardíaco. E esse batimento faz uma blindagem de males físicos e psíquicos.

E é entre esses dois riscos que consiste toda a aventura do viver. Não conseguimos evitar todas as tempestades da vida. Pode-se "morrer de amor", mas também pode-se "viver de amor". Por conta disso, o batimento cardíaco – a trilha sonora da nossa existência – precisa ser vigiado. Cuide bem do que você sente.

Ainda a procura da "pessoa certa"?

3.5. *Um relacionamento é sempre com a pessoa errada*

Nunca a busca da pessoa certa foi tão popular. E nunca as chances de sucesso foram tão altas, dizem os especialistas. Há uma oferta imensa de aplicativos e seus algoritmos que cruzam os dados e "juntam" os pares perfeitos. O tal do *match*. Se Hegel – o Deus da filosofia que via tudo de cima – fosse nosso contemporâneo, provavelmente ficaria estupefato. Talvez ficasse claro para ele que estamos nos comportando como se todos estivéssemos caminhando para uma grande arca de Noé. E a condição para a entrada? Só aos pares. Seria uma carência provocada pelo vazio cavado pela sociedade de consumo? Ou são os modelos de negócios que criam essa necessidade? Não se sabe. O que se sabe é que o "feitos um para o outro" é um mercado que movimenta milhares de euros – dos aplicativos, passando pelos livros até cursos com direito a certificado. Recentemente, os empenhados nessa busca receberam um balde de água fria de Alain de Botton, o mais carismático dos pensadores contemporâneos. Botton publicou um artigo no *New York Times*, onde explica "porque você vai se casar com a pessoa errada". O autor faz uma visita guiada pelo interior de um relacionamento e mostra por que é assim.

Para ele, a primeira razão que fará você se casar – ou já se casou ☺ – com a pessoa errada é óbvia: você não é a pessoa certa. Somos *homo sapiens*, diria Yuval Harari. Não somos a pessoa certa. "Nós somos esquisitos", sentencia Botton. E não é pelo nosso lado escuro ou pelos esqueletos que guardamos no armário. "Não é por má fé ou porque tendemos a suavizar os nossos abismos. Não é por escondermos as nossas fissuras e exibirmos o lado intacto. É porque temos pouca consciência de quem somos. Não temos a dimensão real do quanto é difícil conviver conosco". E aqui não é o caso de admitir que se acorda de mau humor, que se tem mau gênio... Não se trata do que está à vista. O que nos torna de difícil consumo está em camadas mais profundas.

Profundas para nós... e aqui a gênese de todos os problemas. Quem é que "enxerga" esse nosso eu desconhecido? Os outros. Alain de Botton diz que os nossos pais sabem quem somos, mas por razões óbvias não nos dizem. Os nossos amigos sabem quais são as nossas falhas, mas não estão preocupados em nos dizer. Afinal, são os nossos amigos. Outra fonte inesgotável de conhecimento sobre nós? Os nossos ex-parceiros. As rupturas civilizadas podem ser uma grande chance para sabermos a verdade. Mas não é o que acontece. Geralmente as últimas palavras são "o problema não é você, sou eu"; "você é uma pessoa maravilhosa, eu tive muita sorte em te encontrar". Eles sabiam de imensas coisas erradas em nós, mas não estavam interessados em dizer. Por que iriam se incomodar com isso? Afinal, é preciso deixar uma boa lembrança.

O filósofo e psiquiatra alemão Karl Jaspers afirma que a construção de uma relação se entrelaça, a todo o momento, com a construção de nós mesmos. Saber quem somos facilita muito o caminho em direção ao outro. Ocorre que lidar com pensamentos desconfortáveis, encarar limites e, principalmente, as emoções que emergem quando estamos entregues a nós mesmos, não é um caminho que fazemos alegremente. Aliás, muitos aproveitam uma relação para exatamente escapar de si mesmo e "viver no outro".

Para além do desconforto, forças terríveis contribuem para desestimular esse exercício: temos uma predisposição feroz para hábitos, adições ou qualquer tipo de alienação. E aqui explica-se a adesão massiva aos suportes digitais e todas as suas algemas, como as redes sociais. É inegável que eles usam golpes baixos para capturar a nossa mente, mas a verdade é que facilitamos o trabalho. Não suportamos a nossa própria companhia. E no que depender da tecnologia, não passaremos um único minuto a sós. Há quem passe a vida inteira em fuga de si mesmo e, simultaneamente, na busca do outro. Sem um "eu" não há relação possível.

Existe uma outra categoria de pessoas que, ao longo da vida, coleciona parceiros, mas que nunca teve uma única relação amorosa. Não existe relacionamento sem compromisso, nem mesmo a amizade existe sem compromisso. Qual é a dificuldade? Muitas – mas por uma questão de espaço, ficamos com duas. Alain de Botton diz que a primeira é que o compromisso implica assumir a fragilidade diante do outro. Uma das grandes complicações do amor é a tarefa de admitir para o outro "eu preciso de você", "não vejo a minha vida sem você".

Por que alguém faria isso? Há um impulso dentro de nós – reforçado pela cultura – de que devemos ser fortes e autossuficientes. Nada de baixar defesas e assumir carências. Inclusive, há quem encare a necessidade de afeto como uma fraqueza. É por essa razão que a dificuldade em assumir compromisso é mais acentuada no homem. Trata-se de uma questão da cultura e da psicobiologia: a fragilidade está vetada ao macho.

Outro inviabilizar de relações é a ideia de que se poderá encontrar alguém melhor. É claro que isso não é público. Geralmente usa-se o argumento de que, por enquanto, não procura uma relação séria, que não está apaixonado, que é uma relação sem futuro, por isso e aquilo. Poucos admitem que mereciam alguém melhor. E a pessoa fica ali no limbo do outro. Está ali, mas não está; entrou na casa, mas deixou a mala na porta.

E há o inverso: a insegurança por acharmos que estamos aquém do nosso par. Essa e outras inseguranças são uma espécie de cupim das relações. Os danos começam por dentro e de forma lenta e silenciosa. Bem... o mar da insegurança tem muitos afluentes: a sensação de não ser amado; o acúmulo de coisas não ditas; o sentimento de não ser bom o bastante para o outro. A insegurança é um freio de mão, uma espécie de veneno que impede a fluidez e o prazer nas relações. A outra faceta da moeda é que quando estamos inseguros, ficamos exigentes, perdemos flexibilidade e queremos tudo do nosso jeito. A teoria da vinculação – muito detalhada pelo psicanalista John

Bowlby – afirma que no cenário de insegurança, tornamo-nos muito processuais. Ao invés de dizer "senti a sua falta", dizemos "você chegou tarde", "você está diferente". Quem tem uma personalidade mais vincada, esquiva-se, finge que está tudo bem. Resultado: além de não conseguirmos restabelecer a harmonia, tornamo-nos tristes e desagradáveis para o outro. Assim, a qualidade da relação fica comprometida e até mesmo pode caminhar para a ruptura.

Outro inimigo das uniões felizes é a tendência que temos para acreditar que quanto mais uma pessoa é certa para nós, menos teremos que explicar sobre quem somos, o que sentimos e o que nos magoa. Esse é um dos grandes delírios humanos: achar que quem nos ama tem superpoderes e é capaz de adivinhar os nossos pensamentos. É moroso e aborrecido passar para as palavras o que sentimos, então quando se trata daqueles que amamos, temos o desejo profundo de sermos compreendidos sem palavras.

Parece um anseio inofensivo, mas quando frustrado, transforma-se no muro abominável que separa o mais apaixonado dos casais: o amuo. Botton considera o ato de amuar um fenômeno muito interessante porque não o exercitamos com qualquer um. Amuamos com pessoas que sentimos que nos deveriam entender e, no entanto, por alguma razão infernal, decidiu não o fazer. É por isso que tendemos a reservar os nossos amuos para pessoas que amamos, que pensamos que nos amam e, portanto, têm a obrigação de nos entender. Ela pergunta "o que se passa?". "Nada!". E não adianta insistir, ele não vai dizer. Se não explicarmos o que sentimos, o que nos aborrece, como poderemos ser compreendidos?

Precisamos guiar o outro no nosso labirinto. Devemos dizer o que nos incomoda e o outro deve acolher esse gesto sem o considerar uma crítica. É preciso esquecer o mito de que amar significa aceitar o outro como ele é, sem restrições. Ninguém deve aceitar-nos inteiramente. Não podemos ter perfeição e companhia. Estar na companhia de outra pessoa é negociar a imperfeição todos os dias. Alain de Botton defende que somos todos incompatíveis. Temos que aceitar que o outro vai querer educar-nos e que isso não é uma crítica. É a contribuição do outro para nos transformar numa versão melhor de nós mesmos.

Esse é exatamente o ponto sensível da sua relação? Pior, num nível acima, você julga que o outro não quer te educar, a palavra é mesmo "domesticar". O caminho é mesmo o diálogo e talvez o conteúdo da conversa seja valores e objetivos de vida. Não tenha medo dessa conversa. Ela é fundamental.

Não é preciso ser um discípulo de Freud para entender que as nossas escolhas amorosas estão assentes nas experiências na infância. E lá, nem tudo foi ternura e generosidade. Também fomos desapontados e humilhados. Há pais severos e críticos e a experiência do amor na infância pode estar ligada a vários tipos de sofrimento. E o que acontece na vida adulta? A crença é a de que buscamos parceiros que nos façam felizes, mas não. Estamos à procura de parceiros que sejam familiares, que sejam parecidos com o nosso modelo de infância. Um amigo quer apresentar a pessoa perfeita para você? É uma perda de tempo. Não estamos em busca de um parceiro para sermos felizes. Estamos em busca de formas de sofrimento que nos sejam familiares e isso compromete a nossa capacidade de encontrar um bom parceiro.

Mais entraves: somos maniqueístas incorrigíveis. E somos ainda mais quando amamos. Apesar da banalidade do mal, de sabermos da vocação do homem para a prática de atrocidades, continuamos de olhos vendados. E os nossos olhos permanecem ainda mais fechados para o nosso círculo próximo. Julgamos que conhecemos o nosso par, que eles são bons, incapazes de maldades. Temos dificuldade em reconhecer que alguém que amamos é uma mistura desconcertante do bem e do mal. E não deveria ser assim, afinal desde que nascemos começamos esse aprendizado. Na infância, demoramos a integrar que os pais são bons e maus. Primeiro, a criança pensa que a mãe (ou o pai) são dois, um bom e outro mau. Numa fase seguinte – por volta dos quatro anos, segundo a psicanalista Melanie Klein –, finalmente a criança integra os dois comportamentos na mesma pessoa.

Compreendendo isso, a criança torna-se capaz de odiar e amar a mesma pessoa. Essa é uma conquista psicológica enorme e que devemos continuar praticando por toda a nossa vida. Portanto, aceite que o seu amado é brilhante e perfeito, mas também é decepcionante e cansativo. É normalíssimo. Devemos aceitar que aqueles que amamos, uma vez ou outra, vão nos desapontar. Maturidade é a capacidade de aceitar que não existem santos e pecadores. "Somos essa mistura maravilhosamente desconcertante do bom e do mau", diz Botton. Logo, o amor não é apenas a admiração pela força e a beleza do outro, também é a tolerância com as suas fraquezas.

Tudo isso é assim tão complicado? Pode não ser. Há uma espécie de toque mágico que suaviza todas essas pequenas agruras: amar. O problema é que o ato de amar não é assim tão comum. Há muito boa gente que ama pouco ou simplesmente não ama. E temos uma enorme dificuldade em aceitarmos isso. Então, inventamos paliativos e desculpas. Diz-se "ama do jeito dele" ou "esse é o jeito dela amar" para justificar a ausência de amor. O consenso de que a capacidade de amar é inata (ou pelo menos começamos a aprender desde que somos bebês) é um grande equívoco. Porque é preciso que se diga que há uma distinção clara entre amar e ser amado. Todos sabemos o que é "ser amado" (se tudo correu dentro da normalidade) e crescemos com a confiança de que isso vai se repetir por toda a nossa vida. Muitos passam a vida "ocupados" nessa busca e se esquecem que também devem amar. E como se aprende a amar? Não sei. Mas, os poetas têm uma resposta possível: o exercício. Amar se aprende amando.

O que esperar do casamento?

3.6. Somos todos incompatíveis... aceite essa e outras verdades da vida a dois

Desde muito cedo estive atenta as diferenças entre homens e mulheres. Na infância – sendo a única menina entre três irmãos rapazes – notei a lista desigual do que eles podiam fazer e eu não. Brincar na rua? Só os meninos. Nem sequer nas festas havia uma trégua. Eles podiam correr, entrar e sair, eu tinha que ter atenção para não estragar o vestido. E mesmo quando eu driblava o controle da minha mãe, tinha os movimentos travados pela saia de tule.

Meus irmãos conheciam a frase que me deixava furiosa: "Não pode porque você é menina". Cresci lutando contra isso. Tudo o que era para rapaz ou o que os rapazes podiam fazer, eu queria para mim. Tudo o que era para meninas, eu rejeitava. A tal da arte culinária foi uma delas. Só comecei a cozinhar por conta do meu filho. É certo que fiz balé, mas também fiz caratê. Fazia as coisas típicas de meninas, mas também – e bem, acreditava eu – tudo o que os meninos faziam.

Não. Este não é mais um texto de ódio aos homens. Essa minha gênese combativa não deixou sequelas. Aliás, estou bem longe disso. Defendo que os homens precisam ser mais compreendidos e preservados. Talvez porque desde muito cedo compreendi a fragilidade dos rapazes. Ou talvez porque – e até hoje – sou completamente apaixonada pelos meus três irmãos e estendi todo esse amor ao mundo masculino. E para potencializar ainda mais esse caldeirão de amor, tenho a sorte de ser mãe de um rapaz.

Com essa ressalva, volto ao meu histórico de feminista mirim radical. Nem os contos de fadas escapavam. Certa vez, fiz uma redação sobre a Branca de Neve e os setes anões onde eu denunciava o que ninguém parecia enxergar: os anões exploravam a Branca de Neve. Ela lavava, passava, arrumava a casa e cozinhava para os sete folgados. Achava uma exploração incompreensível e indigna. E ficava ainda mais alterada, porque ninguém parecia ser importar.

Já adulta, continuei no mesmo terreno da incompreensão. Então vamos lá ver. O casamento sobrecarrega a mulher. Para além da carreira profissional, ela precisa cuidar da casa, ter e criar os filhos e "cuidar" do marido. Ok. É certo que os homens ajudam – meu pai ajudava. Mas, o motor de tudo continua a ser a mulher. E mesmo para aquelas que tem muita ajuda – como uma empregada – ainda é difícil. Afinal, gerir é desgastante. É preciso coordenar todas as tarefas, pensar no cardápio das refeições, fazer a lista de compras.

Por outro lado, o casamento sobrecarrega o homem? Não. Pelo contrário: algumas tarefas da vida prática são eliminadas – como a questão da roupa lavada, por exemplo. O homem trabalha fora, chega em casa muito cansado. Pode dar alguma ajuda com os filhos, pode ajudar no preparo do jantar, mas que não seja muito porque ele precisa ir para o sofá. É o garantido direito ao "descanso do guerreiro". É óbvio que esse cenário tem melhorado, que já há exceções. Mas são mesmo exceções, o modelo permanece.

E com todo esse cenário, qual seria a verificação óbvia? Os homens deveriam perseguir o casamento a todo custo. E as mulheres deveriam fugir em abalada carreira de qualquer menção da vida a dois. Entretanto, passa-se exatamente o contrário. Os homens fogem do casamento e as mulheres sonham com a aliança no dedo. Como isso é possível?

Durante muito tempo essa foi uma questão intrigante para mim. Ninguém conseguia me explicar por que era assim. Ah! A explicação de que o homem encara o casamento como uma renúncia a todas as mulheres maravilhosas que ele poderá encontrar no futuro, nunca me convenceu. Afinal, e o adultério? Homens se casam e continuam a dizer sim para outras mulheres. Segundo ponto: a mulher também não renuncia aos possíveis futuros homens?

A ideia generalizada – para homens e mulheres – é que no casamento o homem abdica de inúmeras coisas maravilhosas. E a mulher, não. No casamento, ela consegue exatamente aquilo que sempre quis: casa, filhos e marido. Tanto isso é verdade, que mesmo agora, na pós-modernidade, a mulher solteira é vista como aquela que "não conseguiu casar". E, portanto, é infeliz, porque falhou no seu projeto maior.

Mais recentemente, com Freud e Lacan compreendi por que é assim. O homem – sexo masculino – nasce com a psique narcísica. Essa é a grande vantagem de ser homem. Se tudo acontecer dentro da normalidade, o homem nasce com esse diferencial de fábrica. Isto é, faz parte da psique masculina a crença de que ele foi extremamente desejado pela mãe. Ele é animado por essa certeza e reproduz e expande essa convicção pela vida afora.

É um narcisismo à prova de bala. Ele admite ser adúltero – o seu desejo não está restrito à vida conjugal –, mas a mulher, não pode. A maioria dos homens não aceita que o desejo da mulher não se esgote no casal (alguns, nem acreditam). O único lugar de realização da mulher só pode ser com ele. Eu não quero entrar em temas pesados, mas é esse narcisismo a nascente dos abusos e da violência doméstica. Nos casos extremos – os crimes –, a mulher mata o seu companheiro. O que a maltrata, que a agride. E o homem? Ele mata a ex, a que o rejeitou. É a estatística.

À parte a psique masculina, há muitos equívocos – e também mistérios – sobre o casamento. E boa parte desses equívocos vem sendo alimentada pela cultura e reafirmada pela mídia. Desde a dona de casa linda e impecavelmente vestida dos anos 1950 até a "família margarina", houve um endeusamento do casamento.

No entanto, esse cenário está mudando. O número de casamentos diminui em todo o mundo ocidental e o número de divórcios sobem em flecha. O número de mulheres solteiras aumenta em quase todas as cidades urbanas. As mulheres eram felizes dentro do casamento e agora estão, aos poucos, perdendo o gosto pela vida partilhada? A história não é bem essa, dizem as estatísticas.

Uma pesquisa feita nos anos 1970, nos EUA – país exportador de tendências para o mundo –, inquiriu sobre o grau de felicidade das mulheres casadas. A maioria – 90% das mulheres entrevistadas – respondeu que eram extremamente felizes. Espera. Nessas pesquisas são inseridas perguntas para verificar se as pessoas estão falando a verdade. E, dessas mulheres, as que tinham filhas, foi perguntado se elas gostariam que a sua filha tivesse o mesmo destino. Bem... 90% das mulheres extremamente felizes, disseram "não". Seriam mães sádicas ou elas estariam mentindo sobre a própria felicidade?

Entretanto, apesar das estatísticas e da nossa própria experiência, continuamos a valorizar cegamente a vida partilhada. Quando um amigo pergunta se estamos felizes, ele quer saber se temos alguém ou se estamos dentro de uma relação feliz. As outras dimensões da vida, como a social e a profissional não contam.

Algo sem sentido, porque tanto para o homem quanto para mulher, a vida sentimental é apenas uma parte do todo. E já há muitas pesquisas que confirmam, como o Estudo sobre o Desenvolvimento Adulto (Study of Adult Development), de Harvard, que o principal fator de bem-estar não é um parceiro. O nosso maior e mais importante fator de bem-estar vem de uma boa rede de apoio, com relações de qualidade, como um grupo de amigos de longa data.

E sobre as renúncias? No casamento e na constituição da família, elas acontecem para o homem e para a mulher. Entretanto, apesar do discurso dominante, a mulher renuncia mais do que o homem. E não se trata de perdas triviais como a dimensão da farra e da liberdade, alegada pelos homens.

As mulheres são confrontadas com renúncias entre carreira profissional e a maternidade. E algumas profissões são mesmo incompatíveis com filhos. Sendo que é uma opção que não permite espera, uma vez que há um prazo da potencialidade do corpo para engravidar. Ora, essa opção dramática e urgente entre carreira e filho não existe para o homem.

Essas são as renúncias maiores. O grande Contardo Calligaris, psicanalista italiano radicado em São Paulo, falecido em março de 2021 – também ele um terapeuta de casais –, falava com imensa leveza sobre essas renúncias. Entretanto – a partir da sua experiência clínica –, Calligaris constatou que o casamento tem uma função muito mais importante: as pessoas casam-se fundamentalmente para ter alguém a quem culpar pelas suas covardias.

Por conta da psique narcísica, o homem é especialista nisso. Mas a mulher também exerce bem esse papel. "Eu não fiz tudo o que eu gostaria por sua causa". "Se era o seu sonho, por que você não deu a volta ao mundo de bicicleta?" A resposta é: "a minha mulher fez muita oposição". A verdade: "eu achava a ideia ótima. Mas só a ideia, querer mesmo eu não queria. O cansaço, o desconforto e a logística não eram para mim".

Como geralmente não temos coragem de concretizar todos os nossos desejos, diz Calligaris, o cônjuge fica com a responsabilidade.

Ao invés de assumir, "queria, mas me acovardei", o melhor é dizer "não fiz porque a minha mulher não gosta". Assim, o homem ganha duplamente: livra-se da culpa e ainda pode posar daquele que se sacrifica pelo sucesso da relação. Enfim, um homem generoso, parceiro.

Claro que essa não é uma razão inconsciente. E, mais do que isso, a função repressora do casamento pode não ser um mal. E, às vezes, tem até um efeito protetor. Afinal, todos conhecem os excessos perigosos dos solteiros. E mais do que isso – e sem entrar em explicações complexas –, poderíamos apresentar as estatísticas que indicam que os *serial killers*, executores de atentados, atiradores, são celibatários.

Mas e o casamento em si? Vai mal, enfraquecido. O adultério não é mais um escândalo. O divórcio é quase tão comum quanto o casamento. Da ótica da filosofia – isto é, de uma vista do alto –, o que se constata é que, hoje, homens e mulheres se frustram muito porque exigem muito do casamento.

Na idade média, um homem tinha um amor romântico, idealizado, focado em um amor impossível. E tinha um casamento – geralmente arranjado – esposa e filhos, onde o amor não era reivindicado. Eram duas áreas distintas. Séculos depois, o desejo físico, o amor erótico, estava a cargo de profissionais. A esposa era casta, sexo apenas vestidos e no escuro, para fins reprodutivos. Também duas áreas que não se misturavam.

Hoje, querem o casamento com tudo em um. Ele tem que ter o amor espiritual e romântico, o amor erótico e precisa acomodar tudo isso na embalagem da rotina doméstica de uma família.

E, claro, há muitos problemas. Como conciliar erotismo com o ressentimento das divergências na educação dos filhos? O que fazer quando amamos quem temos em casa, mas já não o desejamos?

Pode ser que por conta dessa tríade difícil – somado à consciência de todas as renúncias que o casamento implica – os tempos da idealização do casamento estão chegando ao fim. Aos poucos, estamos descobrindo que o casamento não é o que imaginamos. E que o outro não é necessariamente o horizonte da nossa felicidade. E talvez nunca tenha sido.

CAPÍTULO 4

NÓS, OS MODERNOS

"Temos de nos sentir eternamente jovens, ver sempre o que é novo como superior, aceitar que as limitações não existem – e será melhor esquecermos a morte".

ROB RIEMEN

Combata a (in)satisfação de consumir sempre mais.

4.1. Racionalize seus desejos com Platão

Numa reflexão sobre o nosso histórico de necessidades, notará que ao longo dos anos o número de itens nunca parou de crescer. O que é natural. Todo o sistema trabalha para oferecer continuamente novos produtos. E a partir do momento em que algo está disponível, precisamos logo dele. E... com urgência, pois o desejo gera tensão e o ato da compra traz alívio. Porém, a satisfação que vem do consumo artificial é uma bolha de sabão, pouco tempo depois, ela desaparece. A dinâmica é: estamos insatisfeitos, "precisamos" e compramos. A insatisfação volta, nova compra, nova insatisfação e assim vamos caminhando. E, muitas vezes, a satisfação não acontece.

Foi-se o tempo em que os cremes tinham três opções (pele normal, seca ou oleosa). Hoje, tempos de complexidade e sofisticação, esses têm ingredientes improváveis e promessas nunca antes imaginadas. Optamos por um e saímos inseguros e com a sensação de que não fizemos a melhor escolha. Entra em cena o que os economistas chamam de "custo de oportunidade": escolher um é recusar todos os outros. Isto é: perde-se os benefícios de todas as outras escolhas. Portanto, quem escolhe uma, numa oferta de 20 possibilidades, perde muito mais benefícios do que aquele que escolheu entre seis.

Esse drama não é restrito ao consumo de bens e serviços, está presente em todas as escolhas da esfera humana. Afinal, é consensual que o casamento é uma escolha difícil. Casar não é apenas dizer "sim" a uma pessoa, mas é dizer "não" (ok, pelo menos em teoria) a dezenas de outros possíveis pretendentes (conhecidos ou que se venha a conhecer!). E quando se chega à internet – com produtos (e pessoas) do mundo inteiro –, entra-se num campo ainda mais complexo: deparamo-nos com nós mesmos a desejar coisas que nem sequer sabíamos que existiam.

A boa notícia é que, se o problema está em nós mesmos, logo, também está a solução. O capitalismo – e as suas artimanhas – apenas aproveita a oportunidade para o negócio. Somos seres que desejam. Uma marca tão vincada em nós que Michel Foucault define o homem como o "corpo desejante". Gilles Deleuze envereda pelo mesmo caminho: "Somos máquinas de fabricar desejos". Esse traço é tão vincado em nós que, no pensamento de Platão, desejo e amor estão entrelaçados. Para Platão, o que é amar? É desejar. E o desejo é ânsia por aquilo que falta. Você ama o que deseja e deseja o que lhe faz falta. Porém, se obtém o que deseja, desaparece a falta; se não há a falta, não se deseja, e se não se deseja... não se ama mais. É o que acontece com o consumo.

Adora o último modelo? Depois da compra, o seu desejo é o novo lançamento.... (E, infelizmente, isso também acontece nas relações). E a vida é o que acontece entre estes dois estados: não temos o que queremos e sofremos com a falta; ou temos o que queremos (e já não queremos mais) e temos o enfado. E assim, chegamos ao pêndulo de Schopenhauer: oscilamos entre o tédio e a aborrecimento.

O que fazer? Não alimente o ímpeto do pêndulo. Agarre-se à lucidez, racionalize e domine os seus desejos. Medite sobre a relevância da compra; pense que o não necessário é lixo para o planeta... Recorde-se que já não teve algo similar adquirido no passado e reavalie a sua pertinência no presente. E traga Espinosa para a sua vida. Para ele, o amor não é pelo que falta, é pelo que se tem. O amor é a experiência de uma alegria acompanhada da sua causa. Ame o que já é seu: o carro que está na sua garagem, o cônjuge que habita a sua casa e a estrada onde tem os pés assentes.

Boa ou invejável? Qual é a vida que procura?

4.2. O efeito danoso das celebridades em nós

Não há um único dia em que não pensemos sobre a vida: a nossa e a dos outros. O que é importante? O que é precioso para mim? O que é que eu quero para a minha vida? Quando se conhece alguém, a primeira pergunta contempla "o que é que faz da vida?". Quando se quer construir laços, busca-se saber que tipo de vida é que o outro leva. Quando se deseja caminhar com o outro, a questão central é sobre a vida que querem seguir.

Uma das maiores conquistas humanas é saber com clareza a resposta para a pergunta "o que é importante para mim?" O caminho para essa descoberta exige disciplina e paciência. Não conhecemos bem o terreno e vamos tateando, no escuro. Há armadilhas, limitações; a visibilidade é pouca e os enganos são frequentes. Muitas vezes, confundimos o que é importante para nós com o que é importante para os outros.

Além das dificuldades do percurso, temos outro adversário poderoso: as nossas próprias limitações. E quais são elas? Bem... Somos filhos de uma modernidade romântica e jovem, por isso somos imaturos. Os nossos cérebros são pouco confiáveis. Não compreendemos os outros e nem a nós mesmos. A todo o momento somos surpreendidos pelo nosso padrão emocional, que insiste em andar em descompasso com o racional. E para agravar, somos otimistas incuráveis com expectativas demasiadamente altas.

É claro que eu não vou aqui dar receitas (até porque elas não existem). Esse é um caminho pessoal, que deve ser construído à medida de cada um. Porém, o que cabe aqui apontar são alguns obstáculos que comprometem a percepção do que é importante para nós. O primeiro (e o maior), é que vivemos numa sociedade dominada pelo público em detrimento ao privado. A parte mais visível é o interesse pela vida das celebridades. Além das revistas especializadas, quase todos os veículos de comunicação têm uma seção "celebridades" e cerca de 50% do conteúdo das redes sociais aborda a vida privada de famosos. Há um grande interesse sobre como eles vivem, desde o clássico "jogador de futebol" até à estranha categoria "ex-BBB". Esse último, um ex-participante do Big Brother – um formato de programa que tem versões em vários países –, o exemplo mais exacerbado da vida "privada pública".

O que não me escapa é a grande imaginação dos criadores dos *reality shows*. Ora, vejamos: na impossibilidade de adentrar na intimidade (na cama mesmo) de celebridades, decidiram "fabricar" celebridades que antecipadamente aceitem alinhar no jogo. Uma ideia de gênio, sucesso em todos os cantos do planeta.

Por mais difícil que seja admitir, são neles que a maioria busca os modelos de viver. As façanhas de famosos, *youtubers, influencers* etc. – seja lá qual for o motivo da fama –, perpassam por toda a sociedade. Todos os dias, nos diversos formatos, somos bombardeados por informações sobre pessoas "interessantíssimas" que têm valores "interessantíssimos" e estilos de vida "interessantíssimos". Aderimos massivamente a elas porque aguçam em nós um traço demasiado humano: a vaidade. Considerada um exemplo de orgulho – um dos sete pecados capitais – a vaidade permeia todos os espaços, espalha-se por todas as classes sociais, corrompe e confunde o nosso modelo de viver, nosso e das novas gerações. Um fenómeno que não escapou ao radar de pensadores contemporâneos, como o filósofo brasileiro Renato Janine Ribeiro, que lamenta a falta de estudos nesse domínio.

Mas, afinal, qual é o perigo da vaidade? O primeiro nível do problema é que temos necessidade da aprovação dos outros. Com essa premissa, permitimos que a medida do nosso valor seja determinada pelo olhar que os outros têm sobre nós. Claro, se eu quero que o outro me aprove, o caminho mais curto é tornar-me no que ele aprecia.

Por que é que esse raciocínio é equivocado? O foco no que é importante para os outros, inviabiliza a percepção do que é importante para nós e, consequentemente, do que desejamos. Dito de outro modo: a vaidade impede o olhar sobre nós mesmos. E passamos a buscar e a desejar o que é importante para os outros. Os exemplos estão por toda a parte. Há os que vivem infelizes no "casamento perfeito", segundo os seus amigos. Outros escondem a namorada/o namorado, constrangidos pelo julgamento do seu círculo social. Outros adoecem em "vidas de sonho".

Não notamos que é assim porque a vaidade está camuflada, atua nos bastidores da nossa mente. Compromete a estrutura de dentro para fora. O vaidoso, além de estar à deriva na vida inautêntica, está destinado à frustração porque o olhar alheio é extremamente instável – muda de um momento para outro, ao sabor da moda e do último Big Brother. Finalmente, chega o momento em que o vaidoso não sabe mais o que quer, o que é importante e perde-se a si mesmo. Esse é um problema tão comum na sociedade de hoje que já existe um estilo de psicoterapia focado apenas em ajudar o paciente a identificar o seu desejo. A razão é simples: aquilo que desejamos – que vem do conhecimento daquilo que somos – pode estar soterrado por camadas e camadas do olhar dos outros.

É óbvio que caímos nessa armadilha de bom grado. Afinal, dá muito menos trabalho aderir a um modelo pronto do que construir um. De um lado temos o caminho árduo do autoconhecimento: descobrir o que precisamos, definir um estilo de vida e partir para a construção de um caminho que não se sabe bem se vai dar certo. Do outro lado, temos um modelo pronto, ideal e que já foi testado por outro. É muito mais fácil delegar para terceiros: troca-se a incerta descoberta de quem somos por um modelo de sucesso consagrado.

Se alguém ainda tiver uma réstia de dúvida, a sociedade dá um pequeno empurrão. E aqui entra a nossa imaturidade. Costumamos fantasiar a vida para suavizá-la para as crianças. Os mercados fazem o mesmo conosco. Na estreia de Walt Disney é dito que podemos ser o que quisermos, o céu é o limite. Porém, o que ninguém conta sobre a vida e a riqueza de visionários, é que eles são exceções. Se observar os livros de autoajuda, há um número enorme de títulos que promete a vida extraordinária de prosperidade e abundância. "Fique rico em um dia!". E o remanescente dos títulos? Bem, eles são sobre como lidar com a baixa autoestima e a frustração de uma vida ordinária. Isto é: são sobre aqueles que não conseguem ficar ricos em um dia. E assim, todos os públicos são atendidos.

Apesar de 90% da população mundial ter uma vida comum, há um culto enorme à vida extraordinária e um desprezo absoluto pela vida ordinária. Somos doutrinados de que a vida comum não é boa o suficiente; pelo contrário, é quase uma humilhação. Apesar de ser uma crença absurda, essa segue comprometendo o gosto pela vida boa e materialmente comum. Alain de Botton afirma que esse culto funciona como se colocássemos uma cobra no jardim, que impede que desfrutemos do nosso paraíso conquistado. Precisamos eliminar os ruídos que nos rodeiam e declarar que a vida comum é, de fato, uma vida boa. Uma vida que merece ser louvada, que merece ser vivida e amada.

Como sobreviver no mundo líquido de Bauman?

4.3. Agarre uma ação e abrace suas consequências

Nos últimos meses fui surpreendida por uma infinidade de coisas grandes e pequenas. E não foi por falta de visualização de cenários. Eles foram considerados, mas não eram o que pareciam. Penso que na pós-modernidade essa perplexidade é cada vez mais comum. Já não é possível "andarmos" pela realidade sozinhos. Precisamos de uma visita guiada. Nesse contexto, o filósofo polaco Zigmunt Bauman é um mentor imprescindível. Teórico do conceito da sociedade líquida, Bauman expõe a olho nu as condições (e os limites) que formatam os nossos passos hoje. Para ele, vivemos tempos em que nada é sólido, tudo se estende e contrai, sem forma, sem consistência, sem direção. Tal como o estado líquido. Daí a analogia de Bauman. A menos que seja forçado artificialmente, como a água num copo – a substância em estado líquido não consegue manter a sua forma. Ela espalha-se e segue em constante mutação. Exatamente como o nosso mundo hoje. Já nada é sólido. "Na modernidade nada é palpável, tudo escorre e adquire novas formas", aponta Bauman.

E o que somos nós nessa realidade líquida? Qual é o nosso papel? "Somos essencialmente consumidores", diz Bauman. Todos os nossos vínculos seguem o padrão da relação "comprador-mercadoria". E das mercadorias não se espera que abusem da nossa hospitalidade. Elas devem deixar o palco no momento em que começam a perturbar em vez de alegrar. Dos compradores não se espera – nem eles estão dispostos – que jurem fidelidade eterna às aquisições que fazem. A relação com o consumo é – desde o início – "até segunda ordem". Até que se mude de ideia. Todos conhecem esse funcionamento e as suas fragilidades, inclusive os vendedores. Por isso, há o departamento de fidelização de clientes.

Na relação comprador-mercadoria – tal como nas relações humanas – o tempo é um valor a considerar. Quando pensamos na nossa máquina de café, essa relevância parece-nos óbvia. Nada mais desagradável do que acordar no anseio do aroma do café e descobrir que a máquina já não funciona. Assim, antes de adquirir um produto, queremos saber a sua vida útil, se tem garantia e de quanto tempo. E mais do que conserto, no caso de avaria, o desejo do consumidor é a troca por um produto novo.

Essas são as leis que regem o consumo. Busca-se o equilíbrio entre custo-benefício, o consumidor quer garantias de funcionamento e durabilidade do produto e as empresas buscam fidelizar o cliente para que ele volte a consumir os seus produtos. Nesse departamento, tudo corre bem.

O grande problema, apanhado pelo radar de Bauman, é que esse formato da sociedade de consumo foi transportado para os relacionamentos. O resultado são ligações superficiais, sem discordância, sem diálogos profundos e sem convivência real. Assim que aparece uma dificuldade – algum custo à liberdade individual, um mínimo contratempo –, a relação é encerrada. Desconectamos, bloqueamos, excluímos. E aqui o ponto chave: Bauman aponta que o grande atrativo da internet não é a facilidade de nos conectar e fazer amigos. O maior atrativo é a facilidade de desconectar.

E nas relações amorosas? Acontece o mesmo. Na sociedade líquida, elas deixam de ter aspecto de união, de compromisso, e passam a ser uma mera acumulação de experiências. Alguns podem pensar que é exagero ou rabugice de Bauman; afinal, continuamos a acreditar no amor. Ele continua na literatura, no cinema, no teatro. Sim – concorda Bauman –, mas o amor é mais falado do que vivido e por isso vivemos um tempo de secreta angústia. "Estamos todos numa solidão e numa multidão ao mesmo tempo". Mas não é frustrante estar numa relação sem compromisso e sem promessas? É. Mas não nos preocupamos. Já interiorizamos que é assim mesmo, que as relações são efêmeras e que hoje nada é feito para durar. Para Bauman, a insegurança e a incerteza são parte estrutural – e já assumida – do sujeito moderno.

Se a vivência do amor é assim, então, por extensão, os rompimentos também o são. "As relações são uma sucessão de reinícios e, precisamente por isso, os términos são rápidos e indolores", diz ele. O último adeus não tem o cenário íntimo e as conversas sentidas do passado. Nem sequer exige a presença física. O desenlace é feito pelo WhatsApp e nem sequer o texto precisa ser longo: basta apenas uma frase e um emoji. E melhor: não é preciso ouvir as lamúrias e a cobrança do outro. Nesse modelo não há espaço para drama. As pessoas, tais como os produtos, são para consumo. Não deixa de ser revelador – e chocante – que no Tinder haja a opção *Keep Swiping* ("continue passando"), algo muito semelhante a uma compra on-line, quando depois da escolha de um produto, o algoritmo pergunta se deseja "continuar comprando".

Esse formato de relação não é novo. Nós, de alguma forma, experimentamos esse modelo de relação na adolescência. Quando ingressamos na vida adulta, começamos a "experimentar" relações. Assimilamos o que gostamos e o que não gostamos no outro e a certa altura vamos interiorizando a possibilidade de continuação ou rompimento. Ou até a relação é considerada boa, mas "há tanta gente!". Não é idade para assumir compromissos. Afinal, estamos na fase experimental.

Ocorre que hoje no nosso mundo líquido, essa fase prolonga-se. E fica-se ali. E com o tempo, esse modelo cristaliza-se e, mesmo quem quer, já não é capaz de avançar para a fase seguinte. Quase não há disposição para evoluir do "ficar" para o compromisso do namoro. E do namoro para um casamento ou união de fato é ainda mais difícil. Por quê? As razões são diversas. Há quem acredite que a fase seguinte exige muito investimento e renúncias. Há o argumento – cada vez mais comum – de que é muito difícil encontrar alguém que valha a pena manter nas nossas vidas.

Como resultado desses exercícios – e do olhar apurado de consumidores –, evoluímos para a fobia do compromisso. Assimilou-se que um relacionamento é sempre uma "compra" arriscada. Diante da possibilidade de um compromisso, é quase impossível não pressagiar desconforto e sofrimento. Começar uma relação – administrar as oscilações, assumir o compromisso de mantê-la, apesar das adversidades – é como assinar um cheque em branco; uma vez que os espinhos do convívio tendem a revelar-se gradualmente.

O que fazer? A ideia é defender-se contra o grande vilão – do casamento à torradeira elétrica: o tempo. Para minimizar os prejuízos e os custos do período prazeroso, antecipa-se o desastre iminente. Diz Bauman: "O fantasma que ronda o futuro das relações é como uma mosca que pode contaminar e estragar o mais doce néctar". Bem... a ideia é matar a mosca antes que ela comece a sua perniciosa "travessura". Fica-se apenas com uma versão *light* de um relacionamento. "Reduz-se o tempo de duração para que ele coincida com a mesma satisfação que produz: o compromisso é valido até que a satisfação desapareça ou caia abaixo de um padrão aceitável – e nem um minuto a mais", afirma Bauman. E o fim é sem nenhum drama. Rapidamente e sem vestígios, o outro deixa de existir. É eliminado.

É certo que o terreno do amor entre casais sempre foi muito complicado, mas e as outras relações? A ligação com um animal de estimação, o amor incondicional assegurado pelos cães? Nem o "melhor amigo do homem" escapa aos tempos líquidos. Em Portugal, são comuns as campanhas contra o abandono de animais, principalmente no Verão. "Vou viajar, o que faço com o meu cão?" Nos EUA já houve a campanha "um cão é para toda a vida, não apenas para o Natal", uma tentativa de evitar o abandono de animais no mês de janeiro. Em menos de um mês, as crianças – saturadas da energia dos seus presentes natalinos, assim como dos cuidados que lhes são inerentes – já não os querem mais.

No Brasil, são comuns as campanhas como #PareDeAbandonar. Os animais são descartados. Normalmente quando envelhecem, ficam doentes ou quando há mudança de casa. Esses não ficam apenas à mercê de perigos – como o atropelamento – ficam expostos ao frio, à fome, à sede, às doenças e o mais doloroso: perdem o contato com as pessoas que eles mais amavam na vida.

Para muitas pessoas, é muito difícil conciliar o apreço da companhia de um cão em caminhadas pelo bairro e as demandas que eles exigem. Não há solução para esse entrave no mundo líquido? Há. Assim, como há modelos de relações *lights* entre pessoas, também há para a relação com animais de estimação. Quem disse que o melhor de dois mundos não é possível? Já existem empresas que oferecem o serviço de arrendamento. São cães criados para estarem com donos novos por apenas algumas horas ou alguns dias. São "amáveis e plenamente treinados". E eis mais uma ideia de negócio da sociedade líquida: oferecer prazeres tradicionais sem o incómodo da propriedade e do compromisso.

Recentemente, na renovação do seguro do meu carro, o gerente do banco acenou-me com um produto pós-moderno. Eu pagaria uma módica quantia fixa pelo uso de um carro. Não precisaria de o levar para a revisão, verificar pneus, pagar imposto de circulação, fazer seguro... Eu não precisaria de fazer nada, apenas desfrutar do carro. Ao fim dos três anos, se eu estivesse satisfeita, poderia comprá-lo.

Ou não. Poderia simplesmente devolver e escolher outro. Pensei em perguntar se ele conhecia Bauman, mas não achei o momento oportuno... Eu refletia e fui interrompida pelo alerta do gerente: "É uma tendência. No futuro, ninguém comprará carro. Esse sistema é muito melhor. Zero preocupações".

Essa é a tendência: imprimir brevidade no lugar onde antes reinava a permanência. Tudo parece estar no bom caminho, mas eis que, recentemente, o escritor inglês Stuart Jeffries descobriu que uma das maiores empresas de *leasing* de automóveis aconselhara aos seus clientes a darem nomes pessoais ao carro que alugam com frequência. Um olhar ingênuo veria esse fenómeno como mais uma ideia fofa dos profissionais de marketing. Não é. Essa iniciativa mostra que hoje, ainda que sejamos menos propensos a comprometermo-nos com alguma coisa – ou alguém –, a inclinação para os laços continua forte dentro de nós.

É que, lentamente – quase imperceptível – a remar contra a poderosa corrente da sociedade líquida, emerge do fundo do ser, em doses mínimas, um traço incontornável da nossa humanidade: o prazer da ligação. O prazer do "eu-tu", do "viver para o outro", do "somos um só", do "ser importante para alguém". O prazer de cultivar algo que não interessa apenas a nós. De ser único para alguém. De nos sentirmos necessários – e insubstituíveis. Intenso e ao mesmo tempo esquivo, esse sentimento só nasce do convívio, dos momentos preenchidos com cuidado, das areias sedimentadas do tempo. Esses, e só esses, são os fios que compõem o tecido das relações, os únicos que dão sentido à vida.

A incrível sociedade das pessoas cansadas

4.4. *Vigie e respeite os seus limites*

A obsessão em ter todas as horas do dia preenchidas, o controle absoluto sobre tudo e a conexão constante aumentam os níveis de estresse e ansiedade, adoecem o corpo e a mente.

Mais do que conhecimento e preparo, a vida hoje exige velocidade. Para conciliar os vários papéis – profissional, pessoal, social e espiritual –, mais do que rapidez, precisamos também de competência. Na verdade, a competência não basta, precisamos ter alta performance. Isto é: não basta abraçar todos os papéis, precisamos exercê-los com competência e rapidez e, ainda, subir mais um nível. E achamos esse apelo muito normal. Afinal, temos a tecnologia que facilita tudo.

Estamos conformados com o excesso de exigências. O estilo de viver acelerado é bem-visto. Hoje, valoriza-se muito o indivíduo estressado e hiperativo. Há quem adore exibir a agenda cheia – é um indicador de uma carreira bem-sucedida. Há um prazer quase ostensivo na afirmação "não tenho tempo para nada". Aquele que estabelece um horário para encerrar o expediente, é visto como pouco comprometido, um profissional de segunda classe.

O filósofo sul-coreano, radicado na Alemanha, Byung-Chul Han – descreveu essa realidade na obra *Sociedade do Cansaço* – e explica que esta forma de viver não necessita de coerção externa, como o sistema capitalista que exige e empurra para a aceleração. "Somos nós que exercemos pressão sobre nós mesmos", explica. E é onde estamos hoje. Somos explorados – muitos não têm vida além da profissional – e achamos que estamos nos realizando.

Até aqui nada de novo. A notícia é que está a piorar – e o filósofo Han já se deu conta e acrescentou o novo capítulo "a sociedade do esgotamento" ao livro. A competição – dada a escassez de trabalho no mundo – acrescida da pandemia, trouxeram para dentro de casa a era do trabalho. Os líderes – temerários no início, pois pensavam que os seus colaboradores fugiriam ao controle e trabalhariam menos – estão satisfeitos. Além da redução de custos, notaram que a produtividade aumentou. Afinal, sem o tempo de deslocação entre a casa e o trabalho, trabalham-se mais horas a partir de casa.

E, claro, está tudo bem. Afinal, não são todos os trabalhos que são possíveis remotamente, e os que não tiveram a sorte de entrar nessa categoria, perderam os seus empregos. Como reclamar? A crença de que esse é o funcionamento normal está disseminada em todo o globo.

Precisamos de ser positivos, produtivos (competentes), empreendedores (proativos), inovadores (criativos)... A romantização do trabalho árduo e a sensação do dever cumprido fazem o resto. Estamos completamente exaustos, no limite das forças, mas achamos que estamos no caminho certo.

Qual será o problema aqui? O ritmo desse estilo de vida está nos adoecendo. Han parte da constatação de que vivemos na sociedade do esgotamento e do sofrimento psicológico. Todos os dias somos vítimas de uma espécie de "violência neuronal". E é essa a grande denúncia de Han. Para ele, desde o século XX, no panorama patológico, estão as doenças neuronais, como depressão, Alzheimer, transtorno de déficit de atenção e hiperatividade, transtornos de personalidade (bipolaridade e *borderline*), anorexias, compulsões, Síndrome de Burnout.

Quem é o agressor? Somos nós mesmos. A causa da doença, a violência neuronal, é feita por nós e para nós. É uma autoagressão. A pessoa exige cada vez mais de si para apresentar melhores resultados, e torna-se, ela própria, vigilante e carrasca de suas ações. Explora-se a si mesma. E é por essa razão que há recordes históricos de depressão e ansiedade, transtornos de personalidade e doenças autoagressivas, como as compulsões e os transtornos alimentares. Na sociedade do desempenho, todas as atividades humanas passam pelo filtro da eficiência, o que torna o homem hiperativo e hiperneurótico.

Outro indicador de que esse é um mal construído por nós é a valorização do indivíduo que desempenha várias tarefas em simultâneo: o *multitasking*. Ora, essa tão festejada competência, atribuída principalmente à mulher, é um erro. O *multitasking* não é um avanço civilizacional, é uma regressão ao nosso primitivo.

O multifuncionalismo é amplamente praticado pelos animais em estado selvagem. Trata-se de uma técnica de atenção fundamental para a sobrevivência. No seu estado natural, o animal ocupa-se de várias tarefas em simultâneo. Na busca do alimento, ele vigia a sua presa e mantém os inimigos longe. Depois de capturada a presa, precisa atentar o seu meio para que ele mesmo não seja atacado durante a refeição. E, no meio de tudo isto, ainda precisa supervisionar as crias, as fêmeas e o seu território.

Obrigados a dividir a atenção em múltiplas tarefas, a concentração e a contemplação não existem para os animais selvagens – nem durante a refeição, nem durante a cópula. O animal não é capaz da entrega amorosa, da fusão intensa da união com o outro, uma vez que a sua atenção está dispersa no que acontece ao seu redor.

Portanto, as múltiplas tarefas não aproximam o homem moderno da evolução. Elas levam ao caminho contrário, levam para a vida selvagem. Parte integrante do instinto de sobrevivência, o alerta permanente desgasta o corpo e adoece a mente. Eis aqui mais uma contribuição para as doenças neuronais.

É claro que o nosso dinamismo hoje, graças à tecnologia, é muito maior do que no passado e não há mal nenhum nisso. O problema é o excesso. E apesar do cansaço extremo e da frustração, os resultados não aparecem. Então, achamos que não estamos nos empenhando o suficiente – a culpa é nossa – e redobramos os esforços para arrastar o fardo.

Porém, nem tudo são más notícias. Há muitos que estão finalmente acordando desse pesadelo – e outros tantos estão tentando despertar os que ainda dormem. Um pouco por todo lado, sentimos os ventos da mudança. Há muitas obras que tentam desmontar este mundo "perfeito" e de alta performance, com títulos como os benefícios do fracasso, da vulnerabilidade e da imperfeição.

Sem contar o relato de experiências de quem resolveu dar um basta e cortar radicalmente com esse estilo de vida. Alguns, antes de uma mudança real, decidiram "experimentar" períodos sabáticos ou licenças temporárias. À parte os ensaios, há muitos outros caminhos. Há muitos que estão mudando de cidades grandes e estressantes para a serenidade e leveza das cidades pequenas. Outros tantos, que não abrem mão da urbanidade, mudaram-se para sociedades mais humanizadas – infelizmente fora do Brasil.

Eu mesma sou um exemplo deste movimento. Sempre amei São Paulo, mas é uma cidade dura, veloz, excessiva. Sentia um cansaço permanente e, antes que a cidade me engolisse, resolvi, em 2001, experimentar o ritmo lisboeta. Lembro-me que nos primeiros meses fiquei em estado de encantamento, feliz com a minha escolha. Entre muitas novidades, achava incrível o fato de grande parte das lojas do meu bairro, Alvalade, fechar à hora do almoço. Pensava que isso, em São Paulo, seria impensável e senti que realmente estava no lugar certo.

É verdade que muitos não querem ou não podem fazer mudanças tão radicais. Mas um bom começo passa pela mudança interna. Olhe para a sua vida com olho crítico e reflita. A reflexão funciona como uma vacina e ajuda a fixar os pés na terra. O tédio, a solidão, a introspecção e a contemplação tornaram-se os grandes vilões da modernidade acelerada; mas eles não são.

Descanse!

O excesso de estímulos adoece a mente

4.5. Patino e os danos causados pela tecnologia

Ser, simplesmente ser. Parece ser o ato mais fácil do mundo. Estar consciente do aqui e do agora, e nada mais. O problema é mesmo o "nada mais". Neste exato momento, junto com este texto, muitas coisas estão passando pela sua cabeça. "Eu preciso de um café". "Onde vou almoçar hoje?". "Não posso me esquecer de devolver a chamada a X". "Hoje, preciso – mesmo – ir ao supermercado". Vê? É sobre isto que estou falando. Quem já fez meditação guiada, experimentou essa dificuldade. O que é pedido? Que concentre todos os seus sentidos numa única ação: respirar. "Sinta a respiração passando por todo o seu corpo". O objetivo é praticar uma única ação e, assim, finalmente descansar a mente, relaxar. Começa o processo. Vem um pensamento; uma perna dói; outro pensamento; desconforto... O instrutor tenta ajudar-nos e recomenda: "não se apegue a nenhum pensamento, deixe-os ir". E eles não vão...

Nesse momento, é travada uma luta contra a nossa natureza porque o cérebro humano tende a dispersão: trata-se de um recurso do instinto de sobrevivência, uma vantagem conquistada no nosso passado evolutivo. Um *homo sapiens* com grande capacidade de concentração poderia ter uma excelente pontaria, mas enquanto o seu cérebro estava focado no alvo, não sobrava recurso para detectar a aproximação de um tigre nas suas costas. E assim, os conceituadíssimos bons atiradores não sobreviveram para passar os seus genes à geração seguinte. A seleção natural favoreceu os cérebros que equilibravam as duas ações: foco para o alvo e dispersão para observar o terreno.

E essa continua a ser vantagem. O que ocorre é que a equação mudou de sentido e caminha a passos largos para o extremo oposto. Na modernidade, a combinação de estilo de vida acelerado e o aumento de estímulos – principalmente provenientes da tecnologia – faz de nós seres imersos na dispersão. O nosso cérebro corre de um lado para o outro, sem descanso. E nas crianças, com o seu cérebro em formação, o estrago é ainda maior.

O investigador francês Bruno Patino, um estudioso do tema, denunciou esses estragos no livro A *Civilização do Peixe-vermelho* (Gradiva). Segundo ele, os engenheiros da Google calcularam o tempo de atenção do peixe vermelho (o mais comum nos aquários domésticos): oito segundos. Após os oito segundos, o universo mental do ser vermelho reinicia-se. Também foi calculado o tempo de atenção das novas gerações que estão a crescer diante do ecrã: nove segundos! A preocupação de investigadores como Bruno Patino é legítima. Como o peixe, julgamos descobrir um novo universo a cada momento, sem nos apercebermos da infernal prisão a qual confiamos o recurso mais precioso de que dispomos: o nosso tempo.

Isso porque os nossos pensamentos estão à solta, alienados do tempo. A nossa mente, incapaz de conter o excesso de apelos e o fluxo de pensamentos, vagueia em todas as direções. Se já tendemos à dispersão, como não sucumbir às ardilosas iscas das empresas que fazem a sua fortuna com os nossos cliques? Como seremos nos próximos anos? Seremos incapazes de esperar, de focar? Estaremos à deriva ao sabor dos ventos dos algoritmos? Não chegaremos a esse ponto porque o corpo dará o alerta, adoeceremos. Quais são hoje os grandes males globais? As doenças da mente. No mundo todo, não apenas em Portugal, o consumo de psicofármacos tem gráficos com crescimento exponencial. Nos últimos cinco anos, triplicou o consumo de medicação para depressão, ansiedade e outros transtornos.

Provavelmente, hoje somos a sociedade mais medicada de sempre. O que fazer? Combater os sintomas com fármacos não pode ser uma solução a longo prazo. O que fazer? Novos tempos exigem também novas sabedorias. Bruno Patino sugere algumas saídas, a primeira delas é estabelecer "zonas não conectadas". O pesquisador sugere mesmo algo semelhante à "zona de não fumantes", pois trata-se mesmo de uma questão de saúde pública. Um exemplo? A escola deveria ser uma "zona não conectada". Vale dizer que a mesma opinião é partilhada pelos empreendedores de Silicon Valley, que matriculam seus filhos em escolas sem tecnologia".

Enquanto não há legislação para nos proteger, deveremos, nós mesmos, tomar a frente. O que não é fácil, já que qualquer caminho em direção ao abrandamento é um ato de resistência – seja qual for a área, como o consumo, por exemplo. Isso porque a tecnologia não é a única responsável. O nosso modelo de sociedade tem a aceleração como principal atributo.

Ir na contramão é cansativo, mas não é um caminho solitário. Já há muitos insurrectos. Há as propostas da meditação, yoga e técnicas de *mindfulness*; novas formas de relação com o ambiente, como a permacultura e o *slow movement*. Para um respaldo teórico, a filosofia estoica pode ser um bom ponto de partida. Cada ensinamento é um convite para a vida no instante em que ela é vivida. Sêneca propõe um olhar para dentro, intensificar a reflexão sobre como e para onde a nossa vida caminha. Talvez nesse exercício você precise da ajuda da escrita. Ela faz com que corpo e mente se harmonizem numa única tarefa. O filósofo recomenda que você escreva sobre o seu dia. O que você queria fazer hoje e o que realmente fez? Parece banal, mas você terá a real dimensão do seu grau de dispersão.

Porém, não é necessário grandes preparos. Você pode começar já a colocar em prática pequenas e solitárias tarefas. Limpar a casa, arrumar gavetas, organizar coisas. Pequenas rotinas domésticas funcionam como rituais de limpeza da mente, um detox para a dispersão e o excesso de estímulo. Com essa prática, arrumamos também a casa que está dentro de nós. Cozinhar também pode ser um ritual se feito como um propósito. Você olha para os ingredientes, observa a melhor forma de cortar um legume, segue um método de preparo.

Se a casa não for a sua onda, tudo bem. Convide a si mesmo para almoçar ou jantar. Não. Não é deprimente e nem triste e muitos profissionais *psi* recomendam que você reserve – pelo menos uma vez por semana – "mesa para um". Vantagens? Você está livre para si mesmo, sem interlocutor, sem ruído externo... Baixa-se o nível de estímulos, o seu cérebro descansa. Porém, esse exercício só é eficiente se você estiver focado no momento. Aprecie o restaurante e a sua presença ali. Foque num único alvo: o cardápio. E depois desfrute dos sabores. É você e o seu corpo.

A vergonha social pesa? Comece com pequenos treinos. Vá ao cinema sozinho. Ali, no escuro, o olhar dos outros não te alcança. E quanto mais a sua rotina for cheia de estímulos, mais você precisará desses momentos. Patino afirma que precisamos de duas horas por dia de solidão para desconectar dos problemas e da agitação do trabalho.

Os praticantes de caminhada solitária (ou corrida) sabem do seu poder higienizante. E ganho extra: nesses períodos de desligamento, você sai da manada e avança mil casas em autoconhecimento e satisfação com a vida. Redescobre-se e enxerga novas perspectivas. É como ampliar o mapa, descobre-se novos e desconhecidos caminhos e recursos. E assim, com pequenos atos de resistência, liberta-se da dependência alienante dos ecrãs e ganha-se em saúde e satisfação com a vida.

Satisfação com a infelicidade do outro?

4.6. Schadenfreude pode ser convertido no melhor de nós

Sabe aquela satisfação que você sentiu quando um colega de trabalho foi penalizado pela chefia? Ou quando você não conseguiu evitar um sorriso discreto com a notícia do casal perfeito que anunciou o seu divórcio? Às vezes camuflamos esse sentimento com a ideia de justiça, com o "bem feito" ou com o humor, "o tombo foi engraçado". Maquiado ou não, considera-se esse sentimento normal e até socialmente aceitável. Afinal, todos já se habituaram de que "pimenta nos olhos dos outros é refresco". Ora, ocorre que essa estranha satisfação que sentimos diante do mal que acontece aos outros, não tem a inocência que aparenta.

No passado, esse sentimento foi escrutinado pelo radar dos pensadores alemães e ganhou um nome específico: *schadenfreude*. A palavra, sem equivalente em português – e também em outras línguas – pode ser traduzido como "sentir alegria ou satisfação com o dano alheio" (schaden: dano, prejuízo; freude: alegria, prazer). O *schadenfreude* acontece em duas esferas: a privada e a pública. A primeira é íntima. Às vezes, apenas nós percebemos. É a satisfação quando uma pessoa bem-sucedida perde o emprego ou a vizinha linda que foi traída. A pública é mais ostensiva e geralmente vem acompanhada de ironia e escárnio. É o riso provocado pela pessoa que tropeça na rua, a diversão diante de pessoas que protagonizam situações humilhantes ou vergonhosas em programas de televisão e até mesmo aquele riso "inocente" da torta na cara do palhaço.

Freud estudou esse sentimento. Antes dele, Schopenhauer já havia se ocupado do assunto. O mais pessimista dos filósofos escreveu que se a inveja é humana, o *schadenfreude* é diabólico. Depois deles, pouco se falou sobre o assunto, porém, nos últimos tempos a palavra – assim mesmo, em alemão – voltou a despertar o interesse de estudiosos. E por quê? De acordo com eles, estamos vivendo a era do *schadenfreude*. Com a popularização das redes sociais, o *schadenfreude* manifesta-se com força total. Em toda parte e a toda hora, vê-se a audiência das intrigas e os escândalos das celebridades, os *memes* ridicularizando políticos e famosos, os discursos de ódio dos *haters* e os *trolls* – os comentários provocadores, maldosos e violentos. A prática até ganhou um verbo em português, o "trollar". A oferta é imensa. Como resistir?

É verdade que temos atração pelas tragédias e a curiosidade faz parte da nossa natureza. Ao longo da história, gladiadores se batendo até a morte e enforcamentos públicos atraiam multidões. E continuamos a fazer isso. Na estrada, abrandamos a velocidade para ver um acidente – alguns param. Os crimes hediondos são seguidos pista por pista, com a imprensa explorando essa nossa fraqueza. A questão que se coloca é: será que hoje estamos sentindo mais satisfação pelo fracasso e o azar dos outros? Estamos nos corrompendo emocionalmente? E por quê? E quais são os efeitos?

Como em qualquer cura, precisamos primeiro admitir a doença. É necessário primeiro assumir que sentimos *schadenfreude*. Os ingleses, há cerca de um século, sustentaram que a palavra não tinha uma equivalente na língua inglesa pelo simples fato de que tal sentimento não existia no país [*gargalhada*].

O não assumir é justificado. Às vezes, diante da desgraça alheia, não sentimos satisfação, mas alívio por saber que aquilo não está acontecendo conosco. É impossível ler as memórias de Primo Levi em Auschwitz, narradas no livro *Se isto é um homem,* sem se sentir um afortunado por nunca ter passado por algo semelhante. Na mesma linha, o filósofo romano Tito Lucrécio escreveu que "é bom ver o navegador distante lutar contra a tempestade e o naufrágio, não porque nos alegramos com o mal dos outros, mas porque é bom estar livre do tormento".

No entanto, o *schadenfreude* vai além disso – e quase encosta no sadismo. Para Nietzsche, esse sentimento, mesmo que inconsciente, é uma forma que utilizamos para nos vingarmos de uma situação ou pessoa. Ele inclusive chegou a afirmar que na sua origem está o sentimento de inferioridade. E aqui chegamos na gênese do *schadenfreude*:

a inveja. Os estudiosos do tema concordam com Nietzsche. Uma amostra: em 2001, dois estudantes de medicina roubaram medicamentos do laboratório da universidade (caso real), arruinando as suas futuras carreiras. Um era rico, bonito e bom aluno, o outro vinha da classe média e tinha notas ruins. Uma pesquisa recolheu as impressões de voluntários sobre o caso e constatou que havia um prazer maior em presenciar o infortúnio do primeiro.

O "pimenta nos olhos dos outros" pode comportar o consolo de amenizar as nossas próprias dores – menores em relação a do outro – e lembrar o quanto somos afortunados; mas também pode despertar o pior em nós. Ele pode acionar o botão da inveja, aumentar o espírito competitivo e, com isso, aumentar os níveis de insatisfação; além do risco de sermos nós mesmos protagonistas de ataques de ódio. Resultado: menos paz e satisfação com a vida, mais conflitos, más relações.

E por que esse sentimento? Porque não resistimos a comparar a nossa vida com a dos outros. E aqui o grande perigo. Quando comparamos, perdemos a dimensão real das nossas conquistas e das nossas perdas. Deixamos de sentir que temos uma vida confortável, quando comparamos com alguém que tem mais dinheiro do que nós. Quem está casado não aprecia a família e a vida que construiu, mas sim, a vida do solteiro que está sozinho, viaja pelo mundo e "aproveita a vida". O solteiro não enxerga as vantagens da vida mais livre e sem família. Não existe o gosto pela conquista de quatro quilos a menos na balança, mas a frustração por não ter o abdómen trincado da celebridade X. Quando nos comparamos com alguém que julgamos pior, negligenciamos os problemas que precisam de todo o nosso empenho e da nossa capacidade de luta. Contemplar um cenário pior do que o nosso não fará com que os nossos dramas desapareçam. O *schadenfreude* põe o foco na vida dos outros e impede que apreciamos a nossa vida como ela é, de sermos felizes com o que temos e o que somos.

É verdade que o *schadenfreude* – assim como a inveja – é um fenómeno universal, atemporal e inevitável. Faz parte da estrutura do psiquismo humano. Porém, ele pode ser ressignificado. Podemos adicionar a ele os bons filtros da nossa bagagem emocional. Ao invés de lançarmos mão da inveja e do veneno que cavam ainda mais o sentimento de inferioridade em nós, podemos usar as ferramentas da empatia. É a oportunidade de ajudar quem precisa, engajar-se em ajudas financeiras e participar de reconstruções. É a chance para oferecermos o nosso melhor.

Cansaço mental, ruídos irritantes, dores de cabeça crônicas.

4.7. *A cura e o conforto que vêm do silêncio*

O ambiente é tenso. Há muitas vozes, sons artificiais, timbres monótonos, ruídos irritantes. Há barulhos e alertas. Há o estrondo das redes sociais. Estamos imersos no caos sonoro. E mesmo quando procuramos lugares "silenciosos", levamos o barulho conosco. Quem hoje sai de casa sem celular? Quem caminha no parque sem fones de ouvido?

Se você se entristeceu com esse cenário, você pode estar pouco acompanhado. Há um contingente enorme de pessoas que prefere assim. Para esses, o silêncio não é fácil. Precisam da confusão e do barulho, precisam falar e ouvir permanentemente, são prisioneiros do ruído físico e mental. E quem não aprecia esse cenário, está na contramão. Tudo evolui no sentido contrário ao silêncio. Como se não bastasse o acesso fácil a todas as músicas do mundo, agora há os podcasts. A introspecção e a quietude necessária para ler um livro está perdendo terreno para os audiobooks. Hoje o silêncio é cada vez mais raro, uma espécie de luxo.

É verdade que o gosto pelo ruído vem da nossa capacidade de adaptação. Afinal, a paz da vida no campo ou de uma casa isolada de vizinhos por um grande jardim é um privilégio para poucos. Porém, há outra razão – mais profunda: o silêncio assusta! O apelo poético para o encontro consigo mesmo, só acontece no silêncio. A quietude exibe a realidade como ela é e, pior, dá abertura para encontros temidos. Há quem deliberadamente fuja deles. O silêncio revela os nossos vazios e medos, expõe-nos ao desconforto e à dor. E, finalmente, há o medo de sermos sugados pelo nosso próprio buraco negro.

Se o silêncio faz com que venham à tona frustrações e tristezas, dúvidas e angústias, qual é a saída: a fuga. Quando estamos num evento desagradável – festa, jantar ou congresso –, evadir-se é uma saída estratégica muito inteligente. Porém, a fuga de nós mesmos é uma suspensão da vida. Foge-se daquilo que nos esmaga, mas também da oportunidade de lidar com eles e – não menos pior – foge-se também da nossa fonte de poder. Quando renunciamos ao encontro interior, não fugimos apenas dos nossos medos e fracassos. Fugimos também do contato com a nossa história, nosso projeto interno, nossa força. Fugimos do que nos realiza como pessoas, do que nos encanta. Fugimos também dos nossos refinadíssimos dons humanos, como o conhecimento intuitivo – às vezes, mais eficiente do que o nosso próprio conhecimento racional.

Esse é também mais um mal do pensamento do excesso do pensamento positivo – não me canso de alertar e vou fazê-lo mais uma vez. Essa fuga é muito estimulada pela crença de que a vida tem que ser um eterno carrossel de momentos felizes. Há uma fuga em massa de qualquer desconforto e, pior, qualquer sinal de desconforto. O desconforto dos nossos embates internos, mais do que necessários, são parte do que somos, nos constitui. O aprendizado da vida só é consolidado no silêncio dos nossos encontros interiores. É por isso que os tempos de overdose de informação e estímulos são também tempos de vazio existencial. Somos solicitados a ação, mas o nosso modo de vida não dá o tempo e o espaço que precisamos para analisar as nossas emoções e fazer as necessárias pontes de sentido com o nosso projeto interno. Precisamos do exercício de pensar os sentimentos e sentir os pensamentos. É no silêncio que aprendemos a modular emoções como a alegria, medo, tristeza, raiva.

No entanto, os seus males não ficam apenas nos níveis físico (surdez) e psíquico. A Organização Mundial da Saúde (OMS) alerta que uma exposição continuada a níveis sonoros entre os 50 e os 55 decibéis – o equivalente ao barulho do trânsito – pode acelerar os batimentos cardíacos, aumentar a produção de cortisol (os hormônios do estresse) e afetar a tensão arterial. Ambiente com muitas pessoas falando ao mesmo tempo faz o nível de estresse subir em flecha. O silêncio, na contramão, reduz a ansiedade, fortalece a memória e a saúde cardiovascular, melhora a qualidade do sono. Os neurocientistas confirmam a função terapêutica do silêncio. Ele pode ser um antídoto contra a doença de Alzheimer e a depressão, por exemplo.

Se você percebeu a necessidade e quer recuperar o tempo perdido, pode fazer uma terapia de choque, como os "retiros de silêncio". A proposta é vivenciar o silêncio do corpo e da mente, devidamente guiado por profissionais. Mas se você considera assustador o mergulho em apneia de um retiro, pode iniciar hoje mesmo uma desintoxicação do barulho, introduzindo aos poucos momentos de silêncio no seu dia a dia.

Cinco minutos – Mesmo para os não iniciados na prática da meditação, é possível se beneficiar de cinco minutos de quietude por dia. Assim que acordar – mas antes de ligar o celular – sente-se num canto da sua casa, respire lentamente e concentre-se na percepção do seu corpo.

Cultive-se – Depois de se habituar aos cinco minutos diários, pelo menos uma vez por semana, reserve um período para atividades silenciosas, como arrumar gavetas. Deixe o pensamento livre. Você pode se concentrar nas peças que manuseia, no espaço ao redor, ou simplesmente observar os ruídos a sua volta. A ideia é a entrega silenciosa à tarefa.

À mesa – Incorpore o silêncio em pelo menos algumas refeições. A ideia é desfrutar da experiência em família, trocar a conversa pelo silêncio partilhado. Às vezes, na dispersão, alguns nem sequer percebem os sabores que tinham no prato. O monge beneditino Anselm Grun, autor do livro *Falar e Silenciar*, afirma que nos seus seminários de silêncio, os participantes sentem um grande alívio por não terem que falar durante as refeições. Percebem que, muitas vezes, falam apenas para evitar o silêncio e a atmosfera incômoda. No fim do evento, os participantes sentem um vínculo muito mais íntimo do que se tivessem conversado o tempo inteiro.

Proteja-se – Não podemos eliminar os barulhos. Mas podemos minimizá-los ou reduzir o tempo de exposição a eles. Não precisamos ter sempre o rádio ou a televisão ligados, podemos abandonar ambientes muito ruidosos. Os barulhos, mesmo que você tenha se habituado a eles, são danosos. Tornam-nos reativos e agressivos e fragilizam o nosso sistema imunitário.

Escuta atenciosa – Experimente caminhar no parque ou fazer exercícios sem música. A ideia é escutar a vida, um exercício de atenção plena. Preste atenção ao som dos pássaros, do vento, dos seus passos, do seu batimento cardíaco.

E os benefícios não ficam por aqui. O silêncio faz uma limpeza na alma. Varre o pó que as preocupações e os problemas do dia a dia depositam sobre ela. Impulsionador do autoconhecimento, ele cura hábitos compulsivos e manias. É por isso que o filósofo Kierkegaard recomendava "banha tua alma no silêncio". E mais do que proporcionar um encontro com nós mesmos, mais do que estender o corpo no aqui-agora, o silêncio é um intensificador da vida. Porque é a partir dele que emerge o nosso eu verdadeiro; as palavras mais importantes são aquelas que nascem do mais profundo silêncio.

CAPÍTULO 5

DO MATERIAL
DE QUE SOMOS FEITOS

"Os homens são animais e alguns fazem criação dos seus semelhantes"

PETER SLOTERDIJK

Sensação de fracasso, insatisfação, baixa autoestima.

5.1. *O oráculo de Delfos mostra qual é o seu lugar no mundo*

Somos ensinados desde cedo a aprender com o mundo. O resultado dessa crença é que a imensa maioria das pessoas não vive exatamente no mundo, reage a ele. É o que Nietzsche chama de niilista reativo. No sentido mais alargado, é o indivíduo que não cria, não tem iniciativa, não tem capacidade de reflexão... Os efeitos perversos desse ensinamento aparecem em todas as fases da vida. Na infância, o reativo é aquele que critica. É a criança que na escola ri da roupa do outro, humilha os diferentes, faz bullying. Na vida adulta, é o que se ocupa da vida alheia, o delator, o fofoqueiro, o manipulador, o que fiscaliza, o que controla...

O reativo pensa pouco sobre si. Sem conteúdo, não há sobre o que refletir, uma vez que o nosso repertório interno precisa ser construído, ele não se faz sozinho. Mas o reativo não tem tempo. Ele está ocupado demais confrontando o mundo. Toda a sua energia está direcionada para a reação.

Por trás de quase todo o mal na sociedade, há um reativo. Qual é a característica dominante do agressor, do contraventor, do adicto, do fundamentalista religioso? São reativos. São indivíduos que reagem ao mundo que se apresenta. Os seus impulsos – sem controle e sem filtro – estão no comando. Vivem no nível da semianimalidade. Comem quando têm fome, agridem quando são ameaçados... Esse é o modelo em vigor. Diz-se que o mundo está aí e você tem que fazer um ajuste, um alinhamento para acompanhá-lo. A tarefa é seguir a manada. Esse modelo diz: use a cabeça (a razão) para conhecer o mundo. "O mundo te dará as respostas".

Ora, não seria assim se a filosofia fizesse parte da educação, porque ela diz exatamente o contrário. Desde Sócrates – passando por Espinosa, Nietzsche e Freud – o fundamento básico é: conheça você primeiro. O mundo só será importante quando ele contribuir para essa tarefa. Não é por acaso que essa é a primeira e mais importante máxima da história do pensamento ocidental. Está lá, ainda hoje, nas ruínas gregas, no Templo de Apolo, o oráculo de Delfos com a inscrição "conhece-te a ti mesmo". Num tempo em que os homens buscavam antecipar o encontro com o mundo através da consulta aos oráculos – havia dezenas deles espalhados pela Grécia, sendo Delfos o mais famoso –, deparavam-se com esse aviso logo à entrada. Foucault vai mais fundo e afirma que a tradução mais completa desse aviso é "saiba bem qual é a natureza da tua pergunta antes de consultar o oráculo". Antes de se dirigir ao mundo e interrogá-lo, saiba primeiro quem você é.

Enquanto a cultura diz "o mundo é o mais importante", "esteja atento ao que o mundo espera de você"; a filosofia diz "é você primeiro", "você tem a preferência", "o mundo é instrumento, use o mundo para construir a si próprio". O mundo é um espelho que serve ao autoconhecimento. É através do que ele mostra que você identifica os seus talentos, suas inclinações, suas fragilidades, suas forças, suas tristezas, suas alegrias. E não se trata de menosprezar o mundo, é uma questão de primazia. Até porque há coisas que você só sabe se o mundo te mostra.

A vida verdadeira só é possível quando eu presencio o diálogo entre o que eu sou e o mundo que se apresenta. Essa é a premissa de Sócrates, a vida que vale a pena é a vida examinada, é a autoanálise. O mundo só será importante quando ele permitir que você saiba quem você é. Não é por acaso que, de todos os vícios do ser humano, o mais comum – e também o que traz mais sofrimento – é o querer ser diferente do que se é. Gastamos tempo e energia imitando ou se comparando com os outros, ao invés de buscar na nossa essência quem e como somos e o que temos para oferecer ao mundo.

A questão que se segue é: como se faz isso? Seja um observador atento! Separe com precisão o seu "eu" e o mundo que está lá fora. A falta de divisão entre um e outro é fonte de engano e perdição. Questione os seus desejos e procure saber de onde eles vêm. E desconfie de quase tudo. Desconfiar... desconfiar... Pode não dar em nada. Pode não ser necessário. Mas nos mantém em sentido, aguça o estado de alerta, contribui para uma parada estratégica e pode funcionar como uma barreira. A desconfiança te situa, faz você pensar: "eu estou aqui e aquilo está lá. Eu quero aquilo para mim? Vai me edificar? Vai contribuir com o meu caminho? Eu quero isso? Isso me convém". Conheça muito bem quais são os seus desejos a ponto de julgá-los: "quero isso e isso é bom, portanto, vou trabalhar para obter", "desejo aquilo, mas não é bom, não quero".

Para além dos efeitos no indivíduo singular, o "conhece-te a ti mesmo" é o caminho do bem praticado no mundo. Sócrates afirma que nenhum homem é capaz de praticar o mal conscientemente, pois o mal é o resultado da ignorância e da falta de autoconhecimento. Santo Agostinho disse o mesmo de outra forma. Para ele, o mal surge quando você deixa de escolher o bem. O mal é a ausência do bem. O autoconhecimento, além de pavimentador do bem, é um escudo protetor: quem sabe quem realmente é, dá pouca importância à crítica e ao ataque dos outros.

O mundo é voraz e embrulha tudo. Esquenta e esfria, aperta e solta, acelera e abranda, escraviza e liberta, agita e sossega, acolhe e hostiliza, alegra e entristece... Defina os seus próprios critérios e faça escolhas porque é impossível viver ao sabor de tudo o que o mundo apresenta. Analise e mantenha uma reflexão permanente sobre como ele te afeta. É tarefa fácil? Não. Benjamin Franklin observou que "há três coisas extremamente duras: o aço, o diamante e conhecer a si mesmo. Mas é o único caminho para sermos senhores na nossa própria casa.

Acorda sem forças? Incidentes banais tem status de tragédia?

5.2. Espinosa e o mundo que nos afeta

Desde que o homem pensa, ele tenta definir o que é essa força que move todos os seres vivos. De onde vem e o que é essa energia que faz com que levantemos da cama todos os dias? O que é esse impulso que anima, que dá vida ao nosso corpo? Em todos os tempos essas perguntas foram feitas. Os estoicos chamaram de ímpeto; Aristóteles, de potência; Espinosa, de esforço; Nietzsche, de vontade de potência; Freud, de libido; Bergson, de elã vital.

No entanto, foi Baruch Espinosa que fez desse "desejo de viver" a espinha dorsal de toda a sua filosofia e denominou-o de *conatus* (em latim, sinônimo de esforço, impulso, inclinação). Para ele, o conatus é uma inclinação inata para a existência e está presente em qualquer organismo vivo. Em suas palavras, "cada coisa, à medida que existe em si, esforça-se para perseverar em seu ser". Para se ter uma ideia do vigor desse ímpeto, veja o exemplo da flor que surge num fio de terra entre duas pedras (e sabendo-se que a flor é o ápice da maturidade de uma planta, imagine a força do conatus desse ser do reino vegetal).

Conceito assimilado, chegamos à parte que interessa: essa energia não está sempre em potência máxima. Ela oscila, tem altos e baixos e... quedas vertiginosas. E por quê? Porque estamos vivos, a interagir com o mundo e com os seus encontros, afetamos e somos afetamos. E diz Espinosa: "Há encontros que nos alegram e temos um aumento da nossa potência de viver e há encontros que nos entristecem e temos uma queda de potência de viver."

E somos muito sensíveis ao estado do nosso conatus, identificamos imediatamente essas oscilações. Quando acordamos, em que nível está a nossa potência? Depende da pessoa, depende do dia. Há pessoas que acordam com um nível elevadíssimo de potência, outras, em estado quase comatoso. O filósofo Clóvis de Barros Filho aponta que aqui entramos no terreno da singularidade humana. Afinal, você já deve ter visto bebê sorridente e bebê carrancudo e, certamente, já conviveu com pessoas em que a alegria e a capacidade de alegrar estão sempre no topo e com pessoas em que a vida é uma sucessão de coisas que faltam.

Apesar das oscilações, o que é comum a todo o ser vivente é a busca incessante do aumento da potência. Você acorda em estado letárgico – 20% é o teu nível de potência – e só fala depois de tomar a primeira xícara de café porque já aprendeu que a cafeína aumenta a sua potência. Você vê aquela amiga depressiva a estacionar em frente à sua casa e, antevendo uma brutal queda de potência, começa a baixar as persianas. Você não está em casa. Evita um jantar de família porque lá estará aquela tia que diminui as suas forças. É literalmente dor de cabeça imediata.

A maioria das razões que aumenta a nossa potência é do senso comum: um café com o melhor amigo, brincar com os filhos, a comida favorita, uma massagem relaxante, uma viagem. Dentre os inibidores de potência estão as decepções nas relações, um chefe abusivo, os acidentes, as doenças...

Neste momento, a enxergar com clareza essa realidade, você tem um insight e pensa em fazer uma lista com tudo o que aumenta a sua potência e, a partir de agora, vai perseguir esses itens. Você não é o único. Muitos autores de autoajuda já tentaram fazer essa lista. Não dá. E por muitas razões.

Uma delas é o ineditismo do mundo: é impossível saber ou se preparar para o que você pode encontrar ao longo do dia. Você também não é sempre o mesmo, o que te alegra hoje, pode não te alegrar amanhã. E quantas vezes você não é surpreendido pela constatação de que algo te afetou muito mais do que você imaginava? Sabemos como determinado alimento afeta o nosso corpo, mas não é fácil saber os efeitos de uma experiência nova (às vezes, nem com muitas sessões de terapia). Grande parte do que nos afeta, está à margem da nossa consciência (o homem dificilmente tem percepção da gênese dos seus traumas, fobias e cacoetes, por exemplo).

Mas a vida é isso: a busca do que eleva e a fuga do que diminui a vontade de viver. Preste atenção aos seus encontros. Não se trata apenas de caprichos de bem-estar. Essa é a missão de quem vive. Seja um obstinado caçador de tudo o que aumenta a sua potência, por mais insignificante que seja: um café com alguém que te alegra, um hobby, a água fresca quando se tem sede, uma comida-conforto, a música que alcança a alma... Não deixe nada escapar. Cuide, proteja e aumente a sua força de viver.

Muita informação e complexidade? Vá direto a fonte da verdade e da sabedoria.

5.3. Intuição... essa dádiva divina, segundo Bergson

Você alguma vez esteve diante de uma escolha que toda a lógica e todos os conselhos indicavam para a opção A e você optou pela B? E apesar de não saber explicar racionalmente, a sua escolha revelou-se perfeita. Sim. Estou falando sobre a intuição. Mas do que falamos quando falamos sobre a intuição? Para o filósofo Henri Bergson (1859--1941), trata-se de um apreender de conhecimento sem a mediação da razão. Algo como um conhecimento instintivo.

No entanto, esse "conhecimento" é difícil de ser assumido. Durante séculos fomos moldados pela crença de que somos seres racionais. É o que nos distingue, a nossa superioridade e liderança diante dos outros animais. Então é quase certo que quando você opta por uma decisão intuitiva, procure justificativas racionais para explicá-la aos outros – e até para você mesmo. Apenas mais tarde – abrigado em seus pensamentos mais profundos – você finalmente assume que as explicações racionais não são verdadeiras.

Se você assumisse que estava sendo guiado pela intuição – ou se simplesmente encarnasse o personagem Chicó do brasileiro Ariano

Suassuna, "eu não sei, só sei que é assim" – você já se sentiria fora do jogo. Talvez experimentasse um ligeiro desconforto por não se saber no comando da sua vida. Seja desconhecimento ou insegurança, a intuição não é bem vista e não goza de credibilidade. Talvez a intuição seja mais tolerada na mulher, mas igualmente desdenhada. Reconhece-se a intuição feminina, assim como se reconhecem as suas sensibilidades e fraquezas. O próprio Henri Bergson experimentou esse preconceito. Pensador brilhante, estudado até os dias de hoje, foi uma espécie de filósofo-celebridade. Porém, seus invejosos críticos faziam questão de frisar que em suas palestras, o público era majoritariamente feminino – uma forma de diminuir a relevância do seu pensamento.

Apesar da descrença, a intuição esteve sempre com o homem. Nos primórdios, ele contava com o instinto para sobreviver num mundo adverso e perigoso. Mas junto com o instinto estava também a intuição – ou o pensamento não conscientizado. Mais tarde, o *homo sapiens* evoluiu, construiu ferramentas, criou a linguagem e desenvolveu o pensamento abstrato. Era chegada a era do conhecimento, da mente racional, do primado do intelecto. Aqui, o instinto deixou de estar em primeiro plano e – junto com ele – a intuição. Mas mesmo relegada, a intuição permanece, paira sobre o instinto e a racionalidade.

A filosofia considera pouco a intuição, mas é pródiga em mostrar o seu terreno. Platão escreve que o homem é composto de duas partes. Somos um corpo e somos a alma onde esse corpo está inscrito. O corpo é ligado ao temporal, ao mundo material, a nossa animalidade; a alma é uma espécie de fragmento da inteligência universal. Para Platão, somos o único ser vivente que tem temporalidade e eternidade coabitando. Eis aqui, a casa da intuição.

Outros filósofos – como o alemão Kant – insere o homem nas categorias imanente e transcendente. O homem vive no presente, é material, é mortal – são características imanentes, isto é, são percebidas pelos sentidos, o que é real, o que se vê. Mas o homem tem também uma parte que vai além disso. Ele pode transcender essa limitação material. Alguns chamam essa possibilidade de "espiritualidade".

Heidegger nomeia como condição de "abertura". O homem tem uma abertura para a transcendência, para o divino. É uma "clareira na floresta", um caminho que está acessível ao homem, ele pode trilhá-lo ou simplesmente olhar de longe. Mas está lá. Todos esses conceitos descrevem o lugar da intuição.

Mas porque falar em intuição num mundo excessivamente tecnológico e complexo, onde o tema quente é a maravilha das máquinas e o poder da inteligência artificial? Justamente por isso. A mente racional é poderosa, mas limitada. Ela não dá conta da complexidade e do volume astronômico de informações. E eis que hoje surge uma espécie de resgate da intuição, e esta surge como o grande diferencial humano. Muitos estão a reconsiderar Albert Einstein, praticamente o único homem da ciência que reconheceu o poder da intuição. Para ele, a intuição é uma dádiva divina. E olha a coincidência: contemporâneo de Einstein, Henri Bergson discutiu com ele a natureza do tempo. O psicólogo e neurocientista Joel Pearson, da Universidade de Nova Gales do Sul, na Austrália, comandou uma série de estudos que mostram que a intuição amplifica a qualidade, a precisão e a capacidade de decisão, e melhora a aplicação do conhecimento racional.

E não é apenas nos grandes dramas individuais que a intuição é necessária. A indústria farmacêutica, empresas de inovação, indústrias criativas, o mundo corporativo... todos perseguem a intuição. O problema é que não é possível acessá-la conscientemente. Dito de outra forma, é preciso estar disponível para ela, ser terreno para a intuição. Sabe-se, por exemplo, que ela só se manifesta no silêncio, no ócio, na leveza. Normalmente, quando há um grande dilema, consome-se horas a analisar todos os prós e contras... É uma má estratégia. O melhor é deixar o racional descansar, sentar no banco de uma praça, tomar calmamente um café. Soltar a sua mente e deixar-se estar. Nos tempos que correm, talvez você seja olhado como um alienígena, não se incomode. Aguente!

Outro cenário? A natureza. Não há lugar melhor para praticar a abstração. Procure fazer caminhadas em parques e jardins (sem telefone e sem música), a beira-mar, a beira-rio. A natureza e a intuição partilham o mesmo ritmo. Einstein afirmava que o seu conhecimento intuitivo vinha da contemplação do mar. Mas, faça-o sem celular ou música para não inviabilizar o principal atributo desses ambientes: a leveza. Arquimedes estava numa banheira quando veio a sua mente a solução de um problema. Quando gritou "eureca" (descobri!) estava ainda molhado e seminu. Esqueça tudo o que você interiorizou sobre a preguiça. É um preconceito do passado, hoje é um luxo, um indicador de saúde. O cérebro do homem moderno precisa desesperadamente de descanso.

É preciso desenvolver e exercitar a capacidade de abstração – a antessala da intuição. Temos um corpo escravizado pelo gráfico espaço/tempo, mas a nossa mente é livre. Leia livros sobre temas distantes da sua profissão, do seu tempo e da sua realidade. Debruce-se sobre um livro escrito por alguém que viveu há mais de 2 mil anos ou de autores com a cultura muito diversa da sua, como os romancistas russos...

Eu penso que você percebeu o problema. Esses estados e exercícios são raros hoje. Alguns, uma espécie de insanidade. Mas, não há outro caminho. Para criar o novo, o impensável, o imprevisível; a razão não chega. Para apreender a magnitude da realidade, sua força, sua complexidade, sua beleza... necessitamos mais do que o racional. Precisamos mesmo da intuição.

Por que temos horror à incerteza?

5.4. *Encare o inesperado com a lucidez de Nietzsche*

Sabemos que a vida é um sopro. Quando tudo parece certo, de repente surge um movimento e o que tínhamos como seguro desaparece, sem deixar um único vestígio. Grande parte do que acontece no mundo – do feito extraordinário ao acidente banal, da estranheza ao acaso feliz, da desilusão amorosa à mudança política, da invenção da penicilina à descoberta da América – não foi planejado. A vida é, por definição, o espaço da incerteza. A segurança que sentimos é apenas ilusória. Apesar desse conhecimento, quando o inesperado acontece, ficamos sempre desorientados e perplexos.

E qual é a razão? Seria o caráter incerto da vida um mal novo trazido pelo complexo século XXI e ainda não estamos devidamente adaptados? Não é. Há 2500 anos, o grego Heráclito de Éfeso já afirmava que o mundo e nós mesmos mudamos o tempo todo. E não se trata apenas da sua célebre afirmação "um homem não se banha duas vezes no mesmo rio, pois a cada segundo o rio é outro e o homem também". Para ele, a mudança é um processo sem fim. Coisas quentes, esfriam; coisas úmidas, secam. Para Heráclito, nada permanece o mesmo, tudo está em contínua mutação. E apesar desse conhecimento, continuamos perseguidores fanáticos da permanência. Não importa se a permanência é boa ou ruim, queremos que tudo permaneça no mesmo lugar. Queremos garantias de que vai ser sempre assim, que o outro não vai mudar, que o seu amor nunca acabará. Quais as religiões que predominam no mundo? Aquelas que prometem a vida eterna. A existência num paraíso onde os recursos nunca escasseiam e onde nada muda. Felizes para sempre.

Vivemos sob a égide de uma perenidade que só existem na nossa cabeça e quando somos sacudidos pelas mudanças, tentamos encontrar explicações. Parte-se para o "onde foi que eu errei?". Porém, não raro, na lucidez da retrospectiva, percebe-se que a permanência era uma ilusão. Duplo espanto: materializa-se um futuro nunca imaginado e junto com ele, a descoberta de um passado que nunca existiu. E com o corpo todo estendido no presente, entendemos o equívoco: a obsessão pela permanência impediu a visão da realidade.

Após algumas experiências aprendemos? Não. Sabemos toda a parte teórica, experimentamos a prática e, mesmo assim, não aprendemos. Continuamos na busca insana pela permanência. Mesmo quando o planejado envolve variáveis instáveis e de pouco crédito, enxergamos a certeza no futuro. E pior, praticamos o mesmo exercício para a vida dos nossos. Há um ditado hebreu do início dos tempos que afirma que

Deus ri quando você faz planos para o futuro. E pode-se completar: e dá gargalhadas quando você faz planos para os seus filhos.

Na busca pela permanência, algumas pessoas tornam-se especialistas em certezas. É quase um traço da personalidade. São aquelas que desde muito cedo fizeram a opção pelas ciências exatas e orgulham-se disso (o termo "exato" não é inocente!). A inclinação pelas certezas é transformada em profissão. São mais aptos do que a maioria e, mesmo esses, encontram a mesma decepção. As previsões sobre o déficit público viraram piadas, o preço do petróleo continua a ser um mistério insondável. Investir na bolsa tem a mesma ciência da roleta dos cassinos. A desilusão com o sistema político é mundial. Todos procuram a causa das falhas, corrigem e garantem que o próximo ano será diferente. Em meio a democratas desesperados e o seu contingente de arrependidos, o cientista político Adam Przeworski prescreveu a cura: "Ame a incerteza e você será democrático". Ninguém lhe dá crédito, todos continuam com os olhos fixos e raivosos nas certezas.

À parte os profissionais da certeza, o que fazemos quando algo de grande impacto nos surpreendem? O comportamento é o mesmo: procura-se argumentos para justificar a ocorrência, rastreia-se as causas, faz-se previsões e elabora-se medidas para evitar que o fato não se repita. Vivemos muito esse processo no fim das relações. Fazemos um inventário do que identificamos como erros a não repetir e, mais sábios, acreditamos estar prontos para o próximo "felizes para sempre". Somos os mesmos do início da relação anterior? Não. Temos os mesmos comportamentos da relação anterior? Não. O mais provável é que iniciaremos a nova história mutilados na nossa essência, acovardados pela experiência anterior que falhou. Contrariando todas as nossas previsões, somos surpreendidos por entraves completamente inéditos. A incerteza apresenta-se em todo o seu esplendor. E passamos a temê-la ainda mais. O horror a incerteza é tal que está à frente das más notícias. Preferimos uma tragédia à incerteza. Preferimos um diabo conhecido a um anjo desconhecido.

E por que esse horror à incerteza? Primeiro, porque a biológica é soberana. A certeza traz a segurança reivindicada pelo nosso instinto de sobrevivência. O incerto é sinônimo de desconhecido, do que traz o perigo e, no seu limite, a morte. A nossa natureza enterra a âncora na areia da margem conhecida. O nosso instinto pede a estabilidade da terra firme, aquilo que os gurus da autoajuda chamam de zona de conforto. Um território onde a escassez, a incerteza e a vulnerabilidade são mínimas. Adoramos a zona de conforto porque é o espaço onde acreditamos ter sob o nosso controle.

Imediatamente, a seguir a biologia, vem a cultura que prega que somos seres racionais e devemos estar no comando. Mas infelizmente, nem a biologia nem a cultura mudam o caráter da vida. O que se pode fazer, o que está ao nosso alcance é a forma de lidar com ela.

Nietzsche pode ajudar nesse caminho. Toda a sua filosofia é um convite para amar a vida como ela é: sem maquiagem, sem artifícios, sem certezas, sem permanências. Para ele, aquele que habita um mundo do "tudo sob controle", "tudo conforme o planejado", vive num mundo que não existe. Ele chama essas pessoas de niilistas, aqueles que negam a vida. E não é apenas por conta do eterno fluir do mundo. Nietzsche é mais cirúrgico. Vivemos através da nossa consciência, mas ela não chega. Vivemos os nossos dias como se tudo o que fizéssemos fosse intencional, pensado, previsto. E esquecemos que grande parte do que vivemos é comandada pelo nosso inconsciente. As nossas pulsões – um emaranhado de afetos, emoções e paixões – estão à frente e, inclusive, limitam e condicionam as nossas ações conscientes. Não estamos no comando de nós mesmos, nem no que acontece a nossa volta. De um momento para o outro, o emprego dos seus sonhos acaba, o seu grande amor vai embora. Temos muito menos controle sobre a vida do que imaginamos. A nossa consciência é uma ínfima parte da nossa imensa psique. O inconsciente – que temos pouco acesso – é um dos grandes senhores do castelo.

Os confiantes racionalistas têm em Nietzsche um feroz opositor. Para ele, quase tudo de mais importante – o que sentimos, por exemplo – não está na nossa consciência, não temos acesso. A recomendação de Nietzsche, assim como a de Adam Przeworski, é: ame a impermanência. E como se faz isso? Com serenidade. Aceite que grande parte do que acontece não depende de você. Aceite que alguns acontecimentos só adquirem sentido quando vistos em perspectiva, no todo. E quando a incerteza atormentar os seus pensamentos e o temor impedir o seu sono, lembre-se de que o que é realmente importante nem sequer passa pela sua cabeça. O que você pensa é um pequeno pedaço, a maior parte permanece submersa, inacessível, fora do seu controle. Reflita sobre o que a vida traz e reaja a ela, mas aceite que nem tudo tem uma explicação racional e, principalmente, que isso não é um mal. E que, às vezes, não termos o que queremos, é uma sorte.

Sua vida perdeu significado e conexão com a sua essência?

5.5. Reconstrua-se através de pequenos rituais

Estúdios de yoga, retiros de meditação, vulcões e a natureza exuberante de Bali atraem visitantes do mundo inteiro. Mas, o que realmente encanta nessa ilha da Indonésia é o cotidiano extremamente ritualizado dos seus habitantes. E são tantos que os templos não são suficientes. Hotéis, lojas, praias, calçadas, portas – até mesmo carros e bicicletas – são transformados em santuários para receber as oferendas. Pequenos cestos feitos de folha de palmeira com frutas, arroz, incenso e flores – hibisco, hortênsia, calêndula, frangipani – estão por toda parte e fazem parte do dia a dia balinês. Acompanhados de uma oração, os rituais contemplam desde o apaziguar de espíritos maus até pedidos de proteção para uma viagem.

A fascinação por Bali vem da crença de que esses rituais fazem parte de mundos que não existem porque a modernidade eliminou a dimensão simbólica da vida. O que não é verdade. Nenhuma cultura vive sem rituais. Olhe a sua volta. Para além dos rituais em igrejas, templos e sinagogas – batizado, casamento e funeral –, há o Natal, a Páscoa, a formatura, inaugurações e os marcos temporais, como os aniversários. E mesmo que alguns possam estar sujeitos a comercialização e ao cinismo – como o Natal –, eles ainda assim conservam o seu poder coletivo, sua grandeza compartilhada para além do indivíduo.

E não são apenas os eventos marcados pela cultura. O nosso dia a dia está cheio de rituais. É o "muito obrigado" que aumenta a gratidão; os nossos mantras para atrair felicidade, o desejar "boa sorte" a alguém. Em Portugal, as pessoas despedem-se ainda com o "adeus" (redução de "encomendo-te a Deus"). E sabemos tanto da força deles que buscamos transformar hábitos em rituais diários. E como fazemos isso? Embelezamos um hábito, damos uma leve estilizada, um toque sagrado a algumas rotinas que apreciamos. Quem é que não tem um ritual quando acorda? Há o despertar consciente, o banho (ritual de purificação?), um tipo de refeição, uma bebida que conforta.

Os apreciadores do chá têm essa experiência. Há a escolha das ervas, o toque de especiarias, a espera do tempo da infusão, o aroma do vapor que carrega os óleos essenciais da planta, o prazer confortante do sabor... Não existe exemplo maior de um ritual de autocuidado e busca de harmonia do que a "hora do chá". Pequenos hábitos são como uma oração improvisada à ordem doméstica, um aceno para o divino entrar por um momento no nosso dia. Uma balinesa é questionada sobre o que aconteceria se ela eliminasse a cesta de oferenda do seu início de dia? "Eu me sentiria um pouco perdida, sombria. Sentiria que o meu passo não é firme". Quem elimina um ritual de começo de dia, provavelmente, sentirá o mesmo incômodo descrito pela balinesa. E eles não trazem apenas conforto e segurança, também são capazes de aliviar a dor, reduzir a ansiedade e aumentar a autoconfiança, afinal todos têm ciência da importância dos rituais necessários para o processamento do luto, por exemplo. E mais: como são uma espécie de protocolo de comportamentos que exige autodisciplina, eles também ajudam no autocontrole.

Mesmo não lançando mão de todo o arsenal dos balineses – invocar elementos da natureza como a terra (flores), o fogo (velas), a água (a benta) e o ar (incenso) –, não deixamos de utilizar os mesmos artifícios. Acendemos velas nas igrejas; esperamos no aeroporto – com um maço de flores – quem amamos. Buscamos a nossa própria essência na meditação e em retiros. Queimamos incensos e, na falta da purificação do mergulho no mar, tomamos banho de sal grosso. Os rituais, independentemente de crenças, fazem parte da nossa humanidade. "Somos seres transcendentes", diz o filósofo Martin Heidegger. Temos uma abertura para o sagrado. A nossa floresta tem uma clareira. Pode-se dar alguns passos em direção a ela, fazer todo o percurso, apenas olhar para ela. Mas a clareira está sempre lá. É a nossa capacidade para o extraordinário. A nossa abertura para o divino.

Mesmo quem tem os dois pés no materialismo não está livre dos rituais. Eles não são apenas a ponte para o sagrado, são também parte inseparável da vida em carne e osso. E mais do que isso: algumas etapas da vida só se concretizam – só existem – se vieram transportadas dentro de uma cesta de oferenda. As relações amorosas são um bom exemplo. Se não há ritual, não há relação. Um retrato possível de uma relação pode ser captado em quatro grandes momentos: há o "envolvimento" (1): etapa onde são identificados e cruzados interesses mútuos; o "conhecimento" (2): fase em que o casal convive e faz atividades a dois; o "namoro" (3): a relação com compromisso acordado e considerado; e o "casamento" (4): uma espécie de confirmação da fase anterior – o namoro –, mas de uma forma mais ostensiva e, geralmente, pública e com testemunhas de amigos.

Todos os relacionamentos têm esses estágios? Não. E o drama reside exatamente aí. Essas fases só são concretizadas com rituais específicos. Há relacionamentos que nunca passam da fase do "conhecimento". E aqui não se trata das experimentações da adolescência. Há imaturos de todas as idades que não conseguem passar do nível 2. Mesmo aqueles que coabitam ainda podem estar nessa fase. Pessoas com 40, 50 anos que nunca viveram a fase "namoro" é muito mais comum do que se imagina. É fato que há quem não queira avançar. Entretanto, há aqueles que simplesmente não sabem como se faz. Não conhecem os rituais para avançar para a fase seguinte. E quais são? Só eles sabem, é uma construção a dois. Mas só vale como ritual se o outro reconhecer como tal, daí a importância da comunicação e da afinidade.

Quanto mais rituais tem uma relação, melhor ela será. Muitos casais desprezam os rituais na relação – principalmente a celebração do casamento – porque consideram banais e ultrapassados. Um erro enorme. Os rituais por exigirem a nossa energia e reflexão, são elementos estruturais das ligações. Há um momento específico, uma escolha de data, local apropriado e... as palavras. É preciso passar para palavras sentimentos e intenções. E aqui um parênteses. (Uma oração tem esse mesmo roteiro ritual e já foi cientificamente provado o seu poder). Shakespeare, poeta e dramaturgo, atestava o poder dos rituais no amor e aconselhava que "quando o teu amor fores confessar, não use de palavras rebuscadas para que ela não te julgues reservado, diz simplesmente que muito a ama e faz a ela a oferenda de ti mesmo".

É preciso reforçar que os rituais nunca acabam. Os relacionamentos são construídos com rituais, mas morrem sem eles. Mas na afirmação do término da relação certamente haverá um ritual. E como nada é garantido e a impermanência toma conta de tudo, o ideal é que esses rituais sejam renovados de tempos em tempos. De vez em quando, é preciso renovar os rituais. A convivência de duas pessoas sem rituais é um encontro sem identidade, acontece no exílio, em espaço estrangeiro, sem compromisso, sem necessidade de passaportes.

Mais do que intensificar o sagrado, os rituais dão significado ao cotidiano, concretizam propósitos, dão profundidade aos sentimentos e põem em relevo a nossa conexão com os outros. Eles abrem portas para o futuro, constroem e protegem relacionamentos. Olhe para a sua vida e faça as suas escolhas, mas faça também os rituais para acompanhar as suas escolhas... E não esqueça das flores.

CAPÍTULO 6

O PRESENTE, O PASSADO E O FUTURO

"Apodera-te do tempo! Usa-o! Tem consciência de cada dia, cada hora!

THOMAS MANN

É possível habitar o fugaz tempo presente?

6.1. Santo Agostinho e a vida no agora

Desde que iniciei a minha vida de estudante, aprendi que a chamada era a primeira tarefa. Só depois da confirmação da presença de cada aluno, a aula começava. E, claro, às vezes, alguns estavam na sala, mas não estavam presentes. Era necessário que o professor repetisse o nome e alguns, apesar de presente, recebiam a anotação de que estavam ausentes.

Só hoje alcanço a profunda importância filosófica desse ato. Antes de dar início à aula, o professor queria saber se estávamos ali, se habitávamos o tempo presente. Quem chegou até aqui, já deve ter percebido a minha insistência sobre a importância "do instante vivido": a supremacia da vida no presente, em detrimento ao passado e ao futuro. E não é apenas um capricho dessa convertida ao vitalismo que aqui escreve, é porque é uma necessidade. E, uma necessidade urgente.

Esse é um drama conhecido na arte de viver. O estoico Sêneca diz que "à força de viver no passado, à força de viver no futuro, nós deixamos de viver. Ora, o presente é a única dimensão real do tempo: o passado não é mais, é um nada; o futuro ainda não é, é um nada; apenas o presente existe, e nós não estamos jamais nele". Apesar de Sêneca ter feito esse alerta há quase dois mil anos, as estatísticas confirmam a sua atualidade. A nostalgia e a esperança marcam os extremos das duas grandes doenças da modernidade: a depressão e a ansiedade.

E aqui compreende-se: a depressão é o excesso do passado e a ansiedade é o excesso de futuro. É preciso que se compreenda que o passado e o futuro não existem no mundo real, eles só fazem sentido na nossa mente – são tempos da alma – e o seu "exercício" só é possível em sacrifício ao tempo presente. Portanto, o apego ao passado e ao futuro negligencia e anula o agora, logo, anula a vida. O grande Agostinho de Hipona – o filósofo que foi transformado em santo pela igreja católica, o Santo Agostinho –, ciente desse mal, tentou alertar para os seus perigos. Essa distensão entre o passado e o futuro dilui a nossa existência em tempos que não são os nossos e é prejudicial porque tira o foco do único tempo que temos: o presente.

E esse "ausentar-se" do tempo presente é imensamente perigoso. Há pessoas tão focadas no que ainda está por vir, que quando chega, não se dão conta. Porque não estão lá, no momento, no instante da chegada para receber.

O que é compreensível. As incursões para o passado e o futuro são exercícios irresistíveis. Há momentos na vida – quando o presente é incerto, por exemplo – é natural e legítimo buscar um pouco de alento no futuro idealizado. Você implora a fuga e o conforto do "deixa-me sonhar – dá-me prazer e é de graça!". Eu deixo. Você pode covardemente se refugiar no futuro. É um recurso aceitável, é humano – porém não pode ser sempre. Sonhar acordado é o de menos, o problema maior é quando se olha para o futuro e o sentimento é de tensão, medo e preocupação. Eis a ansiedade. E é preciso que se diga que a ansiedade é um estado emocional útil e normal para o ser humano. O mal é quando ele é excessivo ou crônico; e se manifesta sem razão aparente. E atenção que não é apenas um mal psicológico, é também físico. Para além do medo de um mal que existe apenas na sua mente, há um sofrimento antecipado, há perturbações do sono (dificuldade em adormecer ou sono intermitente), dores, tensão física e taquicardia. Um quadro que agride também o coração, o órgão muscular.

E o passado comporta riscos semelhantes. Já há estudos da psicologia cognitiva — como *Depressão, percepção ontológica do tempo e sentido da vida* (publicado na Revista Brasileira de Terapias Cognitivas, 2016) — que apontam que a depressão está associada a percepção ontológica do tempo. O mal está associado a uma vida que estacionou no passado. O que foi vivido funciona como uma âncora que impede a marcha para a frente. Como se combate a sensação de perda, arrependimento, remorso? Como se cura de um grande desgosto ou do que Nietzsche chama de "má consciência"? Todos passam por esses tormentos, eles fazem parte da natureza humana – até Espinosa surpreendeu-se com a sua incapacidade de se livrar do remorso. A patologia começa quando esse sentimento transforma-se em apatia. E aqui, o alerta, o contrário da depressão não é alegria, é vitalidade. E só para constar, à semelhança da ansiedade, a depressão também afeta o físico: o coração, as articulações e o sistema imunológico sofrem quando a melancolia se instaura.

Depois de esclarecido o passado e o futuro, resta o presente. Quem é ele? É o único tempo que é realmente nosso. O presente é a vida tal como ela acontece. É o agora, é este exato instante em que você lê este texto.

E por que é tão rejeitado? Primeiro, porque o presente é imprevisível. Ele pode trazer alegrias, mas também tristeza e falta de sentido. Pode trazer a paz, mas também a guerra. Essa natureza do presente choca-se com a nossa necessidade de segurança e certezas. Precisamos sentir que temos algum controle sobre a vida. Porém, é exatamente no presente que sentimos na pele que a vida nos foge. A existência humana é um permanente esvair-se de instantes. O instante do agora da vida escapa por entre os nossos dedos. Quando se tenta apreender o próximo minuto, ele já passou...

A situação é angustiante e você olha para o céu em busca de alívio. E qual é o combo tentador que oferece a maioria das religiões? O paraíso e a eternidade. Isto é: o mundo sem o mal, sem tristezas, sem revezes. O paraíso, independentemente da religião, só tem delícias e maravilhas. E o que oferece a eternidade? Um tempo em que tudo permanece. Repara na maravilha: um presente que não vira passado. Eis a eternidade.

Ao invés de se apequenar com o passado e dramatizar as incógnitas do futuro, olhe para o chão que você pisa. Faça as pazes com o dia de hoje e intensifique o que o presente te oferece. A felicidade é uma vibração, uma sensação de plenitude momentânea, um prazer intenso em estar vivo... um estado que só habita este momento, este tempo presente. A areia da ampulheta não para de cair, é preciso viver. Não no passado, que nos aprisiona; nem no futuro, que é uma promessa; mas viver neste instante presente, o único que temos, o único que é realmente nosso.

Quando o passado não passa e teme-se o futuro.

6.2. Valide o término e comece a reconstrução

Para os gregos existiam dois grandes fardos que pesavam sobre a vida humana. Duas forças enormes que inviabilizavam a felicidade: o passado e o futuro. Para eles, a razão era óbvia. O passado e o futuro impediam o homem de habitar – e amar – o único tempo que realmente existe: o presente. Portanto, a prisão – no passado ou no futuro – matava a vida. O passado comporta sentimentos que nos puxam para trás, para o que já aconteceu. Ao invés de estarmos disponíveis para o presente, estamos anestesiados e aprisionados no passado. E quais são esses sentimentos? A nostalgia, o arrependimento, o remorso, a culpa, o ressentimento. Não é sem razão que Espinosa denominava esses estados de "paixões tristes". Sentimos nostalgia do que vivemos, "dos bons e dos velhos tempos"; olhamos para as consequências das nossas escolhas e sentimos culpa; visualizamos a rota percorrida e nos arrependemos. Passam meses – às vezes anos – e ainda perguntamos a nós mesmos "por que fiz ou disse aquilo?", "por que alimentei aquela insanidade?", "por que não fiz diferente?".

Se depois de muita luta, conseguimos nos desvencilhar do passado, caímos nas garras do futuro. Entram em cena a ilusão e a esperança. Encontramos refúgio na "certeza" de que no futuro tudo será melhor: quando mudarmos de casa, de emprego, de relacionamentos... A convicção é de que tudo vai melhorar – mas não hoje, não agora – mas no futuro. E, novamente, não estamos no presente, logo não agimos. E também não estamos no futuro – ainda não chegou. Continuamos retidos no passado.

Se temos consciência da inutilidade desse exercício. Se racionalmente sabemos a direção da seta do tempo, onde está a dificuldade? Talvez o primeiro ponto seja o não alinhamento entre o pensar e o sentir. Você já deve ter notado que entre o que se pensa e o que se sente há uma distância enorme. Às vezes, passamos anos nos preparando para uma mudança de vida e quando ela chega, percebemos que todo o trabalho foi em vão. Sofremos como se tudo aquilo nunca tivesse passado pela nossa cabeça. De repente, todas as nossas certezas, tudo o que pensávamos que sabíamos, desaparece.

Temos ciência que o tempo só anda para trás em filmes de ficção científica, que o passado é inalterável, que o futuro é incerto e volátil. Sabemos, não é? Não sabemos. Todas as teorias físicas sobre o tempo de nada adiantam para nós porque, na nossa cabeça, na nossa complexa condição, habitamos simultaneamente os três tempos. É por isso que o grande Agostinho de Hipona – o mais sagaz pensador sobre o tempo de toda a história da filosofia – dizia que o passado e o futuro são tempos da alma, não existem na materialidade. Nós vivemos na dimensão circular dos três tempos. Acontece um fato agora. Voltamos para o passado. Projetamos o futuro. Agimos agora. Voltamos para o passado. Vislumbramos o futuro.

A física postula que um evento presente só pode afetar um evento futuro, jamais o passado. Portanto, o passado é inalterável, certo? Não para nós. Se o passado só existe na nossa mente, então nós podemos mudar o passado. Talvez a psicologia explique melhor. Jordan Peterson, um dos mais importantes pensadores da atualidade e com grande experiência no terreno – é psicoterapeuta –, na sua obra

12 Regras para a vida, lança luz nesse fenômeno. Imagine que você está assistindo um filme onde só acontecem coisas más. Porém, no final, tudo acaba bem. Tudo se resolve. O final feliz muda completamente o significado de todos os acontecimentos anteriores, que passam a ser vistos como valiosos.

Agora, imagine outro filme onde acontecem muitas coisas interessantes. Noventa minutos depois, você começa a desconfiar. Pensa que é um ótimo filme, mas há algo errado e vem à sua mente o "espero que o cineasta arrume um sentido para tudo isso". Porém, o filme termina abruptamente, sem fecho, sem conclusão, sem sentido. De nada adiantam as coisas belas e interessantes que aconteceram durante o filme. De nada adianta o tempo que você ficou envolvido na história e desfrutou do filme, você se sente insatisfeito e frustrado. Vê? Os últimos dois minutos do filme, mudaram completamente os quase 90 minutos passados. Agora, transporte essa experiência do cinema para a sua vida. Quantas vezes não notamos isso nas nossas próprias histórias? O presente pode mudar o passado.

Você poderá cair na tentação de pensar que tudo aquilo que nos acontece pode ser contado como uma notícia do bom jornalismo – com objetividade e com o máximo grau de verdade possível. Não pode. Há um exemplo muito ilustrativo sobre essa realidade. Um casal conta – separadamente – a história da relação. Como se conheceram, como foram os primeiros encontros etc. Surpresa: as narrativas são completamente diferentes. Isso acontece porque quando tentamos reconstituir o passado, lembramos de algumas partes, mas esquecemos outras – embora sejam de igual importância. E não é porque é passado, o mesmo acontece com o presente. Estamos cientes de alguns aspectos que nos rodeiam, mais inconscientes de outros. Categorizamos a nossa experiência, agrupando alguns elementos. Há uma arbitrariedade misteriosa que envolve tudo isto. Não conseguimos fazer um registro abrangente e objetivo do que nos acontece porque simplesmente não sabemos, não captamos o suficiente. Isso porque também não somos objetivos. Estamos vivos. Somos subjetivos. Eis a grande complexidade da vida.

Estamos no presente, mas tudo que nos chega comparamos com o passado e vislumbrando o futuro. O que deve ser incluído na história? O que podemos reter? Onde está exatamente a fronteira entre os acontecimentos? Não existe. Essa condição foi desvendada por Santo Agostinho. Para ele, na nossa cabeça, o tempo vai para frente e vai para trás. Mas é só dentro da nossa mente que é assim. Agostinho, na obra *Confissões*, faz uma análise rigorosa dessa tríade e esclarece: o passado é a reconstrução de uma memória no presente. Mas não exatamente como aconteceu – é uma memória presentificada pelo que você é hoje. O futuro é a presentificação do que ainda não foi vivido. Algo que não existe e que poderá nunca existir. E mesmo que aconteça, não será como imaginado. Porque essa antecipação é presentificada pelo que você é hoje, e não pelo que você será amanhã.

A má notícia é que essas "construções" a serem resgatadas no futuro – o nosso passado – podem ficar ainda pior quando passamos por períodos difíceis. A busca por clareza ganha contornos de urgência. Ficamos desesperados à procura de uma história coerente sobre nós mesmos, algo que faça sentido. O relato do nosso infortúnio é longo, sinuoso, cheio de emoções. Tentamos compreender e resumir o que aconteceu com um único objetivo: guardar na memória. E aqui entra um aviso: a memória não é o passado. É uma ferramenta de proteção futura contra fantasmas e traumas e, por isso, ela precisa ser bem construída.

E nessa atribulada saga não tem nenhuma boa notícia, nenhum atalho? Claro que tem (afinal, também estou aqui para isso). Os outros podem ajudar imensamente. Alguém que nos escute – seja um amigo ou um profissional – acelera e torna menos penoso esse processo. Verbalizar as nossas histórias, ouvir a verdade do outro, traz luz e sentido ao que nos acontece. O outro pode ajudar, contribuir para o nosso poder de transformar o passado numa memória bem-sucedida. O que enxergamos no presente, muda o passado. E eliminando o fardo do passado, temos mais energia para o presente e mais confiança para abrirmos os braços para o que ainda está por vir.

Como lidar com a angústia da vida que nos escapa.

6.3. Acolha e celebre o eterno fluir de Heráclito

Se o passado e o futuro não existem e o presente é de difícil apreensão, o que fazer para não sucumbir ao desespero? A crença de que tudo nos escapa é uma fonte permanente de inquietação, mas se alargamos a vista, enxergaremos que essa é a natureza de todas as coisas. De posse dessa condição, parte indissolúvel de tudo que vive, tomamos o nosso acento e ficamos em paz. Um dos grandes clássicos do pensamento filosófico dita que ninguém entra uma segunda vez no mesmo rio, pois, aquele que experimenta essa experiência, assim que emerge já não é mais o mesmo que nele mergulhou. Assim como as águas, que também já serão outras. E o fenômeno é rápido: no mesmo instante em que se entra no rio, rapidamente, águas novas substituirão aquelas. E o mesmo acontece com quem experimenta as águas, num fluxo vivo e contínuo que tudo abarca.

Essa formulação que até hoje nos fascina foi feita por Heráclito de Éfeso, um filósofo grego que viveu no século V a.C. Para ele, tudo flui, nada é permanente. E mais do que fluxos que se alternam, eles são opostos, diz ele.

Para Heráclito essa é a própria essência do mundo. As coisas só são coisas e existem enquanto existem os seus opostos. Um exemplo: só podemos falar de coragem porque existe covardia. Se não existisse uma única pessoa covarde no mundo, não teríamos sequer a ideia ou mesmo a palavra covardia.

Dizendo melhor: para ele, as coisas só existem como tensão entre opostos. Não existe o leve e o pesado, existe a tensão entre o leve e o pesado, a ação e a reação, o claro e o escuro, o dia e a noite. Afinal, sabe-se que o despertar da consciência só se dá por contraste. Só compreendemos verdadeiramente a luminosidade do dia na experiência da escuridão da noite.

E por que esse conceito ainda hoje nos espanta? Porque nos apegamos teimosamente a permanência. O eterno devir – o constante consumir de instantes – nos angustia e nos desespera. Apesar desse conhecimento, no fundo, esperamos que tudo permaneça igual. Essa é a razão por que amamos fotografia. Ela capta e eterniza aquele exato momento. Porque desejamos que certos dias nunca acabem, que momentos felizes durem para sempre. Qual são as religiões que conquistam o maior número de adeptos? Aquelas que prometem que irá chegar um tempo em que o agora nunca terminará. Aquelas que prometem que o presente nunca vai se transformar em passado. É isso o que queremos, o amor para sempre, a vida eterna.

Assim, é necessário resgatarmos um filósofo da antiguidade para nos fazer entender que nada é permanente, a não ser a mudança. Heráclito – que influenciou gigantes do pensamento como Hegel – não vê o conflito entre dois opostos como uma má notícia, mas simplesmente – como um bom grego – a ordem perfeita do universo. Esses opostos estão em harmonia e coincidem com o princípio e o fim, fechando um círculo. O exemplo é o dia que muda para a noite e a noite que muda novamente para dia. "A rota para um caminho, para cima e para baixo, é uma e a mesma", diz Heráclito. As coisas são e não são. Para o filósofo tudo o que existe é sempre possibilidades, elas estão inscritas num eterno devir. Nada é em dois momentos a mesma coisa.

Para Heráclito essa alternância é a própria essência da vida. Sua genialidade flagrou e celebrou essa fluidez como parte da perfeição do mundo. E há quem se angustie com isso, mas há também quem se maravilhe. O grande Guimarães Rosa escreveu que "o mais importante e bonito do mundo é isto: que as pessoas não estão sempre iguais, ainda não foram terminadas. Mas que elas vão sempre mudando. Afinam e desafinam. Verdade maior". Para o escritor, é exatamente aqui que reside a beleza da vida. Ele não lamenta. A vida é isso mesmo, esquenta e esfria, aproxima e separa, ilumina e escurece, agarra e solta. Ele acolhe a mudança de todas as coisas, inclusive em nós.

Quantas vezes não nos maravilhamos com as mudanças que observamos em nós mesmos? Verificamos o tamanho da alteração e contemplamos a nossa envergadura recente, surgida em apenas alguns meses. Às vezes, a mudança é tal que a nós parece uma outra vida ou a vida de outra pessoa. Quantas vezes o que fomos está tão distante que brincamos que foi em outra encarnação?

O melhor da constatação de Heráclito é que o devir é um filtro neutro, serve para todas as situações. As coisas boas não permanecem, mas as más também não. Elas alternam-se: a noite muda para o dia, as lágrimas para o riso, a tempestade para a calmaria. Essa é a natureza das coisas. Rebelar-se contra a impermanência, é entrar em conflito com a harmonia e a fluidez da vida. Devemos acolher e celebrar todas as mudanças, fazer parte do fluxo e não lutar contra ele. Nas páginas seguintes, eu espero te encontrar. Eu não serei mais a pessoa de hoje, que aqui escreve, e você também não.

CAPÍTULO 7

A TAL DA FELICIDADE

"O homem anseia pela felicidade. Quer ser e permanecer feliz".

FREUD

Desencontros e desencantos na busca de ser feliz.

7.1. A felicidade e as lições de Epicuro

A busca da felicidade é o combustível que move a humanidade. E está na moda. Ser feliz é um imperativo – quase uma obrigação. Afinal, uma pessoa infeliz não é bem-vinda; é vista como mal resolvida e fracassada e, portanto, alguém a evitar. Porém, o tema não é novo: em meados do século 7 a.C, os pré-socráticos já especulavam sobre o tema. Tales de Mileto escreveu que é feliz "quem tem corpo são e forte, alma bem formada e boa sorte". Vale assinalar que a palavra grega que mais se aproxima do conceito que entendemos como felicidade é Eudaimonia. Palavra composta do prefixo "eu" (bom) e "daimon" (demónio), que para os gregos significa "gênio" ou "semideus" que acompanha todos os seres humanos. Ser feliz era carregar dentro de si um bom demónio. Apesar da antiguidade dessa busca – e todo o conhecimento acumulado –, está longe de ser uma conquista. E é sem surpresa que numa época em que se prega a felicidade a qualquer custo, é também a época recordista em casos de depressão (Portugal está entre os três países europeus com o maior número de diagnóstico de depressão e ansiedade).

Índices alarmantes à parte, o fato é que continuamos tão frágeis e insatisfeitos quanto os homens da Grécia antiga, com o agravante de que ser feliz hoje é muito mais difícil do que na Atenas de Platão. Vamos aos entraves – e começamos pelos mais recentes. Os cientistas sociais afirmam que desde o século XIX passamos a endeusar as relações amorosas e o trabalho. Iniciou-se uma crença (que dura até hoje) de que é através deles que encontramos a felicidade, ideia que não tinha ocorrido a ninguém até aí.

E qual é o resultado? Diz as estatísticas que no mundo ocidental estima-se que apenas 20% das pessoas gostam do seu trabalho. Isto significa que 80% são indiferentes ou não gostam do que fazem. No caso de Portugal, um estudo da Organização Mundial da Saúde (OMS) aponta para uma insatisfação de 90%. As razões desses números estão à vista: o trabalho é escasso, as carreiras são voláteis, os salários são baixos. E pelo caminho, há o desemprego e a aposentadoria que destroem o status conquistado.

Há uma corrente de teóricos da felicidade que creditam grande importâncias às relações. Nesse departamento, também não há boas notícias. As relações são marcadas por desencontros, crises e divórcios e o grau de insatisfação é muito semelhante ao verificado na carreira profissional.

Contudo, a insatisfação no trabalho e no amor não são os únicos entraves. Um outro inimigo da felicidade é a falta de sentido. E mais importante do que a vida ter sentido, é que esse sentido seja estabelecido por você mesmo. Entra em cena a grande contribuição de Nietzsche para o pensamento moderno: a denúncia de que o homem está sem rumo próprio; em movimento, mas percorrendo um caminho que não é o seu. Quando seguimos uma rota que não é a nossa, a trajetória é sem alegria e, quando chegamos ao destino, encontramos o vazio. E por que não estamos no nosso próprio caminho? Porque hoje não é fácil encontrá-lo. A modernidade está saturada com o excesso de destinos, confusa pela falta de nitidez, embotada pela artificialidade das redes sociais e pela imensidão de solicitações que arrastam o homem para longe de si mesmo. Se não sabemos quem somos, como é possível sabermos o que queremos?

Outro obstáculo para a felicidade, talvez o maior, seja a inveja. Não se trata da inveja do outro – como tanto gostamos de acreditar – mas a nossa inveja do outro. O pensador contemporâneo Alain de Botton ensina a fugir da inveja a todo custo e recomenda (com humor) que você nunca vá a um jantar de ex-alunos. É uma armadilha. Não existe nada mais fatal para a nossa autoestima e para acordar dentro de nós os piores sentimentos, aqueles que anulam a nossa lucidez. Mas, por que especificamente ex-colegas? Você tinha inveja da rainha da Inglaterra? Não. Como não ter inveja de uma das pessoas mais ricas do mundo? A monarca possuia um caixa eletrônico só para ela, não podia ser acusada em tribunal (gozava da condição de "incapaz de fazer mal") e tomava uma taça de *champagne* todos os dias... Nós não invejamos pessoas com esse status porque não nos identificamos com elas. Só invejamos as pessoas que julgamos iguais a nós. E quanto mais acharmos que elas são parecidas conosco, mais vamos nos comparar. Mais vamos imaginar que o seu emprego, seu casamento, seus filhos são melhores do que os nossos. O drama é que os ex-colegas não são as únicas fontes de cobiça. A globalização e suas portas e janelas escancaradas, o Facebook e o Instagram mostram-nos, todos os dias, outros para nos compararmos – e invejarmos.

Outro empecilho para a vida feliz é a crença de que vivemos numa sociedade em que o mérito será sempre recompensado. A meritocracia parece uma crença inofensiva, mas não é. Ela tem uma faceta perversa. Se uma pessoa tem sucesso e está convencida de que tem porque merece; aquele que não é bem-sucedido (a maioria) é acusado – e acusa a si mesmo – de não ser merecedor. Nessa lógica terrível, o que não queremos admitir – mas deveríamos – é que a vida não é justa. E já que entramos no terreno das crenças infundadas... a felicidade continuada não é uma possibilidade. Essa crença que vendemos a nós mesmos (ou compramos de outros) é uma ilusão.

Diante desse emaranhado de teorias, o que fazer? Eu tenho um gosto especial por tudo o que é multidisciplinar. Diante de um assunto intrigante, gosto de pôr em campo todas as ciências. E no que toca a felicidade, qual é a explicação da biologia? Bem, nada animador. A biologia identifica a felicidade como um truque da natureza, maquiavelicamente pensado, com um único objetivo: enganar você. Funciona assim: quando fazemos algo que aumenta nossas chances de sobreviver, a biologia – para sinalizar que é isso que você deve fazer – libera "substâncias" que proporcionam bem-estar. E como a sensação é boa, você vai tentar repetir a ação muitas outras vezes. E para dar profundidade à questão, quem diz sobreviver, diz também procriar. Aqui fica claro que o orgasmo é uma espécie de recompensa máxima. Algo do tipo "muito bem, você está no caminho certo". A prática constante das coisas que nos fazem felizes aumenta as chances de transmitirmos os nossos genes.

O resumo da ópera é: tudo que identificamos como felicidade não foi desenhado para nosso bem-estar psicológico, mas sim para aumentar as chances de sobrevivência dos nossos genes. Ok. Isso já é mais ou menos sabido. A busca da felicidade é o combustível que nos faz continuar a caminhar. E não ajuda. Afinal, o nosso interesse é na vida consciente. De que nos serve bisbilhotar o diário íntimo dos nossos instintos? O que queremos saber é quais são os mecanismos que trazem bem-estar psicológico, isto é a sensação de felicidade.

Já que a busca da felicidade é um incontornável mandamento dos nossos genes, tudo o que nos resta é atentar para a qualidade desse caminho. Dessa forma, voltamos a filosofia. Para combater o diagnóstico de Nietzsche, de que o homem moderno persegue objetivos que não são os seus, continua a valer o bom remédio de Epicuro. Mestre das lições para a arte do bom viver, suas ideias estão na categoria da filosofia prática e, devido a sua eficácia, virou uma corrente filosófica, o epicurismo. Ele ensina que você deve certificar-se de que persegue objetivos que são genuinamente seus e não ideias "adotadas" (dos pais ou da sociedade), para que depois de uma longa jornada, não constate que não era o que você queria. Esse é um alerta clássico porque sua ocorrência é muito frequente. Mas esse é também um caminho sempre reversível. Quando constatar que o caminho não é o seu; não permita que a inveja e a comparação com outro roubem a segurança e a energia para mudar de direção e começar de novo. Recomeços e mudanças de rumo, além de desafiantes, podem ser agravados pela resistência dos outros. Precaução: certifique-se da qualidade das pessoas ao seu redor. Você foi abandonado pelo cônjuge ou perdeu status? Cerque-se de bons amigos, de pessoas que sabem quem você é e o apreciam independentemente do seu sucesso ou da sua riqueza. (E para adiantar o trabalho, livre-se o mais depressa possível das pessoas para quem o seu status importa).

E, sobretudo, pense a sua vida sem as vertentes amor e trabalho (ou pelo menos que elas tenham um peso mínimo). Epicuro ensina a substituir a complexidade vazia do sucesso, dinheiro, poder (e a aprovação das redes sociais) – inibidores da vida autêntica – pela literatura, arte, filosofia, pelos amigos e pelo contato com a natureza. Seja um praticante diário dos prazeres simples e você experimentará genuínos momentos de felicidade.

Você só vê a felicidade no passado? Só se dá conta do que ama quando perde?

7.2. *"Eu era feliz... Mas não sabia": as considerações de Schopenhauer*

Por que a felicidade é tão difícil de ser percebida? Schopenhauer acreditava que uma das razões é porque não sabemos realmente o que ela é. Afinal, a felicidade é o quê? Pode parecer um absurdo iniciar uma "conversa" sobre felicidade citando o mais pessimista e infeliz dos filósofos. O tema felicidade não é associado a Schopenhauer, nem como filósofo, nem como pessoa. Mas talvez, exatamente por isso, Arthur Schopenhauer seja o mais profundo conhecedor da felicidade de toda a história da filosofia. Assim, pelo avesso, a infelicidade também ensina sobre o que é ser feliz. E Schopenhauer experimentou doses cavalares de infelicidade desde muito cedo.

Aos 17 anos, pouco depois da morte do pai (provavelmente, suicídio), o então adolescente Arthur foi informado pela mãe – por carta – que era necessário para a felicidade dela, sabê-lo feliz, desde que ela não fosse testemunha disso. Algo do tipo "seja feliz, meu amado filho, mas bem longe de mim". A distância ela já havia providenciado. Após quatro meses da morte do marido, ela mudou-se para outra cidade para perseguir o sonho de ser escritora, deixando o filho para que ele concluísse os seus estudos.

Depois dessa rejeição, o filósofo viveu boa parte da vida em períodos depressivos e numa solidão autoimposta. Foi um irritante adolescente sabe-tudo, um adulto pessimista e, na maturidade, um solteirão rabugento. Se era considerado um ser insuportável, ele tinha a mesma opinião sobre os outros. Mas nem sempre. Interessou-se por mulheres. Ora foi correspondido, ora foi rejeitado por elas. Mas nunca se casou. O que é incompreensível, porque Schopenhauer, apesar de ser um misógino nas ideias – "casar é escolher de olhos vendados um saco e rezar para encontrar lá uma enguia no meio das cobras" –, era um Dom Juan nos atos.

Esse e outros aforismos sugerem um indivíduo afetivamente árido. Não era. Schopenhauer amou muitas mulheres, tinha amigos e adorava a companhia dos cães. Foi um dos primeiros europeus a bater-se pelo direito dos animais. Para ele, a dor trespassa tudo aquilo que vive. E é justamente a dor, o elo entre os humanos e os animais. É a consciência da dor que nos torna capazes de entender os animais e dirigir a eles a nossa compaixão. Assim entendido, Schopenhauer afirmava que o caráter do ser humano se conhece pela sua capacidade de ser bom para os animais. Quem maltrata um animal não tem bom caráter, não é boa pessoa.

Nietzsche chamava Schopenhauer de "o cavaleiro solitário", no entanto, o filósofo não dispensava a companhia de seu amado caniche que recebeu o poético nome de Atma – palavra hindu que pode ser traduzido como alma, espírito ou consciência, sopro, princípio da vida. Ou ainda "alma do mundo".

Feita as apresentações, Schopenhauer chegou a dois veredictos sobre a felicidade. O primeiro é que não somos simplesmente seres racionais que buscam conhecer e compreender o mundo, somos máquinas geradoras de desejos que se esforçam para obter coisas. Diz o filósofo que por trás de cada esforço está uma dolorosa falta de algo. Ocorre que concretizar um desejo, raramente nos deixam felizes, pois, ainda que consigamos satisfazer um desejo, há sempre vários outros desejos prontos a tomar o lugar do desejo recém-atendido.

E se, ciente disso, eu decido que hoje não vou desejar nada. A felicidade vem? Não. Vem é o tédio. Uma vida sem nada a desejar é monótona e vazia. Se temos a sorte de satisfazer nossas necessidades básicas – fome, sede, abrigo – para escaparmos ao tédio passamos a desejar bens não essenciais. Se esse patamar é atendido, passamos a desejar itens de luxo, restaurantes caros, grifes famosas. Em nenhum momento chegamos a uma satisfação duradoura. Temos aqui o famoso pêndulo de Schopenhauer: a vida oscila entre o sofrimento e o tédio".

Isso sou eu, mas e no mundo? Há felicidade? Antípoda de Schopenhauer, o otimista Gottfried Leibniz (1646-1716) disse que o nosso é o melhor de todos os mundos possíveis. Schopenhauer discorda. Para ele, se há uma ordem no mundo, essa ordem é só uma: levar ao mais alto grau a dor e o sofrimento. Na natureza, os seres vivos dividem-se entre devorador e devorado e travam uma luta mortal pela sobrevivência. Na civilização, por toda parte vê-se conflitos, prisões, guerras, escravidão (a lista do filósofo não cabe aqui).

Mas, Schopenhauer, e a alegria da partilha entre amigos? Os banhos de mar? Os amores bem-sucedidos? As comemorações? Sim. Ele não nega que há vantagens em viver. Porém, o que ele diz é que as desvantagens estão em um número muito superior. Para ele, "a vida é um negócio que nem sequer cobre os custos".

Não é possível negar a existência da felicidade. Muitos já experimentaram e também identificaram nos outros. E Schopenhauer não discorda. O que ele afirma é que geralmente estamos enganados sobre o que ela é. Para ele, a felicidade nada mais é do que um momento de ausência de dor e sofrimento; um alívio ocasionalmente sentido entre a realização de um desejo e a busca do próximo. Por exemplo, imagine a satisfação de comprar a sua primeira casa. O que o deixa feliz nesse ato, diria Schopenhauer, não é o estado positivo de ser o proprietário, mas o estado negativo do alívio das preocupações que vêm de não possuir uma casa própria. E – mais imediato – do alívio de sair do processo estressante de procurar uma casa para comprar. Ok. Sejam quais forem as razões, ainda é felicidade. Sim, diz Schopenhauer – e aqui voltamos ao início desse texto –, é uma felicidade de curta duração. Logo ali, ao dobrar da esquina, surge novas preocupações que enterram a felicidade recém-adquirida, como o pagamento do empréstimo, do IPTU, a reforma do banheiro etc. Identificamos aquilo que falta, voltamos a nos entristecer e recomeça a busca de desejos.

Outro exemplo de que funcionamos pelo negativo? Raramente sentimos o benefício das coisas que temos enquanto ainda as temos. De domínio público, é o clássico "eu era feliz e não sabia". Afinal, só nos tornamos conscientes dos três maiores bens da vida – juventude, saúde e liberdade – quando os perdemos. Você não sabe o que tem, só sabe depois que deixa de ter.

Esse é só mais um exemplo. Schopenhauer tem uma lista enorme de observações agudas sobre o caráter negativo da felicidade. E todas contribuem para a dificuldade de alcançar ou perceber a felicidade. Tendemos a não notar quando as coisas estão bem, insiste Schopenhauer e explica: "Não sentimos a saúde de todo o nosso corpo, mas apenas a dor no pequeno dedo onde o sapato aperta".

Ok. Colocamos um penso rápido no dedo, eliminamos o incômodo e corremos felizes a comemorar o bem-estar geral do corpo? Claro que não. Rapidamente, o nosso foco detecta outro problema. "É como uma comida que saboreamos, mas que deixa de existir no momento em que é engolida", diz ele. Outro entrave? Quando temos um problema pequeno, tendemos a ampliá-lo para que ele possa ocupar todo o espaço da insatisfação e da preocupação do dia. Geralmente não notamos isso em nós, mas pense quantas vezes você não viu ao seu redor uma pessoa fazer um drama gigantesco de um problema ínfimo?

Todas as observações do filósofo são verdadeiras. Mas é inegável que ainda há muita felicidade por aí. Há várias pessoas que se afirmam felizes ou que se sentiram felizes em algum momento de suas vidas. Há quem acredite que o sofrimento serve para mostrar que algo está errado e que precisa ser consertado, por isso ele se mostra mais. O sentimento de felicidade, por outro lado, nem sempre se anuncia. Podemos ter todas as coisas que deveriam nos fazer felizes e ainda assim não nos sentirmos felizes porque elas não chegam à nossa percepção.

E é aqui que entra toda a nossa arte e sabedoria. Conscientes de que a felicidade nos escorre pelos dedos, podemos assumir um papel ativo para mantê-la. Munidos da lembrança e da reflexão, podemos exercitar a mente para que ela se recorde dos tempos maus e comemore o período de paz. Para apreciar as nossas posses, podemos exercitar o pensamento de como éramos sem elas.

Relembrar nossos próprios infortúnios do passado (e também os dos outros) não basta e nem é a única forma de nos sentirmos bem com o que temos. Para *sermos* felizes, devemos ter um papel ativo para diminuir os nossos sofrimentos e desejos. E aqui Schopenhauer se encontra com os estoicos. Sendo o sofrimento inerente à vida e, os desejos, a substância da qual somos feitos, a proposta não é eliminar o sofrimento, mas ressignificá-lo; não é abolir os desejos, mas fazer uma seleção deles. Ao invés de evitar os obstáculos no caminho da vida, o estoico considera esses obstáculos e dá novos significados a eles. É ressignificar, um mecanismo de mudança mental muito usado pela psicologia.

Diante de tão aguda lucidez, como foi a vida de Schopenhauer? Arrimado numa vida financeira confortável (herança do pai), a maturidade trouxe-lhe uma rotina santa. Depois do pequeno almoço, recebia amigos, lia, escrevia. Perto do meio-dia, dirigia-se ao seu restaurante favorito para uma farta refeição. Fazia a sesta, tomava outro café e passeava pelas ruas de Frankfurt com Atma. E, todos os dias, pelo menos meia hora, tocava flauta. Uma atividade que, segundo Nietzsche, desmentia a sinceridade do seu pessimismo. Nada mal para quem via com nitidez todas as categorias da infelicidade. Se assim é, nós que sabemos pouco, estamos salvos. A felicidade é mesmo possível.

O que se busca: prazer ou fuga do sofrimento?

7.3. Covardia e confronto com Freud

Foi com ansiedade que esperei o *"The Happy Show"* em Lisboa. Esperei o evento com um duplo sentido de urgência. Primeiro, porque a exposição andou pelo mundo e Lisboa seria a última cidade. Segundo, pela relevância do tema: a felicidade. Idealizada pelo designer Stefan Sagmeister, a exposição tentou responder questões como "o que é a felicidade?", "como buscá-la? Foram 10 anos de pesquisa que envolveu psicólogos, filósofos e outros especialistas. Tudo devidamente transformado em vídeos, esculturas, infografias e instalações interativas. Mais do que beleza estética, a exposição é um apelo a uma atitude mais participativa na busca da felicidade. Para o designer, a felicidade se treina, tal como se treina o corpo com o exercício físico.

Sagmeister – austríaco radicado em Nova York e um dos mais importantes designers de comunicação da atualidade – assume que a mostra foi resultado de uma viagem de autoconhecimento, da sua busca pessoal. Assíduo exercitante da busca da felicidade, Sagmeister já experimentou de tudo, desde meditação e aulas de budismo até o consumo de medicamentos semelhantes ao Prozac. O designer também é um adepto do ano sabático: a cada sete anos, para um. Em seu último ano sabático, viveu na Cidade do México, em Tóquio e numa pequena aldeia nos Alpes Austríacos – quatro meses em cada cidade. O que faz ele nesse *gap year*? Trabalha muito, porque é o que gosta de fazer. Mas não trabalha para clientes, trabalha nos seus projetos pessoais, naquilo que o encanta, como essa exposição.

Mas de onde vem essa sede de Sagmeister – partilhada por todo aquele que vive? Aristóteles escreveu que a felicidade é o sentido e o propósito da vida. Freud escreveu no *O Mal-estar na Civilização* que ansiamos pela felicidade, queremos ser e permanecer felizes. Mas a questão é: como buscar a felicidade, quais são os seus caminhos? Quando se observa o agir humano, vê-se que essa busca está dividida em duas frentes: a busca do prazer e a fuga da dor. E a vida se alterna entre essas duas dinâmicas, mas o homem só considera como felicidade a experiência do prazer.

A busca pelo prazer lidera todo o nosso programa mental e não há dúvida sobre a sua eficiência como gerador de felicidade. Ocorre que esse exercício entra em conflito com a nossa própria constituição psíquica. Nesse sentido, pode-se até afirmar que o "ser feliz" não entra no plano da criação. O prazer nasce de uma necessidade represada. Somos feitos de tal maneira que só experimentamos o prazer intenso por contraste, no breve encontro entre uma necessidade adiada e a sua concretização. Sentimos muito pouco prazer naquilo que perdura. Então, a nossa própria estrutura mental diminui as possibilidades de felicidade.

Em termos de duração, o sofrimento – tudo aquilo que nos causa dor – está no extremo oposto do prazer. De acordo com Freud, o sofrimento, abundante e de longa duração, materializa-se em três grandes frentes: o corpo, o mundo e os outros. Vejamos: o nosso corpo se deteriora, adoece; o mundo exterior comporta ameaças implacáveis e que não controlamos; por fim, vivenciamos as agruras da difícil relação com os outros.

Nesse palco de prazeres fugazes e sofrimentos abundantes, como agimos? Bem, escolhemos o clássico "baixar a bola" e moderamos a nossa pretensão à felicidade. Abrimos mão do prazer e damo-nos por satisfeitos se conseguimos evitar a dor. Uma atitude muito humana. Você prefere perder um pouco de liberdade em detrimento a ter mais segurança? Sim. Em tempos excepcionais como as guerras e as pandemias, você aceita o status de "vida suspensa" em detrimento a sobrevivência, o estar vivo? Sim. Fazemos isso o tempo inteiro.

Afinal, apesar dos atrativos da vida a dois, muitos não preferem a solidão voluntária a se expor ao risco da dor do rompimento?

A filosofia tem um vasto acervo dessas escolhas. Talvez o estoicismo tenha isso mais acentuado, quando alerta que não se deve pôr o prazer à frente da prudência, o que mais cedo ou mais tarde trará o seu próprio castigo. E mesmo o epicurismo – que muitos acreditam, erroneamente, que persegue o prazer como bem supremo – segue essa mesma precaução. O epicurismo prega os prazeres simples. E, nesse departamento, se você olhar atentamente a vida do filósofo Epicuro, constatará que ele viveu como um estoico.

É claro que isso não é uma regra permanente. Muitas vezes, vestimos a coragem e partimos para a busca do prazer. E o engenho humano não tem limites. Podemos ser comedidos, extremados. Podemos ter uma tendência para a covardia, mas há sempre luta. O que fazemos ao nosso corpo para minimizar o sofrimento que advém da decadência física e psicológica? Fazemos ginástica. Adotamos dietas e vitaminas. Munidos de técnicas apoiadas na ciência e na medicina tentamos contrariar a natureza, vergá-la à nossa vontade. Nessa luta, talvez a maior vitória sejam os aditivos que aplacam o sofrimento psíquico: os prozacs e seus derivados. O próprio Freud defendeu esse campo. No *O mal-estar na Civilização* (escrito me 1930), Freud menciona a existência de substâncias que produzem imediata sensação de prazer, uma independência do mundo externo, um 'amortecedor de preocupações'. "É possível, em qualquer ocasião, afastar-se da pressão da realidade e encontrar refúgio num mundo próprio, com melhores condições", comemorou Freud. Vale salientar aqui que o pai da psicanálise, num tempo em que a terapêutica prescrita era eletrochoque, muitos anos antes, já vislumbrava medicamentos para a mente.

Para além disso, lançamos mão das técnicas da arte de viver. Intrépidos, não nos limitamos a fugir da dor, mas também partimos em busca dos prazeres, da felicidade. E essas técnicas são muitas. Penso que a número um é a modalidade de vida que faz do amor o centro de tudo, que busca toda satisfação em amar e ser amado. Essa inclinação é bastante natural a todos nós; já que uma das formas de manifestação do amor – o amor sexual – nos proporciona a mais intensa experiência de prazer, mostrando assim um modelo perfeito para nossa busca da felicidade. Porém, esse é um caminho muito arriscado. E por uma razão óbvia: não temos controle sobre o outro. De uma hora para outra, aqueles que amamos podem nos virar as costas e partir sem explicações. Em nenhuma situação humana estamos tão indefesos contra o sofrimento como quando amamos. Nunca nos sentimos tão desamparadamente infelizes como quando perdemos o nosso objeto amado ou o seu amor. Se não fosse esse senão, o ser humano não trocaria esse caminho por nenhum outro.

Há outros caminhos? Há. Filhos, realização profissional... O problema desse e de outros caminhos é que não dá para transformá-los em regras que se apliquem a todos. Cada um precisa descobrir os seus próprios exercícios, a sua maneira de fugir da dor e buscar o prazer. É uma questão de autoconhecimento, de gosto e de força. Qual é o seu propósito? De quanta força você dispõe para alterar ou adaptar o mundo aos seus desejos? E aqui explica-se a razão de não existirem regras: cada aparelho psíquico é único. Há quem experimente um grande prazer nos relacionamentos e faça tudo por eles. Há quem prefira não se expor aos seus riscos. Outros tendem à autossuficiência e buscam satisfação em si próprios. Há os proativos que têm pouco foco no futuro e sentem prazer nos embates que permitem testar a sua força.

E, claro, todos esses exercícios, todas as formas de viver, comportam riscos e perigos. Assim como não há receitas, também não há garantias. Como em qualquer combate, o preparo e a escolha das armas é parte fundamental. Vou sair do ponto A e vou até o B. Quais serão as minhas chances de ser bem-sucedida? Depende do que você é, o que você leva. Há quem mova o mundo apenas com sua força interior, com atitude. No campo da filosofia, chamamos esses atributos de virtudes. E aqui posso destacar uma muito importante: a temperança. Peça licença para não usar o seu sinônimo contemporâneo: moderação (no capítulo 10 explico a razão). Uma espécie de virtude das virtudes, porque ela contempla em si o equilíbrio de todas as outras. Trata-se de um antídoto contra riscos. Sim, o mesmo recomendado para o investimento financeiro: não aplicar todo o capital num só negócio. Uma das sabedorias da arte de viver é não buscar a nossa satisfação numa única fonte. A regra é explorar o ambiente e diversificar. Nessa exploração convém preparo, domínio de técnicas e um grande repertório. Recolha material, conviva com pessoas felizes, teste modelos, leia sobre o assunto e, claro, vá a todas as exposições de exercícios de felicidade. Conheça-os, experimente-os, colecione-os. Mais do que fugir da dor e buscar o prazer, percorrer o caminho da felicidade é a inclinação natural de todo o ser que vive.

É possível aprender a ser feliz através de modelos, como as biografias?

7.4. *Siga o caminho das pedras de um estudo de Harvard*

A pergunta "como ser feliz?" continua a ser feita. Há várias respostas, mas todas igualmente insuficientes. O clássico "ser rico", passando pelo controle da mente até o moderno "ter fama" já não convencem mais ninguém. Epicuro de Samos já deu o caminho das pedras há 300 anos a.C. As ideias desse filósofo grego foram tão importantes que transformaram-se em corrente filosófica, o epicurismo. Apesar da insistência – há inúmeros autores que fazem uma atualização dessa filosofia para os dias de hoje –, Epicuro tem poucos adeptos. E por quê? Para Epicuro, a felicidade é um projeto de longo prazo. Com o argumento de que é tempo demais, volta-se às costas a Epicuro e continuam-se as buscas. Todos os anos surgem novas teorias e estudos, mas nenhum serve.

Muitos julgam que as respostas estão nos modelos de vidas bem-sucedidas. Uma fórmula pronta testada por outro, basta aplicá-la na nossa vida. Eis a razão do sucesso das biografias. Mas também não funciona. Além de cada vida ser única – o que serve para um não serve para outro – é muito difícil apreender a vivência do outro. Quase tudo que sabemos sobre uma pessoa é através do que ela lembra do seu passado. Ora, o olhar em retrospectiva não é confiável, a maior parte do que nos acontece, esquecemos. E depois, mesmo quando não esquecemos, a memória é seletiva, é criativa e é alterada pelos nossos dramas. Quantas vezes você ouviu alguém negar uma memória: "jura que eu disse isso? Não me lembro". "Tenho certeza de que eu não falei isso". A minha sequela de longos anos como repórter que não grava entrevista – apenas anoto o essencial num bloco de notas– é uma memória precisa. Para mim é péssimo – há muitas coisas que eu realmente queria esquecer –, mas para os outros é ótimo. Sou uma espécie de arquivo vivo dos meus amigos. Já notei – com grande assombro – que a memória de um evento específico vai se alterando ao longo do tempo. Fatos que presenciei ou que foram relatados em primeira pessoa – e alguns estão registrados em reportagens, outros em diários – têm a sua narrativa completamente alterada ao longo dos anos e pelo próprio protagonista. Não. A memória humana não é confiável.

E se houvesse um estudo que acompanhasse várias pessoas – classe social, cenário e oportunidades – mapeasse suas trajetórias, por escrito – desde a adolescência até a velhice – e, quase no fim da vida, se verificasse quais eram felizes e saudáveis e por quê? Tendo em conta a expectativa de vida – entre 75 e 80 anos – seria um estudo que levaria décadas. As estatísticas apontam que projetos desse tipo duram no máximo 10 anos. As razões são muitas: falta de financiamento, perda de foco, participantes que desistem e, principalmente, os próprios pesquisadores morrem sem deixar substitutos.

A boa notícia é que apesar de todos os acidentes, num misto de sorte e persistência de várias gerações de pesquisadores, um estudo vingou. Trata-se do *Harvard Study of Adult Development*, da Universidade de Harvard. Possivelmente, o estudo mais longo sobre a vida humana já feito. Durante 75 anos, pesquisadores acompanharam a vida de 724 homens. Desde 1938, ano após ano, foram registrados dados sobre trabalho, vida familiar e saúde. O estudo contemplou dois grupos distintos. O primeiro reuniu alunos do segundo ano da Universidade de Harvard – todos terminaram a faculdade e a maioria participou na

Segunda Guerra Mundial. O segundo grupo foi composto por adolescentes de bairros pobres de Boston – a maioria vivia em habitação social e alguns eram de famílias desestruturadas.

Liderado pela Faculdade de Medicina de Harvard, o estudo é multidisciplinar – abrange desde estilo de vida até saúde física. O que se sabe é que esses jovens tornaram-se adultos e seguiram diversos caminhos na vida. Tornaram-se operários, advogados, pedreiros e médicos. Um deles tornou-se presidente dos Estados Unidos (John F. Kennedy fez parte do estudo); alguns sucumbiram à adição (álcool) ou desenvolveram transtornos mentais, como a esquizofrenia.

Setenta e cinco anos depois, o estudo ainda está em andamento. Aproximadamente 60 dos 724 integrantes ainda estão vivos – a maioria está na casa dos 90 anos – e continuam a participar do estudo. A cada dois anos, a equipe de pesquisadores envia questionários e entrevista-os em suas salas de estar. Recolhem informações médicas, coletam sangue, escaneam cérebros, filmam a família. O estudo está no quarto diretor; atualmente é o psiquiatra e psicanalista Robert Waldinger, professor de Medicina de Harvard. Para além de coordenar o estudo, o psiquiatra divulga os resultados para o mundo. A sua palestra no TED – onde ele reúne e comenta as conclusões desse estudo – está entre as 10 mais assistidas de todos os tempos.

E quais são as lições extraídas das milhares de páginas de informações sobre essas vidas? Por uma questão didática, pode-se reduzir para três conclusões fundamentais. Não. Riqueza e fama não passam nem de raspão. Após 75 anos de olhar atento, descobriu-se que o que mantém a felicidade e a boa saúde é: bons relacionamentos. As conexões sociais são fundamentais para a saúde mental e física e, a sua ausência, a solidão, literalmente, mata. Pessoas mais conectadas com a família, amigos e a comunidade são mais felizes, fisicamente mais saudáveis e vivem mais do que os solitários. A experiência da solidão é tóxica. Quem vive mais isolado do que gostaria, é menos feliz, sua saúde decai precocemente na meia idade, seu cérebro se deteriora mais cedo e, portanto, vive menos.

Aqui, um fato preocupante, extraestudo. Nas últimas décadas, no mundo inteiro, cresce o contingente de solitários. E para quem pensou no "poder" das redes sociais... Esqueça! A questão é profundamente existencial, não se trata de ser solteiro ou casado. Podemos nos sentir miseravelmente sós num casamento ou num grupo de amigos. E imensamente acompanhados no ato de estar só.

Daqui decorre outra informação realçada pelo estudo de Harvard. Não é a quantidade das relações que conta, é a qualidade. Uma balde de água fria para os adeptos do "milhão" de amigos. O covarde "antes mal acompanhado do que só" também tem um grande veto. Cultivar e viver relações ruins e conflituosas são golpes mortais na saúde e no bem-estar. Casamentos problemáticos e sem afeto são ainda mais nocivos do que um doloroso processo de divórcio.

No estudo também foi possível medir a qualidade do envelhecimento. Os homens que envelheceram melhor não eram os que tinham os melhores níveis de colesterol, mas os que estavam satisfeitos nos seus relacionamentos. E mais: quem estava satisfeito no relacionamento aos 50 anos, era mais saudável aos 80. Parece que relacionamentos bons e íntimos atuam como proteção para as mazelas do envelhecimento. Aqueles que viviam em relações felizes, mesmo nos dias de dor física, mantinham o bom humor. Porém, os que estavam em relacionamentos infelizes tinham o problema agravado – a dor física era intensificada pela dor emocional.

E, finalmente, o estudo revelou um terceiro benefício. Os bons relacionamentos não protegem apenas o nosso corpo e a nossa mente, protegem também os nossos cérebros. Quem vivencia um relacionamento íntimo e estável aos 70, 80 anos – onde há a certeza de que se pode contar com o outro em caso de necessidade –, preserva as memórias por mais tempo. Aqueles que tinham a percepção de que não podiam contar com o outro, o declínio da memória veio mais cedo. A entendimento sobre o que é um relacionamento de qualidade pode gerar alguma dúvida. Será que o meu relacionamento tem essa qualidade que protege e traz saúde e felicidade? Os relacionamentos bons não têm que ser tranquilos o tempo todo. Casais – de qualquer idade – podem discutir desde que isso não comprometa a certeza de que podem contar um com o outro.

O resumo da ópera é que o estudo confirma as teorias de Epicuro. O filosofo grego deu muita ênfase a importância da rede de amigos. (Epicuro não contemplou as relações amorosas). Mas por que não damos importância a esse remédio tão simples? Porque estamos sempre à espera de algo mais fácil e mais rápido, um atalho para a felicidade. Afinal, construir e manter relações é um caminho demorado e difícil. Cuidar dos amigos e dos nossos cônjuges exige cedência, paciência, humildade. E pior, é trabalho que nunca cessa, é até o fim da vida. Não há outro caminho. Qual é o grande conselho de Robert Waldinger? Nunca é tarde. Você pode ter 25, 40 ou 60 anos, não importa. Comece hoje mesmo a cuidar das suas relações. Aperte os laços da sua relação amorosa, dê um passo à frente de uma relação superficial; marque cafés com amigos, reative conexões perdidas; convide um vizinho para uma caminhada; contate um membro da família que se afastou. Waldinger cita Mark Twain que, ao recordar sua vida, escreveu: "Não há tempo, a vida é curta demais para ser desperdiçada em discussões banais, desculpas, amarguras, tirar satisfações. Só há tempo para amar, e mesmo para isso, é só um instante." Não perca tempo! Boas relações. Boa saúde. Boa vida!

A pressão para a "felicidade a qualquer custo" está amargando os seus dias?

7.5. Livre-se da ditadura da felicidade!

Não há nada que me mova contra o pensamento positivo, o que me incomoda é a sua banalização. Sou uma combatente incansável da perigosa crença de que "querer é poder". Entre aquilo que queremos e o que podemos, há um abismo de variáveis que não controlamos. E é sempre útil considerar que grande parte dos nossos "quereres" não são tão bons quanto pensamos, nem lícitos, nem justos e, finalmente, não são possíveis. Se todos os dias você repetir em frente ao espelho "eu quero falar francês" e não pegar em um único livro. Jamais falará o idioma de Victor Hugo. E quando é um querer imenso, legítimo, coletivo? Também não. Na eminência de um desastre aéreo, imagine quantas pessoas não desejaram intensamente que aquilo não acontecesse. E não é simples implicância. É a vida que está em causa. As mistificações são como névoas que turvam a visão e impedem o estar no mundo com propósito e com sentido.

Como se isso não bastasse, recentemente surgiu uma nova praga: a ditadura da felicidade. É quase um fanatismo. Para onde quer que se olhe, a felicidade está à venda e como item de primeira necessidade. Tudo serve para promovê-la, desde viagens, passando por produtos de beleza, livros e até cursos e *workshops*. E para fechar o cerco: a felicidade é materializada em produtos. E como os EUA é o país inspirador desse movimento; canecas, almofadas, chinelos e uma infinidade de objetos de decoração surgem no mercado na língua-mãe: *Think Positive, Smile, Don't worry, be happy*. E essa origem não é sem razão. Na constituição norte-americana, entre os direitos fundamentais do homem consta "direito à busca da felicidade". O estado reconhece que o homem tem direito a tomar as ações que acredita serem necessárias para alcançar a felicidade.

A questão é que a felicidade – ou a alegria, como prefere Espinosa – é componente e resultado de percursos, de trajetórias percorridas. Portanto, toda indicação deve ser sobre os meios para a felicidade e não a felicidade em si. O caminho que leva à vida boa (à felicidade) é o objeto da filosofia de todos os tempos. Para os gregos antigos, a trajetória humana precisa comportar quatro virtudes essenciais (ou formas de agir): a temperança, a coragem, a justiça e a sabedoria. Aristóteles aumentou a lista e sugere que no exercício das virtudes se evite todos os tipos de extremos, para mais e para menos. É o caminho do meio, do equilíbrio. Porém, mais importante do que regras de ação, a ideia a reter é que o homem – devido a sua natureza gregária – sente-se bem, sente alegria, sente felicidade quando age bem, quando relaciona-se bem com o outro. A alegria e a felicidade contam apenas como resultado, como consequência. Se você tiver que escolher entre agir bem e se sentir mal e agir mal e se sentir bem? A recomendação do filósofo é "escolha a boa ação". O ensinamento é que com o exercício da temperança, sabedoria, coragem e justiça, a felicidade vai surgir, pois todos os bons sentimentos – felicidade, alegria, satisfação, plenitude – gostam de dividir a cama com as ações virtuosas.

A partir dessa base, surgiram outras teorias. Mas a essência grega continua na base: o foco é no caminho. Porém, a sociedade de molde capitalista centra-se apenas na felicidade como um produto pronto para consumo imediato. As livrarias estão abarrotadas de livros sobre positividade, otimismo, boa energia. A felicidade é um imperativo e deve ser perseguida a qualquer custo. Mesmo a fingida, como maquiagem social; mesmo a artificial, à custa de fármacos. Há uma espécie de ditadura da felicidade. Prega-se que a felicidade está mesmo a nossa frente, basta estender a mão e colhê-la. Ela está ao alcance de todos e quem não está feliz ou não demonstra felicidade é visto como um derrotado. As pessoas que passam por fases difíceis são obrigadas a fingir para escapar do policiamento. Outras que não tiveram a sorte de nascer bem-humoradas sentem-se inadequadas no modelo reinante.

E, claro, não sou contra a felicidade. É o bem supremo que a humanidade, diariamente, persegue e deseja. E não sou contra a alegria. Ela é contagiante, espalha-se e faz bons ambiente. Mas essas não podem ser criadas artificialmente. Não se pode dizer a uma pessoa para ela ficar alegre. Não se pode fingir que a vida é boa quando ela não é. A alegria espontaneamente sentida é brilhante. Mas ela não é mais importante do que a apatia justificada. E tem o mesmo peso do aprendizado que vêm da vivência de uma tristeza. Rir pode não ser o melhor remédio. Às vezes, precisamos da ira para impulsionar a ação e a luta necessárias. Às vezes o *don't worry, be happy* agrava o problema e falha a alegria esperada.

Muitos se espantam ao ver suicidas em fotos sorridentes nas redes sociais alguns minutos antes do ato. E aqui um ponto importante: a prática diária de sorrisos, não traz alegria. Já as virtudes têm a sua força na prática. Quanto mais exercitamos a paciência, mais pacientes nos tornamos. E ainda melhor: as virtudes não pedem para fingirmos o que não somos. E nem diz para enganarmos as pessoas ao nosso redor. Fingir alegria é como usar uma máscara, é como se esconder. É falsear a nossa presença no mundo. É assumir que os que estão ao nosso lado não são capazes de lidar com a nossa vida interior, que eles não têm maturidade para encarar as nossas fragilidades, a nossa humanidade. Em último nível, é negar a vida como ela é, com seus momentos de tristezas e de alegrias. Para buscarmos a felicidade e todos os predicados de uma vida boa, o mais indicado é cultivar a honestidade e a transparência, ao invés da alegria. Como anfitrião, você pode dizer a um convidado "sente-se e fique à vontade", mas você não pode dizer "sente-se e fique feliz".

Nesse tópico, a Europa ainda leva vantagem sobre as Américas. Os suíços e os dinamarqueses figuram no topo do ranking que mede o índice de felicidade dos seus habitantes. No entanto, não são famosos pelas demonstrações de alegria. Em Portugal, acontece o mesmo. Em todos os janeiros do Brasil, impera o esfuziante "Feliz Ano Novo", em terras Lusas, fica-se pelo "Bom Ano". Por enquanto, no Velho Mundo não há a patrulha do pensamento positivo, não há a obrigação da boa energia. Aqui você pode ser triste e infeliz à vontade, ninguém te incomoda. Você pode percorrer em paz, a sua maneira, todo o caminho. E não há felicidade maior do que essa.

CAPÍTULO 8
NÓS EM NÓS MESMOS

"Nós não nos conhecemos; de nós mesmos somos desconhecidos – e não sem motivo. Nunca nos procuramos: como poderia acontecer que um dia nos encontrássemos?"

NIETZSCHE

Qual é a mais importante missão humana? A construção de nós mesmos.

8.1. *"Torna-te quem tu és!"*

Desde que surgimos no mundo, entra em marcha o nosso processo de autoconstrução. É como se nascêssemos aos pedaços e ao longo da vida fôssemos integrando as partes, como um quebra-cabeças. Se há segredos para a vida boa, grande parte deles certamente estão relacionados com a sabedoria para essa construção. Carl Jung diz que o maior trabalho social, político e espiritual que podemos fazer é integrar a nossa própria sombra e, assim, parar de projetá-la nos outros. A construção do homem só pode ser feita a partir do seu próprio centro. A pergunta é "como se faz essa construção?" Cada ser humano é único, portanto, o processo da autoconstrução também é único. Não há uma receita pronta. Porém, é possível apontar algumas contraindicações.

A primeira delas talvez seja a nossa predisposição para rejeitar o novo ou o diferente. Às vezes, passamos a vida inteira a evitar um caminho e no fim descobrimos que ele era exatamente o que mais precisávamos. A nossa maior realização pode estar em lugares totalmente desconhecidos para nós. Como descobri-los? Expondo-se a eles ou se relacionando com pessoas que percorreram outras trajetórias. O que poderia ser? Uma pessoa que vive uma realidade muito diversa da nossa, que exerce outras profissões, habita outra classe social, outra cultura... Muitos tem preconceito – e por isso medo – do diferente, do que não se compreende. Há quem se maravilhe e sinta uma grande revolução interior quando descobre afinidades com pessoas completamente diferente delas, como uma criança de oito anos ou um personagem de um livro de Dostoiévski.

Outro erro capital na autoconstrução é não ouvir a própria voz. O filósofo francês Michel Foucault cava ainda mais fundo nessa base, com a sua reformulação do "conhece-te a ti mesmo" para "saiba bem qual é a sua pergunta antes de se dirigir ao oráculo" (como já foi mencionado aqui). O não ter medo ou preconceito (em relação aos outros), é ainda mais valioso quando é exercitado sobre nós mesmos. Há pedaços seus que você considera malformados, feios, excessivos? Não finja que eles não existem. Converse com eles, aceite-os, lapide-os e, finalmente, integre-os. Há fantasmas que te assombram? Converse com eles. "Para ser grande, sê inteiro", recomenda o poeta Fernando Pessoa. Temos a tendência a negar algumas partes em nós porque julgamos incoerentes com outras partes. Uma parte de nós paralisa porque o nosso cérebro está sempre à procura de lógica e coesão. Esse é outro caminho a evitar. A vida é complexa, é impossível ter uma vida sem contradição. Aceite isso!

Há quem envelheça negando ou negligenciando pedaços que julgam contraditórios. Internamente, você os rejeita, mas eles não saem do lugar, continuam a orbitar à sua volta e vão te atormentar nas horas mais impróprias. É melhor aceitar que eles existem e mantê-los debaixo dos olhos. No futuro, quando a vida expuser toda a sua complexidade e você se sentir perdido, talvez esse seja o seu único pedaço capaz de te salvar.

O que poderia ser essa parte de nós que não aceitamos? A maldade, a inveja, a cobiça, a mesquinhez, a competição nociva... Penso que as mulheres aprendem essa lição mais cedo do que os homens porque a sociedade exige mais bondade das meninas do que dos rapazes.

Desde que eu me lembro, ouvi a recomendação para ser meiga e boazinha. E todos os dias presenciei – declarada ou velada – a maldade das "amigas" na escola. Nessas condições, como poderia sobreviver sendo boa? Eu precisava do meu lado mau para me defender. Como a educação continuava a bater na mesma tecla da "menina meiga", tive que lutar pelo meu lado mau, conquistá-lo, brigar para tê-lo comigo.

Precisamos, de uma vez por todas, encarar o nosso lado mau. É uma enorme contraindicação querer escondê-lo. Há quem, nesse momento, a menção do "lado mau" fez acender todas as luzes vermelhas do seu cérebro. Se é o seu caso, vá devagar. Os conceitos sedimentados têm muita força. Fale, então, com "o seu lado menos bom" ou como diz a canção do Rui Veloso, o seu "lado lunar".

Suscetibilidades semânticas à parte, na vida de todos os dias, as pessoas seguem exibindo o seu lado mau e cruel. Um momento de fúria? "Ah! Não conta. Não era eu. Eu estava fora de mim". A maioria segue negando e camuflando o seu lado "não recomendado", mas ele está sempre lá, velado, camuflado, como o comportamento passivo-agressivo.

Mesmo com todas as provas concretas, continua-se a negar o tal do lado lunar. Só os personagens do dramaturgo brasileiro Nelson Rodrigues assumem o "eu não presto". Assumir uma infâmia, uma vingança, nunca!

Nesse jogo de camuflagens todos perdem. Quem nega uma conversa dolorosa – mas verdadeira – desrespeita o outro na sua humanidade. Antes de mais, é preciso que se diga que o mal disfarçado é ainda mais violento do que o mal declarado, porque ele, muitas vezes, inviabiliza a defesa. Como se posicionar ou combater a falsa bondade, a manipulação, a agressividade encoberta, o egoísmo sutil, a ironia depreciativa, a indiferença velada?

E é só o outro que perde? Não. Quando não assumimos a nossa parte "não boa" (continuo a atender a suscetibilidades...), perdemos contanto com a nossa essência, caminhamos no sentido contrário do autoconhecimento e, portanto, em prejuízo para a nossa autoconstrução. E as consequências dessa prática podem ser altamente nocivas.

E aqui, um exemplo concreto: muitos soldados que estiveram na guerra desenvolveram o transtorno do estresse pós-traumático, e não foi porque presenciaram atrocidades ou foram vítimas de violência. A maioria das vezes, o que os traumatizou foi encarar o que eles foram capazes de fazer durante as batalhas. Como nunca olharam o seu lado escuro, não estavam informados e não foram capazes de lidar com o seu potencial destrutivo.

Tenho consciência de que essa prática é difícil porque vai contra a venerada psicologia positiva que impera nestes tempos. E aqui reforço o meu reconhecimento sobre as suas técnicas – inclusive sobre a saúde do corpo. A psicologia positiva tem todo o meu apoio, só não tem é a minha cegueira. Não existe nada no mundo que seja dividido entre o bom e o mau – nem as pessoas. Do mais ínfimo ser unicelular até aos organismos mais complexos, todos abrigam o caos e a ordem. O ser – que comporta o objetivo e o subjetivo da realidade e da existência – é formado por princípios contrários. O Yin e o Yang, os símbolos do taoísmo, condensam isso de uma forma belíssima. Comumente visto como feminino e masculino, eles vão além. São o dia e a noite, a novidade e a rotina, o conhecido e o desconhecido, o claro e o escuro, o mundo e o submundo. Simbolizam duas serpentes. A serpente negra, o caos, tem um ponto branco na cabeça. A serpente branca, tem um ponto negro na cabeça. Isso porque o dia e a noite, a ordem e o caos são intercambiáveis, um é a continuação do outro, no eterno círculo do devir.

O que ainda pode nos salvar é que conhecemos essa realidade do mundo de forma inconsciente, por isso, a nossa atração por histórias estranhas e surreais como a *Bela e a Fera* e o *Pinóquio*, com suas paisagens eternas do mundo e do submundo. Muitas coisas começam a se encaixar quando compreendemos conscientemente o mundo sob esses opostos. O polêmico pensador canadense Jordan Peterson afirma que é como se o conhecimento do corpo e da alma se alinhasse com a mente.

É exatamente sobre isso que os estoicos se referem quando dizem "viver conforme a natureza". É a mesma dinâmica. A natureza veste-se de forma diferente para cada estação. Deixa-se cortar, vive dias de adormecimento e exibe-se de forma exuberante na sua Primavera. Siga o exemplo. Nada teu exclua ou renegue. Integre todos os seus pedaços, abra a sua envergadura na capacidade máxima e exiba-se inteiro na vida.

Por que o homem moderno está ansioso e só?

8.2. *A angústia existencial segundo Sartre*

Não há como não se encantar com as conquistas da sociedade ocidental. Da revolução científica ao Estado de direito. Da sociedade de consumo à ética do trabalho. Neste início do século XXI, não somos mais assombrados pelas intempéries, temos meios de transporte eficientes e contamos com várias máquinas que facilitam a nossa vida. Na singularidade humana, não poderia ser melhor. Há cerca de 200 anos, os existencialistas decretaram a nossa independência. Somos livres, senhores do nosso destino. E já interiorizamos esses conceitos: acreditamos que cada pessoa é responsável pelo que é e pelo que lhe acontece. Sartre constatou que não apenas somos livres, mas que estamos condenados à liberdade. "Quando tomo uma decisão, percebo – com angústia – que nada me impede de voltar atrás", diz ele. E a ação dos outros na nossa vida? São infernais, diz Sartre. Mas não importa. "Não somos aquilo que fazem de nós, mas o que fazemos do que fizeram de nós".

E essa é uma crença generalizada. Os políticos – da esquerda e da direita – vendem a ideia de que construirão uma sociedade onde cada um poderá tornar-se nisto e naquilo. Os gurus de plantão dizem que "sim, você pode", a sabedoria popular afirma que "querer é poder". É lindo pensar num mundo maleável, onde as pessoas se reinventam, independentemente das suas posses, de quem são seus pais ou do lugar de onde vieram. Entretanto, visto de perto, não é bem assim. Não há como fugir da constatação de que sempre haverá hierarquias, pessoas que mandam e pessoas que obedecem.

Sempre haverá a tensão vertical. Conceito do filósofo alemão Peter Sloterdijk que afirma que tudo "puxa para cima", polariza. Onde houver uma comunidade, por menor que seja, haverá pessoas se sentindo inferiores e pessoas se sentindo superiores, seja pelo status financeiro, social, habitacional, intelectual. E não faltará um emissário para apontar que quem está na camada inferior, está lá porque é incompetente ou porque não tem energia necessária para uma posição melhor.

E para compor o quadro, a festejada liberdade do homem contemporâneo comporta um reverso penoso, um "preço a pagar": ele está muito só. E quem é esse homem, por sua conta e risco, livre, flexível e sozinho? É um adolescente impulsivo e romântico. A sociedade atual é maioritariamente constituída por pessoas com esse perfil: imaturas, egocêntricas, sem respeito pelo outro, sem tolerância à frustração, sem paciência para o conhecimento, sem brio. E quando a imaturidade encontra a liberdade, o resultado está à vista. Hoje temos uma sociedade sem rumo, ansiosa e deprimida, como comprovam o aumento de casos de ansiedade e depressão.

Muitos pensadores, como o francês Edgar Morin, creditam esses males à "complexidade dos valores modernos". Para ele, essa complexidade tem gráfico ascendente e a capacidade do homem de lidar com ela, um gráfico descendente. Podemos enumerar muitos motivos para o declínio do homem atual. O cultivo da sabedoria – uma ferramenta-chave para a vida – foi totalmente esquecida. Virou um termo anacrônico, coisa para pedantes, "para gente velha"... visão comum de uma sociedade que, claramente, se afastou do pensamento crítico e da reflexão.

A parte visível do iceberg são a futilidade e a superficialidade das redes sociais e a sua cultura do "*like you*" e "*like me back*". Outra parte, deve-se à educação familiar. De onde vem, por exemplo, essa certeza absoluta de que temos de ser belos, amados e importantes? O nipo-brasileiro, Içami Tiba, psicólogo da infância, bateu – até a exaustão – na tecla de que não devíamos educar as crianças como troféus, bibelôs ou uma nova riqueza. As crianças são adoradas e, por isso, carregam a experiência do que é ser muito especial em determinada fase da vida. Claro que há crianças maltratadas, mas a maior parte das pessoas tem um sentimento de onipotência que foi ensinado na infância. Elas são o centro das atenções, crescem, deixam de ser o foco e transformam-se em adultos birrentos e inadequados. Chegam à sociedade, ao mercado de trabalho e ficam sem chão.

O resultado é um adulto angustiado. Há homens (e mulheres) que chegam aos 50 anos e acham que tudo o que fazem é belo e bonito e deveriam ser recompensados. Para quem está com taquicardia (paira no ar uma aversão à palavra imaturidade), deixo aqui a visão generosa da psicanálise. Ela afirma que o adulto será chamado "adulto", mas sempre terá muitos períodos, incluindo a infância, a existirem simultaneamente dentro de si. Não é um insulto, é só a realidade. Porém, há hoje um exagerada predominância da vivência infantil.

Sem sabedoria, sem sentido crítico, com lentes inadequadas para ler o mundo, nem sequer sabemos o que nos traz felicidade. A satisfação humana é sofisticada e complexa. Podemos ter um excelente trabalho, mas se não somos respeitados pelo nosso superior, já não somos felizes. Podemos possuir uma bela casa, mas se vivemos numa sociedade intolerante e delinquente, a satisfação vai a pique.

E para mostrar que a filosofia é mesmo o terreno da lucidez, ela tem um ponto clássico: os cérebros humanos são dignos de pouca confiança. Julgamos que ele nos dá informação rigorosa, mas não é verdade. Nós realmente não compreendemos as outras pessoas; não compreendemos a nós mesmos. E tudo é muito mais perturbador e complexo do que imaginamos. O resumo da ópera é que estamos sozinhos; em estado de permanente ansiedade; com um cérebro pouco confiável e habitando um mundo complexo onde cada área – a cada dia – oferece uma solução diferente. A nossa missão é buscar sabedoria, ter cuidado, pensar, parar, analisar, fazer escolhas, agir, reavaliar...

Boa sorte!

Por que somos assim? As más notícias sobre a natureza humana.

8.3. Insensíveis, sádicos, dogmáticos e vaidosos

As interrogações sobre a natureza humana atravessam os séculos. Os seres humanos são criaturas essencialmente gentis, sensíveis e de boa índole ou maus, vaidosos, vingativos e egoístas? A filosofia sempre oscilou. Para Rousseau, o homem nasce bom, o mau é produto da civilização corrupta. Para Thomas Hobbes, a natureza humana é a única responsável por a vida ser "solitária, pobre, sórdida, embrutecida e curta". Como não há respostas fáceis, há uma espécie de pacto de cooperação entre as ciências para desvendar o mistério. Recentemente, com o desenvolvimento científico e a possibilidade de mapear o cérebro humano, a neurociência tomou a frente. O neuropsicólogo Christian Jarrett, autor de livros como *The Rough Guide to Psychology* e *Great Myths of the Brain* (não traduzidos para a língua portuguesa), dedica-se a buscar respostas para o "por que somos do jeito que somos?". Reúno aqui algumas de suas descobertas. Preciso acrescentar que todos os dados foram recolhidos de experiências com voluntários, pessoas da sociedade civil.

"Somos mesmo solidários com as minorias?" Por conta das ondas migratórias e refugiados, essa é uma pergunta muito oportuna. Quando olhamos para o passado, ficamos perplexos diante da crueldade dispensada à escravos e índios cativos; e os atos do nazismo nos aterrorizam até hoje. Perplexos, questionamos como foi possível tamanho horror? A ignorância dos tempos pode aquietar a razão, como a crença de que índios e negros não tinham alma, portanto, não eram completamente humanos. Mas e os assassinatos em massa do nazismo e dos regimes comunistas? Tratar homens como menos humanos em pleno século XX foi fruto de uma coincidência trágica que reuniu vários líderes sádicos e malignos? O pensamento é de que esses algozes não eram como nós. Um engano. Em Munique, abril de 1945, a impressa local registrou que quando as tropas do exército dos EUA libertaram os prisioneiros do campo de Landsberg, o general Taylor ficou impressionado com as atrocidades cometidas ali. Horrorizado, obrigou os alemães da localidade – civis e militares – a enterrarem os corpos espalhados com as suas próprias mãos nuas. Mas o seu horror maior foi testemunhar o riso de duas jovens alemãs diante do macabro cenário. Como castigo, o general obrigou-as a passar a noite no campo com os mortos e presenciar os enterros nos dias seguintes.

De volta aos estudos. E vale salientar que aqui o que está em causa são máquinas medidoras do cérebro e não questionários passíveis de manipulação. Qual é a resposta captada pelos estudos de Christian Jarrett? Não ligamos a mínima para refugiados e outras minorias desfavorecidas. Um estudo de mapeamento cerebral revelou que um pequeno grupo de estudantes exibia menos atividade neuronal – pensamentos – ao contemplar fotos de sem-teto ou de viciados em drogas em comparação com indivíduos de status mais elevado. Outro estudo mostrou que as pessoas que se opõem à imigração árabe tendem a classificar árabes e muçulmanos como literalmente menos evoluídos que a média. Pesquisas mostram que jovens desumanizam os idosos, homens e mulheres desumanizam mulheres bêbadas. Preconceitos sociais? Não. Estudos apontam que a inclinação para desumanizar começa cedo – crianças de até cinco anos veem os rostos de outras etnias como menos humanos do que os rostos do grupo a qual pertencem.

Mas... o riso das jovens alemãs não demonstram um certo sadismo? Somos sádicos? Sim. Nós, humanos, também temos uma "veia sádica". De acordo com um estudo publicado no British Journal of Developmental Psychology (2013), sentimos pela primeira vez o prazer pela angústia de outra pessoa aos quatro anos de idade. E mais: o sentimento é intensificado se a criança perceber que o outro é merecedor do sofrimento.O estudo entitulado *Daniel caiu em uma poça de lama – schadenfreude ou simpatia?* revelou que, aos seis anos de idade, as crianças preferem pagar para assistir um vídeo de um boneco antissocial levando pancadas do que gastar o dinheiro em adesivos. Alguns poderão dizer que o que está em causa aqui é o senso de justiça, a crença no karma "está pagando por algo que fez" ou o popular "cada um tem o que merece". Seja qual for a capa do argumento, a verdade é que na nossa camada mais profunda, somos indiferentes ao sofrimento alheio porque "assumimos" que os oprimidos do mundo merecem o seu destino.

Assim, sem refletir, sem verificar? Exatamente.

Em um desses experimentos, citado por Christian Jarrett, uma hipotética aluna foi punida com choques elétricos por respostas erradas. Numa segunda fase, alunos observadores – cientes do castigo – mostraram-se indiferentes quando perceberam que a veriam sofrer novamente. E ficavam ainda mais indiferentes quando sentiam que não podiam fazer nada para minimizar o sofrimento da aluna castigada. Em outros experimentos similares, demonstrou-se a mesma disposição em culpar sumariamente os pobres, as vítimas de estupro, os doentes com síndrome de imunodeficiência adquirida (Sida), entre outros. A razão? É a forma que o nosso humano cérebro encontrou para se autopreservar. É um mecanismo de defesa que reforça a nossa crença de que o mundo é um lugar justo. Uma espécie de paracetamol da existência.

Um outro estudo perguntou: somos cegos e dogmáticos e temos horror a mudar de ideia? Sim. Somos. Essa resposta você sabia. Afinal todos temos ciência das crenças falsas e sabotadoras que carregamos. Se somos seres racionais, não bastaria apenas confrontar essas crenças com alguns fatos relevantes para corrigi-las? Se identificamos esses padrões e seus males, por que é preciso inúmeras seções de psicoterapia para extirpá-los? Também essa resposta está na categoria de paracetamol da existência. Um estudo sobre a pena de morte mostrou que participantes convictos contra ou a favor da pena de morte ignoravam – e queriam permanecer ignorando – fatos que contrariavam a sua posição. E por quê? O estudo mostrou que enxergamos fatos opostos como ameaças ao nosso senso de identidade. Acabou? Não. Para facilitar essa tarefa ordenada pela biologia, a neurociência descobriu que temos uma percepção positivamente exagerada sobre o nosso entendimento do mundo. E, pior, acreditamos que as nossas opiniões são superiores a dos outros. Ora, se acreditamos que nossas opiniões são superiores, fechamos o assunto e não procuramos e nem queremos ouvir o ponto de vista dos outros. Afinal, o popular "não sei, não quero saber e tenho raiva de quem sabe" está provado cientificamente.

Ok. Somos egoístas, sádicos, dogmáticos e excessivamente confiantes... mas equilibramos com um pouco de autoconhecimento e humildade? Difícil, porque também caminhamos com a vaidade. Somos extremamente vaidosos. Temos uma visão inflacionada sobre as nossas habilidades e qualidades. E há três grandes blocos – humanos, demasiados humanos – revestidos com o plástico resistente da vaidade: a habilidade para conduzir veículos (carro, moto ou bicicleta), a inteligência e a capacidade para atrair um parceiro, o *sex appeal*. O resultado de um estudo sobre a vaidade revelou que cada um de nós vive num micromundo perfeito, onde "todas as mulheres são bonitas, todos os homens são fortes e todas as crianças estão acima da média". Mais uma vez, a razão é a autodefesa. E além dessas três "perfeições", há outras más notícias? Há. No que toca a moralidade, a vaidade é extrema e irracional. Temos uma crença irreal de que somos éticos e justos. O estudo mostrou também um dado para lá de irônico: os menos qualificados são os mais propensos à vaidade excessiva. Mesmo na cadeia, criminosos acreditam que são mais gentis, mais confiáveis e mais honestos do que os seus vizinhos de cárcere.

As redes sociais mostram com estrondo essa faceta humana. Diante de uma notícia, há um batalhão rápido e agressivo – e daí o nome "viral" – pronto a condenar as falhas morais dos outros. O que diz o estudo? Bem, tenha cuidado. A rapidez no gatilho para condenar tem uma única explicação: aqueles que apontam o dedo têm uma visão muito clara das suas próprias transgressões. Rapidamente, identificam o problema em si mesmo e se sentem culpados. Mas como resolver? "Vou combater os outros primeiro, depois, só depois vou tratar de mim". É a hipocrisia em estado puro. O estudo é complementado por um fenômeno muito conhecido da psicologia social, a assimetria ator-observador, que indica que fazemos atribuições diferentes, dependendo do fato de sermos os atores ou os observadores em uma situação. Somos muito mais tolerantes com o mal que praticamos – e também dos que nos são próximos, como os familiares – do que com o mal praticado por estranhos. O que o estudo não explica é porque o grau de intolerância e julgamento severo para com o pensamento e o comportamento do outro está subindo de tom no mundo inteiro. Ou será que sempre foi assim e agora só é mais visível.

Todos os dias testemunhamos esses exemplos nas redes sociais. Qualquer assunto negativo tem um grande potencial viral através dos *haters*. E aqueles que odeiam – geralmente anônimos – têm um efeito de avalanche: levam tudo pela frente. Recentemente, esse mundo virtual, não contente em odiar, agora também fabrica monstros, como o *troll*. Eles são tantos e tão ativos que o "trollar" virou verbo. Trata-se de uma gíria da internet para nomear o usuário que com seus comentários injustos e ignorantes enfurecem pessoas e inflamam discussões nas redes sociais. O perfil de um troll vai desde o mais rude e ignorante até o mais erudito. O objetivo desses seres é desestabilizar o interlocutor e levá-lo à fúria para depois destruir seu argumento, desqualificá-lo e abalar sua reputação. Para o troll, a reação a um comentário polêmico é considerada uma diversão. Eles sentem um grande prazer em provocar indignação, em observar o desequilíbrio emocional e mental das pessoas. Cereja no topo do bolo: eles adoram autopromoção. A má notícia: todos temos um troll dentro de nós, pronto a dar o ar da sua graça.

O que ocorre é que a desinibição e o anonimato, proporcionados pelo mundo virtual, é um palco irresistível para o sadismo cotidiano e o comportamento não ético. Isso explica mais um dado verificado: pessoas de mau humor "trolladas" são mais propensas à ruptura da etiqueta e da conduta civilizada, isto é, têm tendência a revidar e trollar também. O resultado é o efeito bola de neve. Isso explica por que um simples "tuitar" pode se transformar numa batalha campal. E já agora, a gíria foi inspirada no troll, uma criatura antropomórfica do folclore escandinavo. Reza o mito que o deus Odin perguntou ao rei dos trolls o que era necessário para que a ordem vencesse o caos. O rei dos trolls respondeu: dê-me um olho teu que eu conto.

Odin arrancou um olho e entregou ao rei dos trolls e ele então respondeu: "o segredo é manter os dois olhos bem abertos".

Talvez você encare esses estudos neurocientíficos como a confirmação dos seus piores pesadelos e sinta um súbito mal-estar. Não é essa a ideia. São informações que nos ajudam a compreender como funcionamos. Você não precisará mais se sentir perplexo diante da pergunta "porque pessoas boas fazem coisas más?" e nem ficar desorientado quando ouvir o relato das coisas terríveis que um conhecido foi capaz. Para os mais práticos, essas informações servem como um pré-aviso para minimizar futuras decepções, um diminuir de expectativas. Mas, sobretudo, é a base para a evolução pessoal, pois só reconhecendo as deficiências é que conseguimos corrigi-las. É um conhecimento que nos ajuda a caminhar pela vida com sabedoria; uma bússola que pode mostrar a direção para o melhor da nossa natureza.

A ansiedade é também uma doença física.

8.4. Atitudes estoicas contornam esse mal moderno

A ansiedade é um estado natural e desejável. Faz parte do nosso sofisticado sistema de defesa. Ela surge no presente, no instante da vida vivida, para alertar que algo não está bem e que precisamos corrigir. No seu estado bruto, trata-se de uma decisão simples: lutar ou fugir. Demora breves segundos, apenas o tempo para avaliar o tamanho do inimigo. Sou capaz de enfrentar ou devo fugir em abalada carreira?

Ocorre que na modernidade esse mecanismo de defesa transformou-se em um problema. As opções aumentaram em número e complexidade. Mais ansiedade. Podemos escolher onde e como viver, com quem namorar/casar, com o que e onde trabalhar. Mais ansiedade. E junto com as possibilidades é preciso não perder de vista também suas consequências – a maioria delas, fora do nosso raio de atuação. Mais ansiedade. E diz-se que essas consequências são responsáveis pelo nosso sucesso ou fracasso, satisfação ou aflição, alegria ou tristeza. Carga máxima de ansiedade. E, efeito secundário assustador: essas escolhas nos expõem a julgamentos, nos definem... Ansiedade fora da escala.

Pegue o que quiser

Vivemos numa cultura que diz que devemos ser magros, jovens, saudáveis e bem-sucedidos e que para isso basta fazermos as escolhas certas. Mas quais são? As livrarias estão cheias de livros que ensinam quais são as melhores para enriquecer, ter o parceiro perfeito, o corpo saudável, ser feliz para sempre. Riqueza, saúde, amor estão ao alcance de todos. Na internet, mais opções jorram e a ansiedade continua. Você já se deu conta da quantidade de *coaches*, consultores, gurus, *influencers*, mentores etc.? Para tudo, e nas mais diversas categorias, desde o inglês fluente em 30 dias com PNL – que te abrirá as portas para o mundo – até o *loving coach*, a versão digital do "trago a pessoa amada em 10 dias".

Como vivemos dentro de nós com toda essa liberdade? Muito mal. O excesso de oferta sobrecarrega a mente, perturba e traz angústia. Na filosofia, os existencialistas foram os primeiros a mapear esse terreno. Kierkegaard descreve a ansiedade como uma espécie de vertigem do livre-arbítrio, a angústia de se ter, à frente, mais de uma possibilidade. E Sartre eliminou qualquer possibilidade de fuga: o homem está condenado a escolher. Mesmo que ele decida não escolher, essa também já é uma escolha.

É dito que devemos estar no comando, que temos o poder de controlar a nossa vida. E quanto mais poder de controle, mais abrimos espaço para a ansiedade. Eis a face negra da nossa liberdade. E acabamos por funcionar num ciclo fechado. A crença de que "temos o poder" gera expectativas; seguidas de frustração, vergonha e baixa autoestima. E isso porque num mundo com todas as possibilidades e liberdade de escolha, quem não for bem-sucedido recebe o rótulo de fracassado. E se não fez as melhores escolhas, é incompetente, portanto, está no lugar que merece. Eis o lado perverso da meritocracia.

Ah! E esse raciocínio serve para tudo, até para a sua ansiedade. Se numa entrevista de emprego, você se mostrar ansioso. Adeus emprego. A leitura que farão é: se esse indivíduo não é capaz controlar a ansiedade numa simples entrevista de emprego, não serve para o desafiante mercado de trabalho.

Muitos pensam que a ansiedade é um mal menor. Coisas da cabeça do ansioso. Não é. A ansiedade não é um apenas um mal psíquico, é um mal físico também. A ansiedade surge primeiro na mente, espalha-se e invade corpo. Biologicamente, quando sentimos ansiedade, há uma ativação intensa em uma das regiões mais primitivas do cérebro, a amígdala – responsável pelo mecanismo de medo e a resposta fuga ou luta – presente em qualquer espécie. Até aqui tudo bem. É um mecanismo do presente e que atua no presente.

Ocorre que nós temos o córtex pré-frontal, a parte mais evoluída do cérebro, nosso diferencial humano, responsável pela perspectiva, pela capacidade de analisar escolhas e planejar o futuro. E é aqui o problema. Enquanto os animais vivem a ansiedade do instante presente, nós, com a nossa maravilhosa habilidade de imaginarmos o futuro, temos também por aquilo que ainda não é, mas que imaginamos. Aqui, a razão pela qual a ansiedade que era para durar alguns instantes, perdura por dias ou semanas. Ela é alimentada pelo futuro. Não tem uma materialização real, acontece apenas na mente.

Mas enquanto a mente está sofrendo no futuro, onde está o corpo? Sofrendo no presente, num misto de reação química e sensação de morte. Primeiro, começa por libertar uma série de hormônios – a adrenalina, principalmente – que acelera os batimentos cardíacos (taquicardia e falta de ar); oprime o peito e inibe o sistema digestivo (boca seca) e trabalha para evitar o aquecimento excessivo do corpo (sudorese). Eis o retrato falado da crise de ansiedade. A origem da crise de ansiedade é muito rápida, mas os efeitos no corpo prologam-se no tempo. A taquicardia oprime o peito e danifica o coração, a tensão atinge os músculos causando dores generalizadas e – para alguns – tem início uma dor de cabeça que dura dias. Uma dor que o paracetamol 1000 não consegue travar.

Altera-se toda a fisiologia e há um grande desgaste do corpo. Infelizmente, um trabalho inútil já que o corpo se prepara para um combate que não acontecerá no mundo físico. Quando esse quadro é crônico, há a necessidade de medicação. A ansiedade quando não tratada traz males psíquicos como transtornos, fobias e síndromes, como a do pânico. Em nível físico, a fragilidade é geral, principalmente para o coração. O ansioso tem quatro vezes mais probabilidade de morrer de cardiopatias, sendo o infarto do miocárdio a mais comum.

Dessa forma, a ansiedade não é apenas um mal psicológico, é uma doença física como outra qualquer. Como travá-la? Antes de chegar a fase do medicamento – e mesmo com ele – é possível controlar a ansiedade com pequenas mudanças de atitude e comportamento. A sabedoria estoica recomenda o alívio da carga. Não se preocupe com tudo. Faça uma lista do que realmente merece a sua preocupação e concentre-se nela. Não perca tempo com o que você não pode controlar, concentre-se apenas no que depende de você. Para todo o resto, baixe o nível de expectativas; aceite que as coisas podem não sair como você imagina e pense em alternativas. O comportamento das pessoas é a sua maior fonte de ansiedade? Baixe as expectativas. Sou uma adepta incondicional do pensamento estoico. Marco Aurélio, recomendava que, ao despontar da aurora, se fizesse essas considerações prévias: "Hoje depararei com um inconveniente, um ingrato, um insolente, um mentiroso, um invejoso e um solitário". Isso é baixar as expectativas. Atenção, os estoicos não são pessimistas. Se é necessária uma denominação, eu prefiro classificar o estoico como um "realista esperançoso".

A redução da carga mencionada pelos estoicos também diz respeito ao que a sua mente consome. Nunca fomos tão expostos às informações sobre os males do mundo. Proteja-se! Antecipe-se à ansiedade. Se tem algum assunto que faz disparar o seu alarme interno, evite-o. Se tem alguma área da sua vida que te tira o seu sono, peça ajuda, aconselhe-se com alguém de confiança. Não tem. Procure um profissional.

Não é possível eliminar a ansiedade. O que é possível é dosá-la à medida da nossa capacidade. Ela diminui quando há o enfrentamento direto do problema. Não pense em eliminá-la. Ela é uma proteção. Afinal, para a filosofia existencialista – assim como para a psicologia – a ansiedade não é negativa. Ela denuncia quando as coisas não estão bem, funciona como um motor para o que precisa ser feito. E, o melhor de tudo, ela é uma ligação direta para a nossa força interior, para o nosso melhor.

Perplexidade e decepção diante das próprias atitudes?

8.5. Monistas reafirmam: *não estamos no comando*

Arrependimento e perplexidade são integrantes ativos da nossa psique. "Não acredito que eu fiz aquilo" e "não sei o que me deu" são exclamações mais frequentes do que gostaríamos. Mas apesar dos inconvenientes, estamos resignados. Aceitamos que é da nossa natureza, que não conseguimos fazer diferente, que foram os nervos, que somos estúpidos...

Talvez, grande parte da incompreensão das nossas atitudes venha da crença enraizada de que somos seres racionais. A certeza de que somos formados por uma mente (ou alma) que comanda o corpo faz parte do senso comum. Porém – pelo menos na filosofia –, há divergências. Desde os primórdios das tentativas de explicar o homem, esse é um desacordo estrutural. A discussão começou com os pré-socráticos e está acesa até hoje. Afinal, do que é feita a natureza inefável do homem?

A resposta comporta uma batalha entre titãs. De um lado, estão os filósofos – Platão, Santo Agostinho, Descartes, Kant –, que acreditam que o homem está dividido em duas partes: o corpo e a mente, ou, o corpo e a alma. São os dualistas. Do outro lado – Demócrito, Espinosa, Nietzsche, Freud –, os filósofos que afirmam que o homem é uno. É um corpo. Uma entidade. Uma unidade. Seja qual for o nome, é uma substância única.

Além dessa cisão de unidades, há ainda uma questão de hierarquia. Mais do que dividir o homem, a teoria corpo+alma defende a soberania da alma em relação ao corpo. A alma é superior, é a ligação ao divino. O corpo é a nossa parte animal, instintiva, menor; que atrapalha, que deve ser contida pela sábia e civilizada alma.

E como é dura a batalha contra as demandas do corpo! Você está de dieta e o corpo pede milhares de calorias; você fez a matrícula no ginásio e o corpo insiste na posição horizontal; no banco, um cliente discute com o funcionário, não é com você, mas o seu corpo insiste em descarregar adrenalina. E nas relações, terreno da libido, a luta não é menor. A alma assumiu uma relação monogâmica, jurou fidelidade no altar, mas o corpo teima em negar o compromisso assumido.

Na sociedade, a expectativa é a mesma. Exige-se que a alma controle o corpo e se ela não o faz, senta-se no banco dos réus. Em casos de infrações e crimes, a alma é escrutinada – se premeditou, se teve a intenção – e é punida. Para não dizer que o corpo é completamente renegado, o sistema jurídico faz uma espécie de "atenção" em alguns casos. O furto famélico ("subtrair" comida) e a agressão em legítima defesa podem não ser considerados crimes. Sabendo dessa brecha na lei, algumas almas infratoras tentam "culpar" o corpo, com a alegação de privação de sentidos com "eu não me lembro de nada". Isto é: minha alma não viu o que o meu corpo fez. Essas são exceções, regra geral, a justiça pune a alma e suas decisões. Ela é a responsável máxima.

E como o assunto é complexo, entre os adeptos da divisão corpo e alma também há discordâncias. Alguns acham que a divisão existe, mas discordam da soberania: quem manda mesmo é o corpo. Um exemplo é o pessimista-mor Schopenhauer. Para ele, o intelecto (a alma) nem sequer tem acesso ao laboratório secreto onde o corpo articula suas decisões. A alma é apenas uma confidente do corpo, mas uma confidente que nunca chega a estar a par de tudo. Opinião também partilhada pelo filósofo Michel Montaigne. Para ele, a mente é subserviente ao corpo.

E o que pensa a outra metade da filosofia, os monistas? Para esses, não há a divisão corpo e alma. O homem é um só. Só há o corpo.

E não há comando? Há. O corpo que deseja é o mesmo que delibera. Se você, acometido de uma intensa inclinação, tem a oportunidade de algumas horas de aventura com um desconhecido(a) e declina o convite em nome de uma fidelidade prometida. O veto não veio da mente sábia e soberana. O que ocorreu foi que o corpo teve a pulsão 1 (apetência em direção ao desconhecido) e, em sentido contrário, veio a pulsão 2. A pulsão 2, mais forte, venceu a pulsão 1. (E, geralmente, essa pulsão mais forte atende pelo nome de medo).

E as dúvidas que paralisam a nossa mente? Elas também podem ser chamadas de pulsões opostas e excludentes. Há pessoas que estão imersas na preguiça, sem forças para avaliar as suas pulsões, sem o hábito da reflexão e sem gosto pelas decisões... Resultado: passam a vida em cima do muro. Nunca tomam decisões importantes, nunca assumem compromissos, nunca se casam, nunca iniciam um projeto sonhado, nunca se aventuram. Vivem na confusão das pulsões do corpo.

Eu não sou dogmática, enxergo qualidades em todas as teorias, mas o leitor poderá refletir sobre algumas situações e escolher de que lado ficar. A experiência humana tem a tendência em admitir o primado do corpo apenas quando ele falha, como no caso das doenças. Todas as almas já experimentaram o poder de nocaute de uma infecção intestinal ou um quadro febril. Porém, avalie o corpo também à luz da normalidade. Pense no médico que conhece *in loco* os males do tabaco e mesmo assim não consegue deixar de fumar. Quem está no comando? O intelecto bem-informado do médico ou o corpo viciado em nicotina? E quando o corpo (ou uma parte dele) faz uma escolha radicalmente contra a mente? Montaigne – que escrutinou as razões do seu corpo na mesma proporção com que o fez com o seu pensamento – lamentou as agruras da desobediência universal e inoportuna do membro masculino, "que distende e fica ereto quando não queremos que fique, e que não tem escrúpulos em nos decepcionar quando mais precisamos dele".

Portanto, quando o imponderável pairar sobre a sua cabeça, reflita sobre o que lhe vai na alma, mas também preste atenção ao seu corpo. Escute o que ele tem a dizer. Você não precisa optar entre o seu corpo e a sua mente, você pode tentar integrar os dois. Penso que é sobre isso que Fernando Pessoa se refere no poema "Para ser grande, sê inteiro: nada / Teu exagera ou exclui / Sê todo em cada coisa. Põe quanto és / / No mínimo que fazes / Assim em cada lago a lua toda / Brilha, porque alta vive."

O que fazer quando o inimigo mora dentro de nós?

8.6. *Equilíbrio e consolo para o caos interno*

Desde sempre somos aconselhados a escutar a nossa voz interior. Precisamos estar conectados com nós mesmos, observar o que nos vai na alma. O propósito, a felicidade, a plenitude... todas as experiências que fazem a vida valer a pena têm esse pré-requisito: precisamos nos escutar. Quando vêm os desafios, as escolhas difíceis ou temos que lidar com perdas dolorosas, mais do que qualquer ajuda externa, precisamos da nossa voz interior. É dela que vem tudo o que sabemos, a nossa reserva racional e emocional. E ela que nos recorda as nossas armas e a nossa força. E é ela também que serena a nossa mente e nos conforta.

Mas o que fazer quando essa voz ao invés de nos guiar ou acalmar os nossos medos, decide se voltar contra nós? Você diz: "foi melhor assim" ou "já sabia que o desfecho seria esse". E a voz interior discorda: "não, não foi melhor. Você foi incompetente, deveria ter feito isso e aquilo". "Você é um caso perdido". Essa conversa interna é muito frequente e, às vezes, ela acontece em voz alta. Entretanto, há um cenário ainda mais grave: quando a voz interior sai do controle. Quem já experimentou consolar alguém transtornado sabe do que estou falando. Essa cena também acontece dentro da nossa cabeça.

E perceba que aqui eu não estou a falar em sentido figurado. A voz interior não é uma alegoria para o ato de pensar, ela é parte importante do nosso eu consciente e já há várias investigações sobre o seu funcionamento. Em 1920, o psicólogo russo Lev Vygotsky divulgou um estudo sobre como a criança "cria" desde muito cedo a sua voz interna e como ela tem um papel decisivo na sua formação. Nas brincadeiras imaginárias, a voz interna ajuda a orientar o comportamento, a aprendizagem e o autocontrole. Primeiro, a criança aprende a repetir o que diz a sua voz interna. Ela fala sozinha. Depois, a criança personaliza a voz, o amigo imaginário. Com o desenvolvimento, a voz interna transforma-se em duas. Aqui o retrato das nossas contradições internas que mostra uma voz boa e outra má. Um anjo e um demônio que nos aconselham, como é largamente difundido na cultura. Mais tarde, o nosso repertório aumenta e assumimos que a voz interna é múltipla. Afinal, descobrimos muitas vozes dentro de nós.

Em períodos em que estamos mais sós e, portanto, mais disponíveis, essas vozes internas são mais audíveis. Não. Você não está enlouquecendo. Você não está ouvindo conselhos do seu micro-ondas ou críticas da sua torradeira. É a sua própria voz, uma espécie de comentarista interno que narra para você mesmo as suas experiências e descobertas. Mas há razão em se preocupar. Profissionais da área, em sua experiência clínica, atestam que pessoas com quadro de esquizofrenia, bulimia nervosa e autismo são propensos a escutar várias vozes em simultâneo. Sobreviventes de tentativas de suicídio relatam que foram empurrados para o ato por "vozes". A regra é: quanto menos normalidade, mas aumenta o caos de vozes.

Mas nem todas as "alucinações auditivas" são patologias. O caos sonoro também surge quando estamos sob estresse – daí o difícil autocontrole nos momentos difíceis. Um exemplo prático – e ainda dentro da normalidade – é quando viajamos. Várias vozes emergem, cada uma a tentar controlar as múltiplas tarefas. Uma voz diz: "há que pesar a mala". Outra: "tenha o passaporte em mãos". Outra: "cheque a porta de embarque". Por isso, nas situações de estresse ficamos desnorteados, como se fôssemos solicitados por várias pessoas ao mesmo tempo. Aqueles que estão sob o efeito de aditivos também experimentam o comando de várias vozes em simultâneo. Usuários de LSD relatam que "vozes" repetem continuamente avisos de perigo.

Patologias à parte, a normalidade – crises, perdas e cenários de insegurança – também pode transformar o "diálogo interno" num caos. Você está seguindo a sua vida, tentando digerir as suas perdas (ou crises, ou inseguranças) da melhor maneira possível e uma voz se levanta: "você sabia que isso iria acontecer – era só uma questão de tempo". Uma outra reforça: "pelo amor de Deus, como você foi negligente com a sua vida!" Outra grita: "engole o choro, seja racional". Outra voz recua: "eu penso isso, mas não sinto isso". Outra está indignada: "ah! Você sabia, sempre soube". Outra voz assiste a tudo e declara: "não há saída". Outra voz, completamente exausta, diz: "está tudo perdido"... E as vozes se repetem numa espécie de *looping*. É óbvio que poucos se dão conta dessas etapas porque elas são muito rápidas – a velocidade vai muito além da verbalização. Elas acontecem num ritmo médio de quatro mil palavras por minuto – 10 vezes mais rápido do que a fala verbal e muito mais condensadas porque não precisam de frases completas. Afinal, sabemos o que queremos dizer.

Acaba aqui? Pode acabar – essas pequenas batalhas fazem parte da psique humana. Porém, pode extrapolar o limite da normalidade e transformar-se em ansiedade e depressão. Nesse caso, é necessário ajuda profissional, tomar medicação para travar os danos ao corpo. É preciso ter a consciência de que esse é um abrigo para a chuva. Você não poderá ficar lá muito tempo. Mais cedo do que imagina, você precisará voltar para casa. Sessões de psicoterapia podem ajudar no controle dessas vozes. Há quem aconselhe uma espécie de fuga da mente e refúgio no corpo, como a meditação e o exercício físico. É fácil se concentrar no corpo – principalmente quando ele está em movimento ou quando observamos o seu pulsar. Aliás, uma das marcas revigorantes – e até viciante – do esporte é a sensação de que a mente racional nos dá uma trégua. Pode-se ler, ouvir música, ver um filme. É como se você obrigasse a mente a seguir as vozes de outras pessoas. Mas é uma solução temporária, assim que cessarem essas atividades, o ruído mental voltará com força redobrada. O desconforto não vai embora, continuará lá à sua espera.

Então não há saída? Pode haver uma saída possível. E agora incorro aqui na parcialidade. Por defeito e por gosto, considero a filosofia o melhor dos remédios. Ela pode trazer para o diálogo interno, falas que guiam, consolam e harmonizam. Quando as vozes internas acenam com solidão e desespero, a filosofia pode trazer vozes de força e de esperança. Não a esperança passiva e simplória, mas a esperança com lucidez.

A filosofia pode ainda nos mover para uma distância segura – nem que seja os dois metros em vigor. Em *Além do Bem e do Mal*, Nietzsche afirma que "se você olhar tempo demais para o interior do abismo, o abismo olha de volta para você". O distanciamento proposto por Nietzsche também pode ser uma estratégia para que as vozes do desespero não deixem sequelas ou que não nos transformem em seres marcados e amargurados. "Aquele que combate monstros deve cuidar para que ele próprio não se torne um".

É preciso que se diga que quanto mais conhecimento e experiência, mais aumentamos o nosso repertório de vozes de qualidade. É a nossa grande riqueza. Sócrates relatava que uma voz interior o avisava quando ele estava prestes a cometer um erro. Joana d'Arc descreveu ter ouvido vozes divinas desde a infância, assim como Nietzsche, Sigmund Freud e muitos outros. A diversidade de vozes só passa a ser um problema quando inviabilizam o diálogo e a construção do pensamento coerente. Porque a verdade é que somos seres fragmentados. Não existe um eu unitário. Estamos todos aos pedaços tentando entender e harmonizar todas as nossas partes. Às vezes, coisas más nos acontecem e contribuem para gerar mais fragmentos dissonantes, aumentando ainda mais o nosso caos interno. Mas também, coisas maravilhosas nos acontecem e unem os vários pedaços que estavam à deriva.

Apesar da força do mundo lá fora, é a nossa voz interna que decide o que nos convém, o que devemos respeitar e o que devermos evitar. É ela que exibe – quando estamos inteiros – todo o êxtase de viver.

Hoje não, amanhã!

8.7. *O ato de procrastinar nem sempre é negativo*

Finalmente escrevo sobre um tema que eu domino completamente: a procrastinação. Sou detentora de recordes olímpicos nessa modalidade. Inclusive, há muito tempo procrastino pensar sobre a procrastinação – inclusive tenho procrastinado a escrever sobre o assunto. E, agora mesmo – antes de iniciar este parágrafo – estive à deriva na internet. Já percorri as salas virtuais do Museu Rodin, em Paris, vi como estava o tempo em Bruxelas, vi a agenda de hoje do Parlamento europeu, admirei a última coleção da Miu Miu, visualizei a página da BBC News e observei os gráficos das temperaturas médias do ar no planeta. E em meio a isso tudo, reli trechos do livro *Os Filósofos e o Amor* – que acabei de ler – e passei os olhos sobre o prólogo do livro *A Sociedade Paliativa*, de Byung-Chul Han, que comprei ontem.

E como se não bastassem todas essas distrações, quando começo a pensar no ato de procrastinar, ainda divago e penso que a questão realmente importante é: por que razão uma pessoa tem de escolher viver uma vida se pode passá-la obsessivamente a clicar em diversas outras vidas possíveis? Veja o tamanho – e criatividade – da minha capacidade de procrastinar. E isso tudo porque a minha ideia era ter começado a escrever este texto ontem.

Apesar da palavra ser pouco usada na oralidade nossa de cada dia, todos sabemos do que se trata. Procrastinar é adiar, postergar, enrolar, "empurrar com a barriga", deixar para amanhã, perder o foco, ocupar-se de outras coisas "menos importantes". Humano, o ato de procrastinar está em nós desde o início dos tempos. O filósofo Sêneca, um mentor para todas as horas, escreveu que "enquanto desperdiçamos nosso tempo hesitando e adiando, a vida se dissipa". Muito antes dele, Hesíodo – a quem devemos o conhecimento mitológico da origem do mundo – aconselhou na obra *Os Trabalhos e os Dias*: "Não adies para amanhã, nem para depois de amanhã; celeiros não se enchem por aqueles que postergam e dedicam seu tempo ao infrutífero".

Se Hesíodo (650 a.C) e Sêneca (4 a.C) já denunciavam a nossa inclinação para a procrastinação. Hoje, diante das inúmeras distrações modernas, há muito mais procrastinadores. Porque quanto mais opções, mais demoramos para decidir por uma delas. Passamos a analisar cada escolha e o gasto de energia nessa tarefa leva-nos a paralisia. Qual caminho optar? E se esse for o caminho errado? E se eu me arrepender? Incapaz de decidir, paralisamos, e eis que a procrastinação se materializa bem diante dos nossos olhos. Você sabe do que se trata. Faz uma semana, você experienciou esse processo. E agora, neste momento, sua mente está em turbilhão. Você não tem certeza se fez a escolha certa. Pensa que deveria ter optado pela segunda escolha. Você imagina como estaria se tivesse optado pela opção três. Vê com clareza consequências nefastas da opção um (a escolhida)... está arrependido. Você tem a nítida impressão que deveria ter esperado mais, isto é, ter procrastinado. Agora é tarde demais para mudar de ideia. Porém, diante desse drama, há grandes chances de você – de agora em diante, acovardado – ser mais procrastinador.

O mal desse processo é que procrastinar pode ser tão doloroso quanto a nossa falta de talento para fazer escolhas e ações de qualidade. Eis uma das grandes barreiras para a satisfação de viver. É sabido que lamentamos mais a inação do que a ação. O arrependimento e a culpa podem nos perseguir até o fim da vida por aquilo que não fizemos (ou não dissemos), muito mais do que aquilo que efetivamente fizemos.

E por que isso é tão dramático? Ora, vamos morrer. Não temos todo o tempo do mundo. À luz desse fato, o tempo é o nosso bem mais precioso. Mais do que o dinheiro. Diferentemente do dinheiro, o tempo não se ganha, não se compra. Por isso, sentimos culpa quando pensamos que estamos desperdiçando-o. E daí todo o mal-estar gerado pelo ato de procrastinar.

Que atire a primeira pedra quem – de vez em quando – não adie uma tarefa difícil, entediante ou desagradável, e se atire a outras mais fáceis e prazerosas, porém, menos importantes? Os politicamente corretos tentam diferenciar procrastinação e preguiça. São exatamente a mesma coisa: negligenciar ou descuidar das coisas que tem a obrigação de fazer. A preguiça não é bem-vista. Considerada um dos sete pecados capitais, ela nos atormenta. Não deveria. Todos temos direito à preguiça. Temos o direito a procrastinar. Assim, como temos o direito de relaxar, divagar e se "ausentar" quando a mente e o corpo pedem. Então, por que a vergonha e o drama da preguiça/procrastinação. Ora, porque o procrastinador pode deixar de cumprir uma tarefa ou falhar um prazo. E isso para a nossa sociedade da competência – e do sucesso a todo custo – é considerado um desastre.

É exatamente por conta disso que há uma infinidade de gurus no mundo corporativo que se especializaram em disciplinar preguiçosos, como o tcheco Petr Ludwig. Em 2013, ele criou uma comunidade on--line para combater a procrastinação. O sucesso foi tanto que Petr se tornou consultor de grandes empresas. Seu primeiro livro, *O Fim da Procrastinação* (Editora Sextante) virou best-seller internacional e já foi traduzido em 15 idiomas

No entanto, aos poucos, essa caça às bruxas procrastinadoras vem sendo suavizada. Um estudo de Jihae Shin, da Universidade de Wisconsin, associa o ato de procrastinar à qualidade do pensamento e a criatividade. Agora, admite-se que há uma procrastinação boa e outra má. Há o procrastinador ativo que adia tarefas, mas faz outras tarefas mais importantes ou mais urgentes. E há o passivo. O que não faz nada e desperdiça o tempo.

Esses estudos são um bálsamo para nós, os procrastinadores. Afinal, todos conhecemos procrastinadores talentosos e bem--sucedidos. A história está cheia deles. O enorme Victor Hugo, autor de romances como *Os Miseráveis*, era constantemente assediado pela procrastinação. Conta-se que para se obrigar a terminar suas obras ele tinha um método – digamos, de choque. O romancista francês entregava a um empregado todas as suas roupas e ordenava que elas só fossem devolvidas após uma determinada hora. Nu, sem poder sair do estúdio, havia poucas opções melhores do que escrever. O orador e político ateniense Demóstenes tinha por hábito raspar apenas um lado da cabeça. Assim, o constrangimento da semicareca, o obrigava a permanecer em casa.

A FILOSOFIA RESOLVE

Outro exemplo? Mozart. Muitas das suas composições estavam apenas na sua cabeça e ele procrastinava transcrevê-las para o papel. Conta-se que na estreia de Don Giovanni, em 1787, em Praga, os músicos tiveram que estrear sem ensaio geral e com a tinta das partituras ainda molhada. Mas parece que entre os procrastinadores talentosos, ninguém superou Leonardo Da Vinci. O artista consumiu 16 anos para concluir a Monalisa. Tudo indica que não recebeu nenhum dinheiro enquanto decorria o trabalho e nunca a entregou a quem o encomendou. Mas, por outro lado, a obra se beneficiou de todos os processos de aprendizado pelos quais Da Vinci foi passando ao longo da vida. Era sua eterna obra inacabada, porque sempre havia algo a melhorar.

E aqui descobrimos algo maravilhoso da procrastinação: ela faz parte da excelência. Há realmente tarefas na vida que se beneficiam da procrastinação. Às vezes, procrastinar é um indicador de que devemos mesmo esperar. Se você é um caso extremo de procrastinação, que atrapalha a sua vida e a dos outros, você talvez precise da ajuda de técnicas e ferramentas dos gurus corporativos. Caso contrário, ela não é necessariamente má.

Acima de tudo o que esperam de nós, procrastinar lembra-nos que o trabalho não é a coisa mais importante do mundo. Ser produtivo não é condição de felicidade. O caminho é inverso: quando somos felizes, somos mais produtivos.

Em tempos de hiperatividade e todos os tipos de excessos, procrastinar pode ser o nosso último ato de rebeldia. O nosso escape. Não somos só pessoas assépticas, produtivas e funcionais. Não transitamos apenas entre o pecado e a patologia. Não podemos aceitar serenamente sermos lançados às rochas, empurrados para exigências que superam a nossa capacidade de atendê-las. Talvez devamos aceitar que simplesmente não estamos prontos para dar determinado passo ou executar certa tarefa. É preciso respeitar o nosso ritmo, os nossos processos internos. O ato de procrastinar pode ser a nossa defesa contra as sobrecargas e as metas descabidas. Talvez precisemos de mais tempo para avaliar o momento certo. O nosso momento certo.

CAPÍTULO 9
NÓS E OS OUTROS

"Também para mim são válidas as palavras de Homero: 'não descendo nem do carvalho nem dos rochedos, mas dos homens...'"

SÓCRATES

Raiva, culpa, ressentimento, competição...

9.1. *A profunda importância do outro*

Há muito que carregamos a cultura do individualismo. No século XVII, Descartes declarou o "penso, logo existo". Para ele o outro é um produto do meu pensamento. O outro sou eu que crio. Depois do filósofo francês e a sua máxima, vieram muitos outros para dizer exatamente o contrário. Mas já era tarde. O individualismo ganhou raízes e hoje habitamos o planeta do egocentrismo, do homem como centro de si mesmo.

Uma vista rápida na superfície moderna pode parecer que é assim. Porém, basta cavar um centímetro e eis que surge a extrema importância do outro. Sempre se acreditou que, nos primórdios, o homem vivia sozinho e depois passou a viver em grupo. Ora, passa-se exatamente o contrário: a partir do coletivo, tendo o outro como espelho, é que nasce o indivíduo. É a famosa inversão do sociólogo Émile Durkheim: o individual é um produto do coletivo. Não existe o homem "feito por si mesmo".

Não existe nenhuma aventura humana sem o outro. Mesmo um bebê com alguns dias, já contempla e reage ao outro: a mãe – o primeiro e o mais importante olhar para um ser vivo. O bebê, principalmente quando está no período da amamentação, fixa o olhar da mãe. Ele conhece e reconhece-o e é dele que espera toda ação e reação. É o olhar da mãe que aprova ou reprova todos os seus movimentos. Surgimos a partir do outro e esse processo segue pela vida. Somos formados por milhares de outros. Todos os que se dirigiram a nós, mesmo para uma única frase. Os que nos fizeram uma boa ação ou nos disseram uma palavra de encorajamento. Os que nos amaram, nos desprezaram, nos diminuíram, nos rejeitaram... Todos entraram na composição e são parte do que somos e do que pensamos; fazem parte do nosso sucesso e do nosso fracasso; dos nossos medos e das nossas ousadias.

Essa problemática é tão relevante, que, nas ciências sociais, tem nome próprio: alteridade (derivado do latim *alteritas* ('outro'). Esse conceito atesta que todo ser humano interage e é interdependente do outro. Assim, o "eu-individual" só existe mediante o contato com o outro, sendo o outro a sua versão expandida.

Todos os dias, vivenciamos a força da alteridade: alguma vez já se deu conta e mesmo verbalizou de que não gostava de determinada pessoa? Sejam quais forem as razões: o outro é irritante, é antipático, é agressivo, não é boa pessoa... A verdade é que o que você não gosta é da pessoa que você é, que é revelada na presença do outro. Aliás, preste atenção se isso acontecer com frequência, principalmente quando não há um motivo palpável. O escritor Hermann Hesse – agraciado com o Nobel de literatura pelo seu dom de vasculhar a alma humana – diz que quando você odeia uma pessoa, você odeia alguma coisa nela que é parte de você mesmo. "O que não é parte de nós não nos perturba", diz ele.

Isso porque a consciência surge desse primeiro movimento. A criança abre os olhos, contempla o olhar da mãe, e depois volta-se para si mesma. Reage, chora, sorri. Ou seja, a consciência é o ato de sair e voltar para dentro de si mesmo. Talvez o mais famoso dissecador do papel do outro tenha sido o filósofo francês Jean-Paul Sartre. "O que eu sou, eu só descubra no outro. O outro – e os outros – detém o meu segredo, ele me vê como eu nunca me verei". Mas para não cair no simplismo sartreano de que o "inferno são os outros", não se deve perder de vista de que também somos "o outro" para os outros. Também temos essa responsabilidade. O fim da linha desse entendimento, é que devemos considerar o outro com a mesma atenção que dedicamos a nós mesmos.

Quando entramos no terreno do outro, o mais comum é destacar o que ele traz de negativo. Quando o outro reflete em mim algo que não me agrada, vem o conflito, a intolerância e até mesmo a indiferença. Grande parte dos conflitos – nas relações íntimas, no racismo, na intolerância religiosa – vem da negação do outro. E essa negação não se traduz apenas nos conflitos explícitos. Há quem passe a vida inteira sem vínculos, sem assumir compromissos, numa espécie de "não" ao outro. Toca as pessoas de leve, como se toca uma parede com a ponta dos dedos. Evita-as, como se evita obstáculos.

Esse ou aquele me olham, têm um conhecimento de mim. Mas esse conhecimento não me atinge, não me alcança. Eles estão ao meu redor não como "outro", mas como um objeto que tem uma função. É a pobre instrumentalização do outro. O garçom do meu restaurante favorito nada mais é do que a função de me servir (exemplo de Sartre), o meu cônjuge tem a função de me acompanhar, é um corpo. Pessoas que alimentam esse tipo de alteridade são indivíduos de uma grande pobreza interior, estão à margem e, geralmente, passam pela vida sem deixar marcas.

Porque o viver efetivo – com propósito e plenitude – só se dá através do outro. Preciso do outro para experienciar tudo o que a vida tem para me oferecer. E é aqui que alguns se acovardam, porque na aceitação do outro, no compromisso que se assume, pode vir a bênção e a maldição, a tristeza e a alegria; a salvação e a danação. Mas a vida é isso. É saber que se está em risco, é ter ciência de que é preciso estar à altura de qualquer acontecimento. E até nesse enfrentamento, o outro é fundamental. É do outro que vem o conhecimento sobre nós mesmos, o discernimento para lidar com a vida com lucidez e serenidade.

Às vezes, o outro mostra uma face do mundo que preferíamos não conhecer. Mas é também do outro que vem o mais intenso e acessível êxtase. Pode haver tristeza, pode haver desilusão; mas toda a alegria do mundo, todo o encantamento de viver pode estar agora mesmo à sua frente, no olhar do outro. O grande cronista Rubem Braga descreveu maravilhado o poder do olhar da mulher que ele amava. "De tudo o que ele (o olhar dela) suscita e esplende e estremece e delira em mim, existem apenas meus olhos recebendo a luz do seu olhar, que me cobre de glórias e me faz magnífico".

A nossa real necessidade de aprovação

9.2. Aceita-me, porque a rejeição dói

Diz-se que as redes sociais fazem uma espécie de raio-X da personalidade dos seus ocupantes e agrupam perfis em categorias semelhantes. Há pessoas que postam suas inseguranças e medos. Há perfis cheios de clichês e regras para a vida – que o próprio necessita –, mas com o rótulo de produto "para os outros". Uns tentam exibir a sua genialidade única, mas com conteúdos alheios. Outros chegam ao cúmulo de mendigar likes – leia-se "olhem para mim". Uns descrevem as suas preferências e buscam aprovação... A verdade é que todo esse cenário aparentemente assustador é normalíssimo, demasiado humano. Pode chocar pela excessiva exposição via tecnologia, mas a verdade é que, todos os dias, desde que acordamos e saímos para a vida, o objetivo é apenas um: ser aceito. E é esse também o nosso maior desafio.

O agravante é que essa necessidade escapa à maioria das pessoas. Já presenciei muitas bocas abertas diante dos gritos dos "não aceitos". A reação do rejeitado é incompreendida e, rapidamente, ele recebe o rótulo de exagerado ou problemático. E não deveria ser assim. A rejeição – social, acadêmica, amorosa, profissional – é dolorosa e um dos piores sentimentos que se pode experimentar. A sua materialização na vida pública, a exclusão, atualmente é chamada pelos especialistas de "dor social". No ambiente de não-aceitação – ou na ausência do sentimento de pertencimento –, o homem é nocivo para si próprio, para a espécie e para o mundo. Nesse cenário, ele torna-se mais agressivo, propenso a trapacear, correr riscos e perde completamente o instinto cooperativo e agregador. Muito semelhante ao estado de um animal ferido.

Apesar disso, compreendemos pouco a intensidade da dor sentida pelo outro. Mas quando o sofrimento é nosso, mal sabemos descrevê-lo – "só eu sei a dor que senti". E apesar de ser um sentimento, a intensidade é tal que descrevemos como se fosse um sofrimento físico. Usamos expressões como "partiu meu coração", "fui esmagado", "foi um soco no estômago", "senti na carne". E não poderíamos estar mais certos.

Recentemente, a ciência descobriu que a dor emocional – descrita como uma dor física por aquele que sente – está longe de ser apenas uma metáfora. Os estudos da psicóloga social Naomi Eisenberger, diretora do laboratório de Neurociência Social e Afetiva, apontam que o cérebro não faz distinção entre um osso quebrado e uma decepção amorosa. A nossa linguagem – a mando do cérebro – captou algo essencial que nos escapava. Há muito que a ciência sabe a localização exata da parte do cérebro onde registra-se a dor física – daí a eficiência dos medicamentos para esse efeito. O estudo mostrou que o sofrimento emocional causado pela rejeição, é registrado no mesmo local da dor física. Isto é, o cérebro não faz distinção entre a dor física e a emocional. A rejeição realmente dói. O estudo revelou algo que intuitivamente já sabíamos. O sofrimento não está apenas na nossa psique, está no nosso cérebro, logo é físico e psicológico.

Experimentos à parte, a descoberta não é grande novidade. Há muito tempo, a biologia evolucionista estuda a nossa necessidade de aceitação. Desde tempos remotos, dependemos dos outros para sobreviver: eles nos alimentam quando somos bebês, ajudam a coletar alimentos e fornecem proteção contra predadores e tribos inimigas. Pertencer a um grupo, literalmente, podia ser a diferença entre a vida e a morte. Talvez, assim como a dor física, a dor da rejeição tenha evoluído como um sinal de ameaça à nossa sobrevivência. E talvez a natureza, tomando um atalho inteligente, simplesmente "emprestou" o mecanismo existente para registrar a dor física.

Voltando ao estudo de Eisenberger, foi verificado também que a rejeição não precisa ser explícita para acionar o mecanismo da dor do cérebro: basta uma foto do seu ex-parceiro ou até mesmo um vídeo de rostos reprovadores para ativar os mecanismos neuronais da dor física. A rejeição é uma dor física e psicológica.

Eu sei o que você está pensando. O paracetamol, o mais barato e acessível fármaco contra a dor física, também pode diminuir a dor de um desgosto de amor ou a exclusão de um grupo de amigos? Os cientistas também fizeram a pergunta e a resposta é: sim. Um experimento da Universidade de Kentucky analisou dois grupos de pessoas, um tomou paracetamol e o outro um placebo. Cada elemento registrou suas emoções em um diário e o resultado é que o grupo que tomou um analgésico comum, relatou menos sofrimento e mostrou menos atividade cerebral nas regiões de dor após ser rejeitado do que o grupo que ingeriu placebo.

Isso não significa que é o fim da dor emocional e passaremos a ingerir um medicamento todas às vezes que alguém nos ignorar. Mas, a descoberta ajuda-nos a entender melhor a nossa luta por aceitação. Ajuda-nos a sermos mais empáticos, a aceitar melhor a dor do outro e a nossa. Sobretudo, indica que não devemos dramatizar, mas minimizar o seu impacto, com maturidade e bom senso.

Todos nós experimentamos em maior ou menor grau a rejeição, os golpes na autoestima, a dor da exclusão. Nos primeiros segundos ficamos desorientados e paralisados, perdemos a capacidade de pensar com clareza e agir. Habitamos um mundo estranho. Mas a sensação, por pior que seja, não dura. Recuperamos os sentidos, lembramos quem somos e onde estamos. E esses momentos, onde medimos rejeição e pertencimento, podem ser bons porque nos dão a real dimensão de nós e do outro. Não vivemos apenas com o outro, mas também através do olhar do outro. Os outros são as nossas âncoras no mundo. Quando eles se afastam, de alguma maneira deixamos de ser. Apesar da rejeição, não podemos parar de olhar para nós, de nos cultivarmos como únicos. E, justamente por isso, nunca seremos totalmente aceitos ou atendidos. Mas é exatamente essa capacidade de sermos únicos e irrepetíveis que aumentam as nossas chances de reconhecimento e pertencimento São essas as nossas armas para sermos aceitos e conquistarmos um mundo que seja a nossa casa.

Conceitos fechados sobre tudo e o orgulho de não se deixar enganar.

9.3. *Saiba por que o cinismo adoece*

Você é daqueles que pensa que o amor é uma fantasia social que "quando é bom não dura e quando dura já não entusiasma", que a "explicação para o amor do seu cão é porque você o alimenta" e que "a única explicação para uniões com diferença de idade é a conta bancária?". Você acredita que a intolerância ao glúten é uma artimanha da indústria alimentar para "inventar" novos produtos e aumentar o lucro? Frutas e legumes fazem bem para saúde? "Nem pensar. É um complô dos agricultores para despejar toneladas de alimentos envenenados com agrotóxicos". Você acredita que já descobriram uma vacina contra o câncer, mas foi vetado pelo poderoso e lucrativo lobby dos fármacos usados na quimioterapia? As terapias alternativas, como a homeopatia, são pseudociências para enganar desavisados? "O Covid-19, juntamente com a vacina, é uma invenção mundial para desestabilizar o mundo?

Se você se identificou com algumas dessas afirmações e está satisfeito por ser uma pessoa esclarecida, que não se deixa enganar... pode ser verdade. Mas o mais provável é que você seja apenas um cínico. E não há razão para orgulho. Os adeptos das teorias da conspiração – o "tudo o que acontece tem um interesse maléfico oculto – são evitados a todo custo. Você não se incomoda de estar à margem, está convicto de suas crenças e já não se importa que as pessoas queiram que você morra longe. "Se querem ser enganadas, o problema é delas". E aqui chegamos ao ponto: não é um problema delas, é seu. O cinismo é um princípio destrutivo, hostil à vida. E, sabe-se agora, traz doenças.

Há anos que os estudiosos alertam para as contraindicações do cultivo de uma visão cética da vida. Já se sabia que a prática do cinismo diminui gradativamente a autoestima e o bem-estar psicológico. O efeito é semelhante ao da inveja: volta-se contra o seu autor. Um diagnóstico óbvio. Afinal, não há vida boa quando se acredita que as pessoas não são confiáveis e que o mundo não é um lugar seguro. Até aqui sem muita novidade. Há uma espécie de consenso de que a maneira como enxergamos o mundo tem um efeito sobre nós. Se encaramos o mundo com hostilidade, ele se volta contra nós. É o clássico nietzschiano de que se você olha para o abismo, o abismo também olha para você. E segue o efeito cascata: o mal-estar psicológico continuado estende-se ao corpo e tornam-se doenças físicas.

Sem novidades, é a clássica somatização. Porém, uma investigação recente concluiu que essa via é de mão dupla: as doenças também podem nos tornar cínicos. Explico melhor: na vida não há fórmulas, pessoas de bem com a vida também adoecem. Sem saúde, perdem autonomia e passam a depender dos outros. Sem controle sobre a vida, vem a insegurança. Nesse quadro de sofrimento, criam-se estratégias de autoproteção, como a desconfiança, a hostilidade e... o cinismo.

A doença prolongada – ou recorrente – afeta a percepção sobre a vida. Passa-se a ser menos otimista e adquire-se uma atitude de desprezo por convicções sociais, normas e valores morais. O cinismo entra aqui como um mecanismo de sobrevivência. Porém, produz um efeito contrário. Um doente cínico torna-se ainda mais doente.

Neste ponto, é preciso fazer uma distinção. Já vi grandes estrelas das ciências humanas considerar cinismo como sinônimo de hipocrisia. O hipócrita é um mentiroso. Mente porque não aceita as convenções sociais. E sabe que mente. O cínico não. Ele realmente acredita naquilo que diz. Rejeita convenções sociais e não se esconde, não se envergonha. Pelo contrário, é vaidoso. Ele é um ser superior para quem a verdade foi revelada.

Hoje, a definição moderna do cinismo está mais próxima do seu sentido original que data do século 4 a.C. A corrente filosófica denominada Cinismo surgiu na Grécia antiga pela voz de Antístenes, discípulo de Sócrates. Seus adeptos eram descrentes da sinceridade e da bondade humana e desprezavam as convenções sociais. Na praça pública ateniense eles usavam o escárnio e a crítica para encorajar às pessoas a renunciar aos desejos e frivolidades da vida social. Propunham uma vida autêntica, próxima da natureza. E já nessa altura a denominação de "cínico" não era positiva. A palavra vem do grego *kynikos*, que significa "semelhante a um cão". A referência vinha da extrema pobreza de alguns cínicos, a ponto de viverem na rua. A piada vigente era a de que os cínicos – mordazes e destemidos na crítica social – "mordiam" como cães.

E tal como os antigos cínicos, os atuais ostentam um certo orgulho. São superiores e autossuficientes. São os donos da verdade. Sabem o que é importante e desprezam os que não foram contemplados com essa lucidez.

Conta-se que o mais famoso dos cínicos, Diógenes de Sinope, discípulo de Antístenes, perambulava pelas ruas carregando uma lamparina, à procura de um homem honesto. Famoso em todo o mundo grego, foi inquirido por Alexandre, o Grande, que ao encontrá-lo perguntou o que poderia fazer por ele. Acontece que devido à posição em que se encontrava, Alexandre tapava-lhe o sol. Diógenes disse--lhe: "Não tire o que você não pode dar!" (isto é: "Saia da minha frente, você está fazendo sombra"). A resposta impressionou-o muito. Quando os seus oficiais zombaram de Diógenes, o conquistador do mundo disse: "Se eu não fosse Alexandre, queria ser Diógenes."

Aqui concordamos com Alexandre. O cinismo tem charme. Afinal, quem não sucumbiu ao encanto do Dr. House? O seu exercício exige alguma arte, uma certa agudez intelectual, habilidade com as palavras, uma ironia fina. Apesar de o personagem de Hugh Laurie exibir um perfil odioso de mau humor, sarcasmo, falta de empatia com os pacientes – a ponto de evitar examiná-los –, de exibir um nítido desprezo pela humanidade, a frase "todo mundo mente" conquistou fãs no mundo inteiro. Tenho a ressaltar que ele é um personagem complexo. Um médico com superpoderes, salva vidas, é bonito, é um herói. Perdoamos o seu humor corrosivo e a ousadia de dizer tudo o que lhe vai na cabeça. E na nossa inclinação para consertar o mundo, a cada episódio torcemos para que ele fique mais humano, melhor.

Outro exemplo que amamos são os "traços" cínicos da genial escrita de Friedrich Nietzsche. Toda a sua obra é permeada de sarcasmo e ironia como recurso para expor as suas ideias. E era intencional. Nietzsche era um fã assumido dos seguidores de Antístenes. Tal como eles, Nietzsche também criticou a decadência do seu tempo e pregou a vida autêntica. Apesar das semelhanças, o seu sarcasmo era restrito à sua escrita. No trato social, Nietzsche era generoso e empático.

Filosofia à parte, como surge um cínico hoje? Infelizmente não vem de uma decisão filosófica. É uma atitude aprendida com a vida. Na sua base estão falta de confiança e baixa autoestima. Acontecimentos – traumas, acidentes, doenças, lares desestruturados e ambientes de violência – desencadeiam pensamentos negativos sobre o futuro e desconfiança em relação aos outros.

O cinismo, uma vez instalado, perpetua-se na sua própria circularidade: alimenta desconfianças, falsifica os afetos e inviabiliza relações. E isso porque antes de dizer qualquer coisa a alguém, dizemos primeiro a nós mesmos.

Na geleia geral, o cínico intoxica a si próprio. Porém, há quem diga que a vida em sociedade seria impossível sem um pouco de cinismo. É verdade. Diluído e em pequenos cálices, o cinismo pode ser uma crítica, uma válvula de escape. Afinal, nos tempos que correm não dá para ser fofo o tempo todo.

Os males da preocupação excessiva em ser bom.

9.4. *A coragem de não agradar*

Já aqui foi dito que viver é relacionar-se com o outro. E como não há outro jeito, o melhor é que essa relação seja boa. Diante disso, começa um exercício que dura a nossa vida inteira: agradar aos outros. Somos iniciados nessa tarefa desde cedo. Primeiro os nossos pais, depois os irmãos, professores, amigos. Para as mulheres a tarefa é ainda maior e ganha contornos de dever. Numa família onde eu era a única garota entre três rapazes, notei logo a diferença. Cresci ouvindo "sê querida", "sê boazinha", "não grites". – E por quê? "Porque és rapariga". Vendo o desequilíbrio injusto em relação aos meus irmãos, fui muito combativa e lutei bravamente pelo direito de não agradar. Passei parte da infância e adolescência numa espécie de guerrilha e senti-me vitoriosa em cada momento em que não agradei.

E qual é o mal em agradar? Nenhum. O problema acontece quando, na ânsia de construir relações harmoniosas e estar em paz com todos, anulamos as nossas próprias vontades. Às vezes, para agradar, passamos por cima dos nossos interesses e negligenciamos até as nossas necessidades mais fundamentais. É importante ressaltar que ao mesmo tempo que construímos relacionamentos com os outros, também temos a tarefa de construir com nós mesmos. Como conciliar essas duas tarefas?

O austríaco Alfred Adler (1870-1937) – um dos gigantes da psicanálise junto com Sigmund Freud e Carl Jung – dedicou sua vida a essa problemática: o profundo choque da nossa personalidade única com os outros e a luta para sermos quem somos. Fundador da escola de Psicologia Individual – apesar de não ter a fama de Freud, seu colega e contemporâneo –, ele tem seguidores em todos os lugares do globo.

Adler bateu-se incessantemente – inclusive contra Freud – sobre a importância de o homem cumprir a máxima grega "torna-te quem tu és". Como se libertar da opinião dos outros? Como superar as limitações impostas pela relação com o outro? Como se tornar a pessoa que se deseja? Como cultivar uma personalidade única, construir autorrealização, sem ferir o outro e sem se sentir marginalizado? E mais difícil: como fazer tudo isso, apesar do outro?

E quais são os problemas que os outros trazem? Complexo de inferioridade, autoestima baixa, sentimento de impotência, injustiça, desaprovação, inadequação, não pertencimento... a lista é longa. Se você reparar, tudo o que te afeta – para o bem e para o mal (precisamos ser justos) – tem origem e eco nos outros. Sentimos complexo de inferioridade em relação a quem julgamos que conseguiu mais do que nós. Alimentamos o sentimento de injustiça se consideramos que as pessoas que ajudamos ou amamos não correspondem ao que esperávamos delas. Sentimo-nos miseravelmente inadequados quando não somos acolhidos como desejamos. Frustrados quando não somos reconhecidos ou premiados por aquilo que julgamos ser a nossa contribuição máxima. A ingratidão é duramente sentida quando vem daqueles que esperávamos recompensa.

E o que fazemos para tentar reverter essas fontes de infelicidade? Tentamos agradar. E às vezes, tentamos agradar, até contra nós, atacando a nossa natureza. E nesses tempos de massiva tecnologia, chegamos a um ponto temerário. Na excessiva exposição das redes sociais, o agradar a todos ganhou ainda mais relevância. Publica-se posts, partilha-se ideias, informações e momentos da vida privada com um único objetivo: a aprovação dos outros. Quando se tem poucos seguidores no Instagram ou poucos amigos no Facebook; quando o que se publica não tem likes ou comentários... todos esses cenários são assimilados de forma muito negativa, nunca indiferente. Sentimo-nos ignorados e com a autoestima abalada. Constatamos que não agradamos e – vergonha maior – é público. Todos são testemunhas de que o seu post não teve um único like, foi completamente ignorado. Há cenário pior? Há. Quando o seu post é alvo de reações negativas. O golpe é dolorido... Muitos não aguentam e apagam.

Com a mesma gravidade, vivemos situações semelhantes na vida todos os dias. E não é só porque tentamos agradar, é também porque queremos ser agradados. Esperamos bondade e comportamento ético dos outros e estamos sempre sendo surpreendidos. Mesmo as amizades consolidadas podem ser abaladas por essa expectativa. Quando sentimos que uma gentileza ou um esforço não foi devidamente percebido e agradecido, podemos entrar no terreno do ressentimento e a amizade pode descer vários degraus.

Declarado ou velado, estamos sempre buscando reconhecimento. Esperamos que nos agradeçam como deve ser, que apreciem o nosso trabalho, que retribuam um favor, que correspondam a um ato de generosidade. Se isso não ocorre, interpreta-se como se o nosso gesto fosse sem valor. E, pior, personaliza-se. O gesto e a pessoa fundem-se. Levamos para o lado pessoal, acreditamos que não fomos considerados e sofremos. E aqui o ponto central, a fonte de todos os conflitos.

É fácil aceitar a ideia de que cada um é único, mas aceitar que esse caráter único, também gera comportamentos únicos, é mais difícil. A assimetria das relações – gerada pelas diferentes individualidades – passa sempre longe da compreensão. Mas é na esfera privada que a assimetria das relações ganha cores ainda mais fortes. Sempre achamos que não somos amados da mesma maneira que amamos. Os clássicos "ama, mas do jeito dele" ou "o jeito dela amar é esse" são sentenças daqueles que desistiram de serem agradados – e, às vezes, de agradar. Há pessoas que sentem imenso prazer em agradar, mais do que serem agradados. Há diferentes formas de expressar amor e gratidão. Há pessoas que verbalizam de forma clara e direta o que sentem, outros tem mais dificuldades. Já que sabemos que é assim mesmo, por que não estamos em paz? Porque, por cima de tudo isso, somos seres que perseguem a verdade. E sabe-se que, na maioria das vezes, as relações com ausência do "eu te amo" querem dizer exatamente isso, que não há amor. Quantos rompimentos não comportam o "nunca te prometi nada".

Por cima de tudo, há ainda um complicador moderno devastador: a moldura capitalista. Presente em todas as esferas, ela também chega às relações. Há pessoas que só concebem um relacionamento como moeda de troca. Eu te agrado, você me agrada. E já ouvi pérolas do tipo "sou amigo, mas sou exigente". Leia-se: sou amigo, mas quero uma recompensa por isso. É como um comércio: entrego isso e recebo aquilo. E aqui diz Adler: "Quando uma relação baseia-se na recompensa, há uma voz interna que diz: eu te dei isto, você tem que me devolver aquilo". Aqui chegamos a um cenário inesgotável de conflitos. Porque a apreciação do que se dá e do que se recebe é muito particular. Como um balancete com erros, as contas nunca fecham.

E é só isso? Não. Os conflitos não vêm apenas de ações e de como elas são percepcionadas pelo outro. No mundo, vamos encontrar pessoas que não nos entendem e, claro, pessoas que não gostam de nós. A saída? Encarar como um elemento natural da vida e não levar para o lado pessoal – a atitude é do outro, o problema é do outro –, não se deve fazer drama. Não agradar e não ser agradado faz parte. O que se deve ter em mente é que cada um tem os seus valores e pensa de acordo com eles. E não são apenas os valores, os contextos também. Mesmo pessoas que possuem os mesmos valores, mas cresceram em contextos e em épocas diferentes, vão pensar diferente. E é natural que seja assim.

Quem anda pelo mundo levando tudo como ofensa pessoal, vê inimigos e complôs em toda parte, nunca está em paz e não deixa os outros em paz. Não há prisão maior do que buscar a aprovação do outro. É uma espécie de escravidão. Vive-se para alimentar e atender as expectativas do outro. Com a missão de não decepcionar, deixamos de ser quem somos. A verdadeira liberdade, a festejada autonomia, vem exatamente daqui. Aceitar como normal o fato de que seremos desagradados e que nem sempre é possível agradar aos outros é o caminho para a vida livre, para a serenidade e para a paz de espírito.

Na minha luta para me libertar do desejo de agradar tenho tido vitórias e derrotas. Já ignorei muitos cenários que não me favoreciam; já sofri por não conseguir agradar cem por cento. Na minha última relação fui ao limite máximo da minha capacidade de agradar. Na busca da harmonia e da união perfeita, segui tentando atender às expectativas – muitas vezes me anulando. Mas depois resgatei o meu equilíbrio. As ex-namoradas, as ex-esposas têm algo de muito libertador: elas não têm a obrigação de agradar. O próprio status de "ex" já tem isso implícito. As ex's são livres. Elas podem ser megeras e desagradar à vontade.

Libertar-se das expectativas alheias e não sobrevalorizar a apreciação dos outros é uma espécie de escudo que nos protege da raiva, da autoestima baixa, da rejeição, do complexo de inferioridade. Mas não é um caminho fácil. Ultrapassar as limitações impostas pelos outros e, muitas vezes, por nós mesmos, exige prática e vigilância constantes. E nem sempre somos bem-sucedidos. Afinal, há ainda pelo meio as nossas fraquezas e o quanto estamos dispostos a arriscar. É preciso ter coragem.

Como encarar as hostilidades do cotidiano.

9.5. A arte de lidar com as pequenas agressões diárias

Não compreendo a agressividade. Nem a minha, nem a dos outros. Como explicar que o sociável homem – que se isolado à nascença, nunca se torna humano – pode ser, na convivência com os outros, hostil e, por vezes, selvagem? A agressividade é assumida como parte integrante do nosso instinto – o de sobrevivência – e pouco há o que fazer. Nós nos espantamos com a selvajaria da Grande Guerra, mas aceitamos que é assim mesmo. A violência urbana é encarada como um efeito colateral da opressão das cidades. Crime e delitos fazem parte da natureza humana, vão sempre existir. Mas o que nos custa mesmo a aguentar são as pequenas agressões do cotidiano. Os ódios em filas de supermercados, no trânsito; a fúria instantânea por um simples equívoco ou mal-entendido.

Sabendo que é parte da nossa animalidade, interessei-me pelo livro *A Agressão*, do etólogo austríaco Konrad Lorenz (1903-1989). Apesar da obra abordar a agressividade entre os animais, o autor faz paralelos com as agressões humanas. Isto porque todas as violências praticadas pelo homem, existem igualmente na natureza. É um consolo: o homem pratica todos os tipos de agressões de todas as outras espécies. O ódio entre familiares e vizinhos que dividem o mesmo espaço (e a mesma cultura) são os mesmos dos adoráveis e contemplativos peixinhos azuis. Num aquário eles descarregam a sua agressividade no parente mais próximo. Não tem um parente? Serve outra espécie de cor semelhante que esteja nas proximidades. A agressão é constante e muitas vezes resulta na morte do agredido. A infelizmente banal violência doméstica? Várias espécies têm como característica a violência do macho contra a fêmea. No galinheiro, o galo – apesar do seu aspecto sedutor – não se inibe de bicar furiosamente a sua favorita.

O que fazer? Qual é a recomendação da filosofia? Como não há solução à vista, os estoicos recomendam compreensão e aceitação.

A FILOSOFIA ESTÁ À MINHA FRENTE

Nós e os agressivos estamos no mesmo barco. Mesmo as pessoas mais intratáveis e sem autocontrole podem ser como nós. Pessoas que estão lutando contra frustrações e doenças. Ao reconhecer isto, fica mais fácil relevar. E mais do que isso, faz-nos tolerar a nós mesmos porque nos ajuda a reconhecer o outro em nós. Espinosa recomenda não rir, nem chorar, nem detestar a agressão, mas entendê-la. E sobretudo não encarar a agressão como um defeito, mas como uma propriedade da natureza humana, um impulso que o seu portador não domina.

Como é de se esperar, tento praticar o que ensina a filosofia. Na minha vida de todos os dias, procuro compreender e tolerar. Num passado recente, tive alguns problemas no estacionamento da escola do meu filho. Talvez porque esteja sob a égide de regras de uma cultura que ainda não apreendi, não consigo entender a ética em vigor. Não há lugares para todos e a solução para quem não quer estar às voltas – e gerar mais confusão – a procura de um lugar para estacionar por escassos cinco minutos (o tempo máximo percorrido do estacionamento até a sala de aula mais distante) é uma possível fila dupla. Estive algumas vezes na condição de ter a saída do meu carro impedida. E, nessas vezes, esperei os tais cinco minutos. A pessoa chegava, fazia um aceno desajeitado com a mão, eu retribuía com um aceno de cabeça e lá íamos à nossa vida.

Um dia chegou a minha vez de utilizar a fila dupla. Quando volto, está a minha espera um senhor visivelmente zangado. Noto que sua tez rosada passa para o tom vermelho e peço desculpas.

— Desculpa? Ainda tem a coragem de pedir desculpas?! Estou aqui à sua espera, atrasado para o meu trabalho...

Fiquei em alerta. Olhei aquela figura colérica, acima do peso, vislumbrei as suas análises clínicas e temi um enfarte do miocárdio ali mesmo. Preocupada, tentei acalmá-lo. Argumentei que aquele estado poderia lhe fazer mal. O senhor rosado – que havia passado para o vermelho – agora estava roxo beliscão (ah, Lorenz, um camaleão). Pensei: é agora. Ele vai cair duro. Não caiu. Saiu disparado para o carro e partiu. Estava mesmo atrasado.

Refleti longamente sobre o sucedido e cheguei à conclusão de que eu tive azar, aquele senhor devia estar passando por dificuldades... Esqueci o episódio e voltei à minha rotina. Parava o carro, esperava, acenava, parava, esperava, acenava.

Um dia fui novamente para a fila dupla e quando cheguei fiz como todos faziam comigo, acenei e ouvi: "você acha que eu não tenho o que fazer para ficar aqui a sua espera? Você acha isso certo?". Balbuciei que deveríamos ser mais tolerantes porque não havia estacionamento para todos e entrei no carro com taquicardia. Detesto conflitos e, além da fuga de uma discussão inútil, não queria que ele estivesse mais tempo à minha espera. Eis que o cavalheiro abre a porta do meu carro e dispara:

— E nem pede desculpas? — E depois fechou a porta com violência.

Fiquei perplexa. Então, o outro indignou-se com o pedido de desculpas e este mostra a mesma indignação por eu não ter pedido desculpas? Afinal, peço ou não desculpas? E a regra em vigor do aceno? Meus pensamentos foram interrompidos pelo eco do presente imediato: o som da pancada da porta fechada atingiu o meu cérebro e senti todo o meu corpo inundado em adrenalina. Era a fúria... neste caso, a minha. Saí do carro e avancei em direção ao sujeito. Preparada para o confronto, pensei que deveria dizer algo terrível e definitivo. Mas como a tragédia e a comédia andam juntas, confesso que a única coisa que passou pela minha cabeça foi "pode vir que eu luto capoeira... paranauê... ♪ paranauê... ♪"...

Não foi necessário. O senhor olhou para mim como se eu fosse um fantasma. Abriu muito os olhos, o queixo caiu. Entrou rapidamente no carro e partiu. Não entendi nada. Seria a minha postura muito feroz? Seriam os meus ameaçadores 50 quilos? Sigo sem compreender. Nem os mecanismos da agressividade, nem a ética do estacionamento. Em ambos procuro ficar longe do fogo: nunca mais parei na fila dupla. E quando tenho que esperar, espero, retribuo o aceno, entro no carro e vou à minha vida.

CAPÍTULO 10
SER EMOCIONAL

"O amor é uma alegria acompanhada da ideia de uma causa exterior"

BARUCH DE ESPINOSA

As emoções podem acalmar ou perturbar a mente, adoecer ou curar o corpo.

10.1. Saber gerir as emoções é o caminho para a vida boa

O mundo exige o ser racional e, nós, seres emocionais, tentamos dar o nosso melhor. Baruch Espinosa, no início do século XVII, resumiu a questão: a vida é afetar e ser afetado. Afetamos os outros e os outros nos afetam. O mundo nos apresenta um determinado conteúdo. Somos afetados e reagimos ao que nos atinge com uma emoção ou sentimento. O mesmo afeto pode provocar reações diferentes – gosto ou desgosto – a depender do dia, do contexto e de quem sente. E são esses afetos/emoções que concretizam a nossa presença no mundo e revelam quem somos.

Apesar dessa dinâmica, continuamos de costas voltadas ao emocional. Somos reféns do racional e suas convenções. O que é natural numa sociedade onde a aceleração é o valor principal. As conversas sobre o que sentimos não são práticas, exigem tempo. Outro impedimento do "dizer o que sinto" é cultural. Apesar de já haver muitos defensores de que a demonstração de sentimentos é um indicativo de força, ainda impera a crença oposta: expor o que se sente é um sinal de fraqueza. Foi-nos ensinado que certas emoções devem ser silenciadas porque elas não são bem-vindas na sociedade. Ficam mal. A "sabedoria" popular faz o resto. Afinal, quem nunca ouviu que "baú aberto não guarda tesouros"?

Desde muito cedo, somos educados para sermos racionalmente fortes. Um exercício, em parte, inútil. Por mais força que tenha o nosso racional, tudo o que nos acontece, acontece primeiro no corpo, palco das emoções. A racionalização só vem depois, é uma segunda etapa. É por essa razão que um grande impacto deixa-nos "cegos". Uma notícia alarmante acelera o nosso coração. Um estrondo paralisa os nossos movimentos. Todas as emoções acontecem também no corpo, elas estão diretamente ligadas à nossa saúde física. Suores. Lágrimas. Narinas dilatadas. Respiração entrecortada. Tremores. Taquicardias. Rubores. Todos esses estados traduzem uma reação a um afeto percebido pelo corpo.

Graças à essa manifestação explícita, as emoções são alvo de inúmeros estudos científicos e hoje sabe-se muito mais sobre elas do que há 50 anos. Sabe-se agora que a habilidade para reconhecer, nominar e lidar com o que se sente é também uma questão de saúde física. Os sentimentos negligenciados ou suprimidos extrapolam os limites da mente e adoecem o corpo. Se ignorados, vão para coração, para o sistema imunológico, para o estômago... As emoções devem ser vividas, integradas e não bloqueadas pelo racional. Também já é sabido que a má gestão das emoções, também interfere na cognição. Nossos sistemas emocional e cognitivo estão conectados. Em uma criança que sofre bullying, por exemplo, o primeiro prejuízo é o baixo rendimento escolar. A ansiedade e o estresse interferem na concentração e inviabilizam o aprendizado.

A negligência ao nosso emocional vem de séculos. Contrariá-la exige grande força e vai contra a nossa aptidão pelo menor esforço. Assumir, vivenciar e validar as emoções dá trabalho. Envolve habilidade para lidar com os outros, com nós mesmos e com as emoções propriamente ditas. Entretanto, não há como fugir, não é mais uma questão de escolha. Trata-se de saúde, atesta a ciência. O jeito é apanharmos a estrada. Por onde começar? Mais uma vez, pelo clássico "conhece-te a ti mesmo". Aprender a identificar o que o perturba e o que equilibra é o primeiro passo. A seguir, é preciso nominar o que se sente. Há um contingente enorme de analfabetos emocionais. Rancor e raiva não são a mesma coisa; despeito e ciúmes não coabitam. Amor e posse não são sinônimos. Somos capazes de desvendar padrões matemáticos na natureza, mas continuamos a choramingar o "não sei o que sinto".

Autoconhecimento é importante, mas é só uma parte. O outro grande desafio prende-se mesmo com os outros. Há dias que está tudo perfeito, aparece alguém dissonante e lá se foi o equilíbrio. É preciso saber identificar e lidar com o que e quem nos tira do sério. Cenários e situações são fáceis. O difícil mesmo são as pessoas e o seu grande potencial agressor. Um exemplo banal: uma pessoa insegura e indecisa demorou semanas a escolher um novo par de óculos. No trabalho, no seu primeiro dia, alguém observou e decidiu opinar: "estes óculos não combinam com o seu formato de rosto". Possíveis reações: 1 – Literalmente, o criticado pode ser reativo e devolver a crítica. Emoção negativa contra emoção negativa; 2– Fingir que não escutou e bloquear a crítica; 3 – Engolir a emoção, ficar ressentido e assumir o papel de vítima; 4 – Afirmar que gosta dos óculos, que eles combinam com a sua personalidade. "Nem tudo precisa ser harmonioso, às vezes podemos optar pela irreverência".

Qual dessas é a resposta mais saudável para o corpo e para a mente? Vejamos: com a primeira aumenta-se os níveis de adrenalina e pode ser o início de uma discussão. As números 2 e 3 são tentativas de, racionalmente, bloquear ou silenciar o que se sente, o clássico "engolir sapo". Péssimo. A melhor é mesmo a 4.

Ok. Nem sempre é possível reagir da melhor forma. Ou por nossa personalidade, ou pela circunstância, ou simplesmente porque estamos em um dia menos bom. Segredo? Treino. Manter a serenidade e não se deixar dominar pela ação do outro não é fácil. A conquista da assertividade – aprender a dizer o que se sente sem agredir e sem se transtornar – leva tempo. E para muitas pessoas essas são mesmo conquistas da maturidade.

Espera! Então terei de ser menos combativo, morno? Não se trata de arrumar uma versão descafeinada de si próprio, trata-se de trazer para a cena emoções positivas que neutralizam as negativas. A ideia é ter o hábito da ponderação. O ato de reagir nem sempre é necessário. Outro exercício que ajuda imenso: aprenda a identificar aqueles que têm o poder de despertar em você emoções más – também conhecidas como "pessoas tóxicas". Identifique-as e implemente a mais primitiva e sábia ação de todo ser que vive: a fuga. Evite-as a todo custo.

Após a gestão de si mesmo e do outro está tudo resolvido? Não. As emoções negativas fazem parte do kit de viver. E não é necessário estar permanentemente armado para combatê-las. Às vezes, devemos mesmo sentar-nos e tomar um café com as nossas emoções menos boas. Sentir desgosto, tristeza, abandono, frustração e ressentimento podem ser muito saudáveis. A vivência de emoções negativas alerta--nos para o que não está bem à nossa volta, aponta o que não nos serve mais, mostram-nos o que é preciso mudar e o que é necessário para a retomada do equilíbrio.

E o racional, não tem uma palavra a dizer? Se há, como sabiamente identificou Nietzsche, uma guerra de pulsões contrárias – positivas e negativas – que digladiam dentro de nós, o racional pode atuar para trazer forças positivas. A neurociência, arrimada na evolução tecnológica, evoluiu muito e descobriu não apenas o poder nocivo das emoções negativas, mas também o poder das emoções positivas como a empatia, a bondade, a compaixão. Esses estudos – com profissionais de diversas áreas – ganharam um novo campo semântico: a Psicologia Positiva. O termo foi adotado pelo psicólogo norte-americano Martin Seligman, em 1998.

Graças a neurociência, a Psicologia Positiva avançou várias casas. Principalmente depois do livro *Molecules of Emotion,* de Candace B. Pert. A neurocientista norte-americana provocou uma verdadeira revolução nos estudos sobre corpo e mente quando descobriu que toda superfície da célula tem um receptor que capta as emoções e leva--as para dentro das células. E mais: essa "emoção" tem a capacidade de alterar a frequência e a bioquímica celular. Para resumir uma história longa: as emoções não apenas alteram a nossa fisiologia e comportamento, mas também a nossa genética. O que sentimos viaja por todo o cérebro e corpo, alterando a química de cada uma das nossas células. Para se ter uma ideia da importância dessa descoberta, Candence Pert, falecida em 2013, é considerada a fundadora da psiconeuroimunologia. Afinal, os adeptos da tecla da ressignificação – muito pregada na filosofia estoica – estavam certos e têm agora o aval da ciência: quando você muda a sua percepção, você reescreve a bioquímica do seu corpo. Uma pequena mudança de ângulo e você se reinventa, se salva...

O que se segue é que o cognitivo e o emocional devem andar juntos e em mútuo apoio. Devemos esquecer de vez a armadura simplista que opõe emocional-racional x selvagem- civilizado. Nietzsche mostrou que é na fonte emocional que nasce o pensamento racional. Não há oposição entre um e outro. Pensamos a partir do que sentimentos. Apesar de não termos consciência disso, a forma como sentimos influencia a nossa maneira de pensar. Faça esse exercício: antes de tomar uma decisão importante, experimente compreendê-la primeiro emocionalmente. Faça uma pausa e reflita sobre o que você sente. Quanto mais acesso às emoções, melhor será o seu pensamento racional e mais acertada será a decisão.

Outra boa estratégia é o "falar sobre". Inclusive, acredita-se que esse é o pulo do gato dos processos terapêuticos: falar. Mesmo quando o terapeuta é ruim, a psicoterapia funciona. Porque na verdade é o processo – o falar – que cura. O caminho mais rápido para identificar e compreender uma emoção, é verbalizá-la. Trazer para fora. Até porque não há outra maneira. Freud atesta que as emoções reprimidas nunca morrem. São enterradas vivas e acabam vindo à tona da pior maneira, no pior momento. Às vezes, em triunfo, pela porta principal, outras à socapa, pela porta dos fundos.

O terreno do sentir ainda comporta muitos percalços. Habitamos demasiado tempo o país da racionalidade e fomos formatados a ignorar as emoções – e aqui é preciso dizer que os homens foram criminosamente mais prejudicados, muito mais do que as mulheres. Porém, mesmo com essa tolerância, ainda assim, as mulheres não estão muito melhor. Por saber da tendência natural da mulher para ser mais emocional, foi com muita surpresa que identifiquei essa dificuldade em mim. No início da minha carreira, fiz algumas sessões de psicoterapia e foi muito perturbador perceber o quanto eu soterrava o meu emocional. As sessões iniciais foram frustrantes. Ouvi vezes sem conta, quase como um mantra, a réplica: "Margot, eu perguntei o que você sentiu, não o que você pensou". E eu ficava ali suspensa, sem saber o que dizer. "Eu não sei o que eu senti". Por conta da minha tendência para a racionalidade que ainda vigio, estou muito atenta a educação emocional do meu filho. Para contrariar a sociedade que exige mais racionalidade dos homens, desde muito cedo, tento ensiná-lo o verbalizar os seus sentimentos. Quando ele tinha 4, 5 anos, ia buscá-lo a pré-escola e, muitas vezes, assim que ele entrava no carro, desatava a chorar.

Primeiro eu partia para os despistes básicos: sede, calor? Dava-lhe água e tirava-lhe o casaco. Nessa idade, tanto se chora de sede, de desconforto térmico quanto de um braço ferido. Como o choro continuava, incentivava-o a falar o que tinha acontecido. E ele dizia "não houve nada". Comecei por ensiná-lo dando exemplos meus. Contava algo feliz ou algum desapontamento do meu dia e depois perguntava: "E contigo? Como foi o teu dia?". Com o tempo, ele começou a contar o que tinha acontecido de ruim, quem havia lhe batido e o porquê. Sentia-se péssimo. E com o seu suave acento lisboeta prescrevia o remédio: "hoje o dia correu-me muito mal e eu preciso mesmo dormir contigo". E, para confortá-lo, lá ia eu, mais uma vez, abrir uma exceção para o decreto "cada um na sua cama". E houve dias em que após ouvir as minhas queixas de um dia ruim, o meu filho retribuía e prescrevia o remédio também para mim: "Oh! Hoje você precisa mesmo dormir comigo." E é esse o caminho. Permita-se. Fale sobre o que você sente, mas, sobretudo, cerque-se de quem te dê permissão para sentir. E mais ainda, cerca-se daqueles que também possam te consolar depois.

Fuga de si mesmo, horror e vergonha de estar só?

10.2. A solidão é uma necessidade

A ideia de que é possível viver sem solidão (leia-se também sofrimento) tem arrastado multidões. E todos os dias surgem novas teorias. Dentre os mais populares estão as soluções "sem esforços", como os antidepressivos; e os cômodos – sem sair de casa – via tecnologia e suas redes sociais. Viemos de uma tradição cultural que ensina que a solidão é fera devoradora, um chamamento para o abismo. Quando uma criança se comporta mal, o castigo é permanecer numa cadeira sozinha para "pensar na vida". Na gênese do nosso Código Penal está a sentença que dita que os faltosos devem ser punidos com o isolamento. E se não se comportam bem na reclusão, são punidos com mais solidão, a "solitária".

Foi-nos ensinado que o "estar só" traz angústia, depois a depressão, seguido do suicídio. Assim, faz-se tudo para evitar a solidão. O rádio e a televisão estão sempre ligados. Busca-se a companhia artificial e permanece-se horas a fio na internet. Outros buscam a anestesia do álcool. Correm de um lado para o outro e optam por qualquer atividade que simule algum tipo de companhia e ajude na fuga dos seus próprios sentimentos e percepções. E, sobretudo, essa é uma condição não assumida, escondida da vista dos outros, porque diz o senso comum que os solitários são vistos como desajustados, portadores de uma espécie de loucura.

No entanto, a verdade desta condição precisa ser restabelecida. A solidão é o nome do primeiro e mais verdadeiro encontro que podemos experimentar na vida: a relação com o outro que habita em nós. É um estado de soberania, onde você olha para si mesmo na condição de estranho. Vem antes da relação com os outros. Se é importante, por que é rejeitado a todo o custo? Porque é nesse espaço onde também se dá o encontro com o nosso pior, um "eu" que rejeitamos, que gostaríamos que não existisse. Contudo, é também nesse espaço que ficamos frente a frente com o nosso melhor. É onde se vê claramente o que nos move, alegra, dá prazer, engajamento e significado. Arthur Schopenhauer, conhecedor exímio do seu interior, escreveu que cada um fugirá, suportará ou amará a solidão na proporção exata do valor da sua personalidade. Pois é na solidão que o indivíduo mesquinho sente toda a sua mesquinhez e o grande espírito toda a sua grandeza, pois cada um sente o que é. E apesar das dificuldades, a dor e a delícia de sermos quem somos precisam ser conhecidas.

Não há boa vida sem autoconhecimento.

O filósofo alemão Martin Heidegger afirma que a solidão é a pulsão para, em toda parte, estar em casa. Apesar do paradoxo, é a chance de fazer do mundo uma morada habitável e acolhedora, a única que vale a pena.

É preciso vencer o muro das construções sociais plasmadas nas canções que sentenciam que "sem você eu não sou ninguém" e ignore a pressão infernal da mídia que age como se todos estivessem caminhando para a arca de Nóe, isto é, aos pares. Abrace a solidão! É o único espaço (e por isso, precioso) em que você pode estar com você mesmo em plenitude. E num mundo com excessos de conexões, escutar o que precisamos dizer a nós mesmos não deveria ser representado como um cenário negativo. Ok. Você sempre fugiu a sete pés da solidão e não sabe como fazer? Comece com pequenas doses de si mesmo, apenas alguns minutos. A escrita pode enriquecer a solidão. Escreva o que você sente, analise o seu comportamento e os atos que aprecia, os impróprios. Leia-os alguns dias depois, releia e escute a sua própria voz. E se nesse exercício você se entristecer com um pedaço desfavorável de si mesmo... é normal. Essa peregrinação em direção ao íntimo perturba apenas aqueles que não estão habituados à sua prática. Com o tempo melhora. É preciso também saber desejar o que se precisa. Seja generoso. Você está no seu elemento, com acesso direto às fontes que dão significado a tua vida. Se o caminho se revelar muito árduo, procure a ajuda de um amigo, um mentor, um profissional... Há muitas estradas para ser-se senhor da própria casa. Põe-te a caminho.

Temor pelo que ainda está por vir e outros receios paralisantes?

10.3. A ambição de viver sem medo

Ontem eu descia a Rua do Alecrim em direção ao Tejo. E apesar da beleza de caminhar em direção aos reflexos do rio, e efeito da minha sombra projetada nos palacetes; eu pensava no meu destino e sentia medo. E é mesmo assim, o medo surge a qualquer momento, para qualquer um. Todos temos medos. Do perigo real e imediato, do futuro, da violência, do desemprego, da rejeição, da doença, do vazio, da incapacidade, da maldade, do envelhecimento. E quando somos pais, a lista de aflições atinge o grau máximo: temos medo dos acidentes e dos canalhas, das bactérias, das tragédias sem sentido... O medo faz parte do mecanismo de defesa de todas as espécies, está intrinsecamente ligado ao instinto de sobrevivência e é muito bem-vindo. É ele o responsável pela fuga de um incêndio ou a luta como resposta a uma agressão. Porém, há dois tipos de medo: aquele que surge devido a um perigo real, que está diante dos nossos olhos, e aquele que é imaginado. Esse segundo tipo de medo é gerado por aquilo que o homem pensa estar no futuro. E esse medo pelo que não existe (que habita apenas a nossa cabeça) a filosofia chama de temor. E por ser o mais comum, o mais inútil e também o mais danoso, o seu combate será um tema recorrente ao longo da história do pensamento.

Desde a antiguidade, com os estoicos – passando pela filosofia oriental, Nietzsche, Pascal –, todos os que refletiram sobre as condições para uma vida boa pregaram a não preocupação com o dia de amanhã. Montaigne, na sua obra *Ensaios*, exalta a postura de Pirro de Élida. O filósofo navegava sob uma terrível tempestade e mostrou aos apavorados marinheiros um porco indiferente ao temporal e incitou a que todos imitassem a sua sabedoria. No pensamento cristão, a serenidade diante do futuro é uma recomendação repetida à exaustão. Os estudiosos afirmam que existem 366 menções ao "não temais" na Bíblia, uma para cada dia do ano, inclusive o ano bissexto! Eis um consenso entre quase todas as escolas filosóficas.

O temor deve ser combatido. Primeiro pela sua inutilidade: as nossas preocupações não têm qualquer poder sobre o que ainda está para acontecer. Mas, talvez, o mal maior do temor é o prejuízo que ele traz para o presente. Um indivíduo atemorizado com o futuro, não está inteiro e nem disponível para a vida, que só acontece no presente. Porém, apesar de ser uma guerra justa, o combate é difícil. Vivemos sob a égide das expectativas. Metas e planejamento – tanto para a vida pessoal quanto para a profissional – estão na ordem do dia. Há uma espécie de fanatismo pelo controle que manda antever os problemas e pensar nas possíveis soluções. Acontece que esse preparo traz mais inquietação do que realização. Como está fora do nosso controle, a obsessão pelo futuro traz um mal-estar por antecipação cuja única função é tornar a vida mais amarga do que ela já é. Epicuro definiu o homem sábio como aquele que cuida do presente. Viva a vida, viva os seus sonhos, mas não viva os seus medos. Quando o temor transportar você para o futuro, seja firme e mantenha todo o seu corpo estendido no dia de hoje. É um propósito. Até o grande rei David perseguiu essa ambição. Muitas vezes ele clamou aos céus com o pedido: "Senhor, concede-me a graça de ser como os lírios do campo: não me preocupar com o amanhã".

Só o bom, o belo e o pensamento positivo?

10.4. Não! Deixa-me sentir tudo

Vi recentemente um filme que mostrava o sofrimento de um pai após o funeral do filho. Um amigo – após breves palavras de consolo – questionou se ele queria um calmante, o que foi recusado. De uma tia, mais palavras de consolo e a sugestão para um calmante. Na terceira oferta de um paliativo, o homem implorou: "por favor, deixem-me sentir". O mesmo tratamento é dirigido a tristeza, a ansiedade, a inveja, o medo... Todos os que estão a nossa volta – amigos, família – procuram erguer uma barricada protetora contra os sentimentos considerados "não bons". Para que sofrer quando você pode evadir-se com anestésicos, refugiar-se em distrações, "ausentar-se". Em tempos de ditadura da felicidade e medicalização da vida, todos os sentimentos considerados negativos são banidos.

Mas estaremos no caminho certo? O tratado mais completo sobre os estados experimentados pelo homem foi feito por Baruch Espinosa. Filho de judeus portugueses imigrados para a Holanda, o filósofo afirma que nascemos com uma potência para viver, o *conatus*. E ao longo de toda a vida, essa potência aumenta e diminui de acordo com o que experimentamos. Esses acontecimentos são traduzidos e assimilados por nós como afetos. Você encontra um amigo querido na rua? Alegria. Aumento de potência de viver. Toma um sorvete numa tarde de verão? Prazer. Aumento da potência de viver. Restaurante favorito fechado? Decepção. Diminuição da potência de viver... E os afetos não são apenas aquilo que vem de fora, do mundo físico, vem também de conteúdos gerados pela sua mente. Você pensa no futuro e sente temor? Diminuição do conatus. Recorda uma boa lembrança e se alegra? Aumento do conatus. São afetos que não existem no mundo físico, mas que modificam a sua potência de viver. Somos afetados por coisas ou pessoas que encontramos no mundo e também somos afetados por conteúdos que passam pela nossa cabeça.

Podemos contemplar claramente os movimentos do nosso conatus. Há dias que acordamos com uma espécie de bônus da vida, 70 numa escala de 100, com energia, potência máxima; porém, no fim do dia, depois de pauladas e contratempos, o conatus desce para 30. Também ocorre o oposto. Acordamos letárgicos – escala em 30 –, depois de um banho e uma xícara de café vai para 60. E o nosso dia é assim, a escala desce e sobe. A nossa potência aumenta ou diminui de acordo com o que encontramos pelo caminho. E esse aumentar e diminuir também podem ser simplificados para alegria e tristeza. A partir desses dois afetos primários, nascem todos os outros. Um exemplo: o que é amor? É a alegria acompanhada de uma causa exterior – aumento de potência. O que é o ódio? Uma tristeza acompanhada de uma causa exterior – diminuição de potência.

É óbvio, os bons encontros aumentam a nossa potência de ser e agir no mundo, por isso, lutamos por eles. Há algo mais sublime do que um encontro feliz? O abraço terno de um amigo, a água quando temos sede, o contato com um corpo amado, a música que se funde a nossa alma, o cheiro que ativa boas memórias ... Quem não se sente poderoso após o encontro com esses afetos?

Na linha oposta: os encontros tristes. São eles os responsáveis pela sensação de derrota e aflição. O conatus diminui, a nossa força de existir e agir desaparece. Perdemos a consciência de nós mesmos. Fugimos do nosso próprio corpo. Os encontros tristes têm uma lista infinita – vão desde o encontro com pessoas de mal com a vida até a ingestão de uma comida estragada. Qual é a nossa expectativa? Eliminá-los, claro! Queremos só os encontros que elevam a vida. Desde que abrimos os olhos, perseguimos com sofreguidão tudo o que aumenta a nossa potência. Conseguimos? Não. A vida é cheia de encontros tristes. Aliás, matematicamente, a vida tem muito mais elementos que diminuem a potência de viver do que os que aumentam. Pense como os prazeres são rápidos e fugazes e pense quanto tempo dura uma enxaqueca. Ao fim do dia, conte quantas pessoas desagradáveis você travou contato e quantas te encantou. A discrepância é tal que Schopenhauer – o metafísico do pessimismo, mas um otimista prático – aconselha para o balanço da vida, as dores que foram evitadas e não os prazeres obtidos. É muito mais sábio agir para evitar a dor do que para obter prazer. A dor é intensa e duradoura, o prazer, um alento transitório.

Alguns gurus da autoajuda ensinam a escapar do sobe e desce do conatus. Eles sugerem que você faça uma lista e foque-se só no que aumenta a sua potência. Não perca seu tempo. Certamente você será vencido pela capacidade criativa do mundo – e pela sua própria. Afinal, você já se deu conta de que repetiu uma experiência maravilhosa e não foi a mesma coisa. O que alegra hoje pode não alegrar amanhã. É melhor ficar com a proposta de Schopenhauer.

Porém, convém não perder de vista que nem tudo corre mal quando o nosso elã vital diminui. E aqui voltamos a grande beleza da filosofia de Espinosa: quanto mais afetos você vivencia, mais aumenta a sua capacidade para sentir; mais capacidade para sentir, maior também o seu repertório para pensar e agir – para viver. Portanto, se são inevitáveis, o melhor mesmo é vivê-los integralmente. Não fugir, nem mascarar. Encare que toda a moeda tem dois lados, aprecie todos os mil e um tons do cinza e, principalmente, não aceite um centímetro do politicamente correto. Para além do aprendizado que eles trazem, eles mostram com clareza o que queremos e o que não queremos.

Vamos a eles. Quais são esses afetos que diminuem o nosso conatus? Vários. Podemos começar com um velho conhecido, o medo. Aqui um refinamento da filosofia que merece a sua atenção: o medo vem do mundo externo – daquilo que se apresenta a você e o temor é um conteúdo imaginado, existe apenas na sua cabeça. Seja um ou outro – real ou imaginado – ambos são inibidores da potência de viver. Os encontros tristes são parte do kit de viver, não há como fugir deles, mas eles podem ser vivenciados com lucidez. Podem deixar sequelas más? Podem, mas também nos deixam mais fortes e aumentam a nossa capacidade de voo. Ou traduzindo para a sabedoria popular: "só aprecia devidamente o doce, quem experimentou o amargo". E não é só. Os medos e os temores carregam muitas outras lições implícitas. Eles realçam com luzes de néon o que se eleva sobre nós e mostra com clareza o que pode e o que não pode ser alcançado. E, por fim, atua como pano de fundo para a coragem. A pergunta é: será que procuraríamos ser corajosos se não tivéssemos medo?

A raiva – e suas variantes como ira e ódio – é muito malvista. É associada a destruição e condenada socialmente. Darwin afirma que a raiva faz parte do nosso mecanismo de defesa, está ligado aos nossos instintos. Portanto, é humana. O que é preciso é vivê-la com autocontrole e discernimento. Dá próxima vez que você ferver de raiva, não engula e nem disfarce. Pare e analise. De onde ela veio e por quê? É legítima? Um ponto importante: há pessoas que não sabem discordar sem raiva. Nesse tipo de uso, a raiva é nociva e desnecessária. Você pode discordar de alguém sem a ajuda da raiva. Mas, se sua raiva for justa, fique com ela e aproveite a reflexão que ela traz para melhorar. O filósofo alemão Peter Sloterdijk, na obra *Ira e Tempo*, afirma que o outro reverso da raiva é o sentido heroico de justiça. A raiva quando funciona como motor para a luta justa é muito bem-vinda.

Invejei, e agora? Culpo-me? Até da inveja e da culpa podem surgir grandes aprendizados. Cobiçar as qualidades de outro é a gênese da inveja, mas também é a gênese das mudanças. O outro serve como um espelho para mostrar o que queremos para nós. A inveja também faz oposição ao contentamento e exibe com profundidade o que nos faz falta. A culpa – junto com a sua faceta social, a vergonha – ilumina o chão das nossas potencialidades. E só para voltar ao início da história, o sofrimento do luto ajuda a assimilar e integrar uma condição comum a todo aquele que vive: a certeza da morte.

Quanto mais experientes de encontros – tristes ou alegres –, mais aumentamos a compreensão sobre nós e o mundo. Acolha todos os encontros e aprenda com eles. Olhe-se no espelho e assuma todas as suas facetas: fiel ao antigo e apaixonado pelo novo; imerso em águas profundas e com os pés fincados em terra firme; um pedaço sombrio e outro luminoso... Caminhe pela vida assim, de peito aberto e carregando tudo o que você é.

Faça as pazes com a tristeza. Acolha-a e deixe ela dizer a que veio.

10.5. *Calligaris reivindica o direito à tristeza (nossa e dos nossos filhos)*

Qual é o mal da busca insana pela alegria? Mesmo quando não a alcançamos, só a sua busca já vale a pena? Depende. Visto de frente não há nada de errado. O mal só é visto nas laterais. Quando alarga-se a visão é que se nota que o caminho não é tão inofensivo quanto aparenta. Na ânsia de ser alegre o tempo inteiro, não deixamos espaço para o outro pedaço da alegria: a tristeza. É como um convidado que amamos na nossa festa, mas vetamos a sua entrada por detestar o seu cônjuge. É compreensível. A tristeza não goza de boa reputação e, socialmente, é persona non grata. E como se não bastasse, há o consenso de que a tristeza é a antecâmara da depressão, a doença mais temida da modernidade. Uma associação equivocada e perigosa. A depressão é uma doença clínica que exige medicamento e acompanhamento psicoterapêutico; já a tristeza é parte fundamental da vida. Ironicamente, muitos quadros depressivos são desencadeados exatamente por não haver espaço para vivenciar a tristeza.

O medo da tristeza não é novo. Vem da nossa cultura cristã. Na Idade Média, era um pecado gravíssimo. Para a alta cúpula eclesiástica, estar deprimido era desprezar a criação, portanto, desagradar a Deus. Ora, um monge recluso partilhava da glória divina, deveria era estar em êxtase e não triste. E para o mundo lá fora? Um monge triste também era inadmissível. Na miséria da Idade Média, os mosteiros eram ilhas de privilegiados. Lá estavam protegidos do compromisso com a guerra, da fome e das pestes. Em última instância, um monge triste era um mal-agradecido.

E hoje, tempos de culto à psicologia positiva, o cenário permanece. A tristeza é malvista. Nas fotos da família, dos amigos e das redes sociais predomina o mundo das pessoas sorridentes, num permanente e exaustivo jogo do contente. Mas o melhor sorriso é para as fotos de viagens. Óbvio, estamos no terreno da ausência total de tristeza. E mesmo quando o destino turístico são antigos campos de concentração do regime nazista – e outros cenários de sofrimento e de morte – chega-se ao cúmulo de se postar sorrisos e poses acrobáticas. Sim. A macabra visita, antes um interesse histórico, agora está na moda. A mensagem é: "Olhem para mim! Viajo, sou feliz e ainda tenho excelente forma física". Espere... Nesse cenário viveram pessoas em condições sub-humanas que foram torturadas e depois mortas... Não interessa.

E no palco das redes sociais, coitado daquele que postar uma foto com um semblante caído ou expressar algum estado de tristeza. Da maioria, receberá desaprovação e o rótulo de problemático e sem noção. Alguns serão mais empáticos e pedirão para o "triste" sair imediatamente do estado inaceitável, com apelos de "força" e de que "a vida é bela". Outros vão desprezá-lo: "Querido, a tristeza é pessoal e intransferível. Desapareça! Tranque-se na sua caverna e só saia de lá quando estiver bem".

Porém, o absurdo desse cenário é que estamos tentando replicar esse modelo na geração seguinte. Contardo Calligaris, psicanalista italiano radicado em São Paulo, foi um dos primeiros a denunciar o problema. Calligaris alertou que a busca insana pela felicidade é um mal e está sendo passado de pai para filho. Segundo ele, a geração de pais de hoje vê a criança de forma muito idealizada e trata-a como um representante da felicidade que eles não tiveram. Slogans como "trate o seu filho com cuidado, ele é feito de sonhos" e "meu filho, meu tesouro" alimentam a ideia de que a infância é um valor em si. Com esse equívoco em mente, os pais estão privando a criança de crescer. Eis a razão por detrás dos adolescentes de 30 anos e dos muitos adultos vivendo na casa dos pais. O endeusamento dos primeiros anos de vida é novo, tem cerca de 100 anos. No século XIX, uma criança sabia muito bem qual era a aparência de um adulto, pois um adulto era muito diferente dela. Hoje, como se não bastasse a apreciação exagerada da infância, muitos adultos fazem incursões a ela. O resultado é que a criança olha para os pais e acha que eles são adultos por obrigação durante a semana e, aos sábados e domingos, se vestem e agem como crianças. Uma confusão muito complicada para a criança gerir.

Para os pais, a criança deprimida é intolerável, não pelo seu sofrimento em si, mas porque consideram que a criança tem a obrigação de ser feliz no lugar deles. "Meu filho/minha filha, seja feliz por mim." Outros se sentem injustiçados: "como pode estar infeliz, faço tudo por ele. Ele tem tudo". Muitos pais agem como se fossem heróis, como se a presença e envolvimento do pai e da mãe fossem suficientes para a felicidade da criança. Ora, amor e proteção não impedem a angústia de uma criança. Ela pode estar infeliz por muitas razões – desde porque perdeu um carrinho, descobriu que todos morrem mais cedo ou mais tarde ou simplesmente porque foi esnobada por um colega na escola – todas razões pertinentes e normais. A criança, afinal, vive no mundo real.

Para Calligaris, a criança de hoje tem dois deveres contraditórios. O primeiro – normal e saudável – é o de crescer, isto é, parar de ser criança. O segundo dever – o mais complicado – é encenar a felicidade para os adultos. No processo de crescimento, a criança vai descobrindo que o que ela quer custa dinheiro, que há restrições e obstáculos e vai aprendendo que, na escola, todos os dias tem um embate. Ela assimila que não dá para ser feliz sempre. O que escolher? Viver entre esses dois mundos, administrar essa contradição pode ser uma grande fonte de angústia para a criança. Como poderá ela assumir a tarefa de ser a representante da felicidade que os pais não tiveram. E por que não tiveram? Porque são adultos, porque a vida é dura, porque sentem dor nas costas, porque o casamento é tenso, porque o país vai mal, porque não sabem o que querem.

A ideia da infância como um tempo mágico – sem o pesadelo dos relacionamentos e sem contas para pagar – precisa ser esclarecida. Ela não é nenhum paraíso. E é muito estranho que os adultos não se lembrem das dores e dilemas da sua própria infância. Basta olhar para as estatísticas da criança deprimida e nota-se que os índices de depressão acompanham os índices dos adultos.

Devemos parar de romantizar a infância. Somos seres humanos em permanente construção e cada idade carrega as suas próprias angústias e dores, seus heróis e vilões, seus desencantos e êxtases. A tristeza infantil não é ingratidão, não é um pecado, nem uma doença para ser medicada. Tal como nós, a criança tem o direito de estar triste, tem o direito de chorar. Não é pessoal. Ela não é um boneco para nos compensar de perdas e danos da nossa existência. Ela é como nós. É um ser autônomo que tem dúvidas e dias difíceis; que se alegra e se entristece; que se decepciona e se encanta. O que o maniqueísmo não nos deixa ver é que não existe alegria sem tristeza e nem tristeza sem alegria. Só vivenciamos a alegria genuína quando também vivenciamos a tristeza genuína. Elas coabitam, se alternam, se encontram, se interlaçam. E assim como a alegria, a tristeza também é bem-vinda!

Perseguido pela consciência de uma falha, erro ou imperfeição?

10.6. Beba com moderação as doses da culpa

A culpa está entre nós desde o início dos tempos. Talvez a sua mais contundente aparição esteja no Antigo Testamento, em Gênesis, o livro da Bíblia que narra a origem da vida humana. A história é conhecida. A serpente tenta Eva, ela come o fruto proibido e depois oferece-o a Adão. Avancemos agora para a parte em que Deus descobre a desobediência. O Altíssimo caminha e não vê Adão. Chama-o e eis que ele surge dos arbustos. Adão, constrangido, apresenta-se. Afirma que ouviu a voz de Deus, mas porque estava nu, escondeu-se. Deus questiona: "Quem te mostrou que estavas nu? Comeste do fruto da árvore que te ordenei que não comesses?". E Adão, na sua aflição, pensa em Eva – a sua amada, sua companheira – e decide que a culpa foi dela. Pensa melhor e decide que Deus também é culpado. E vão os dois no mesmo pacote: "A mulher que me deste por companheira, deu-me o fruto". Começa a astúcia humana. Em uma única frase, Adão nega a sua responsabilidade e arruma dois culpados para o seu ato. Resumo do drama: a primeira vez que o primeiro homem teve consciência do seu primeiro erro, não o assumiu. O primeiro homem culpou a primeira mulher. E depois o primeiro homem culpou Deus.

E a saga dessa primeira culpa segue com os seus desdobramentos. Depois de Adão, Eva, quando confrontada, culpou a serpente: um ser vaporoso, manhoso. E nessa alegoria, a serpente é o próprio demônio. Longe de mim tocar no fio desencapado da guerra dos sexos, mas nesse episódio, Jordan B. Peterson afirma que podemos entender o erro e sentir empatia por Eva. Afinal ela foi enganada pelo próprio diabo. Mas e Adão? "Ninguém o obrigou", diz ele. Ok. Seguimos. Antes da contravenção, Adão e Eva não pareciam muito conscientes e certamente não tinham consciência de si mesmos. O indicativo disso é que não se davam conta de que estavam nus. Ora, os únicos que não receiam a nudez – embora haja exceções – são crianças com menos de três anos. E eis aqui toda a humanidade da culpa: ela é inseparável do "ter consciência".

Por ser demasiado humana, a culpa foi presença constante no radar de Nietzsche. Ele detectou suas raízes profundas, entrelaçadas no que entendemos por "dívida" e "promessa". Não há psique humana que não tenha a noção de que devemos e somos devedores de alguma coisa ou de alguém. Assim, para Nietzsche, a principal definição do homem superior é "aquele que é capaz de fazer promessas" (porque é o único ser vivente apetrechado de memória). Ora, sempre falhamos porque não controlamos todas as variáveis para cumprir o prometido. Portanto, sem culpa, sem vida.

Há quem não compreenda a preocupação de Nietzsche, pensa que é um exagero. Afinal, a culpa é um sentimento banal. De vez em quando nos culpamos e – quando somos imaturos – culpamos os outros. Ocorre que subestimamos o seu caráter nocivo. Principalmente devido ao reforço da tradição cristã que romantiza a culpa e trata-a como um sentimento necessário para o arrependimento, portanto, para a salvação. Porém, não se deve perder de vista o poder devastador da culpa. Há quem – refém da culpa – viva uma vida desfocada, sem propósito, sem sentido. E depois de muita conversa, dissecam-se todas as queixas, faz-se um rastreamento e o que surge? Um sentimento de culpa generalizado. De si mesmo, dos outros, do mundo, quase como um traço do inconsciente coletivo.

Com exceção da doença mental, qual a razão da maioria dos suicídios? A culpa. Festeja-se muito o ato de "perdoar os outros", mas o mais benéfico – e também o mais difícil – é perdoar a si mesmo. Quem coleciona culpas acaba imerso no remorso. Nesse estágio, as culpas se transformam numa dívida impagável. Sem perspectiva de redenção, passa-se a uma existência amarga. Com a caixa de culpas cheia e sem espaço interior, acontece uma espécie de alienação de si mesmo. A vítima do excesso de culpa para de lutar. Tudo o que acontece é culpa dos outros (afinal, sempre precisamos de um culpado).

Outro agravante é que o senso comum vê a culpa como um problema de fácil resolução. Afinal, a receita é óbvia: elimine-a! Os manuais de autoajuda ordenam: "Pare de culpar os outros e a si mesmo. A culpa prende, paralisa e traz sofrimento. Esqueça a culpa e passe a ver responsabilidades. Essa é a chave porque quando assumimos a nossa responsabilidade, partimos para a luta. Agimos e consertamos as coisas. A tarefa é muito simples!" Não é. Primeiro, porque – passo ao clichê – entre o que se pensa e o que se sente há uma distância enorme. Um exemplo: racionalmente enxergamos um erro, mas junto com ele vem um sentimento difícil de se lidar, a vergonha. Segundo, porque forças gigantes emergem para inviabilizar a "tarefa simples". A primeira delas – e começo pela maior – é a nossa mania de grandeza existencial. Assumimos que somos (quase) perfeitos – (quase) nunca erramos – e achamos que estamos no controle total das nossas vidas. Fazemos e acontecemos.

Se você acredita que tudo depende de você e se a vida não acontece como você queria, de quem é a culpa? Ora, "é sua!", responde o seu delírio de grandeza. E nessa crença, abre-se a porta para a culpa, ela entra e se instala. Persistente e labiríntica, a culpa vai resistir, não será fácil se livrar dela. Quem experimenta uma perda – seja no trabalho ou numa relação – vê nitidamente esse processo. Revisamos os acontecimentos – principalmente os últimos – e só encontramos os nossos erros. Depois de uma ligeira paralisia, vem o alerta: e se eu tivesse feito isso e não aquilo? E se eu tivesse dito isso? E se eu tivesse feito aquilo? Finalmente faz-se luz e você enxerga tudo com nitidez. O coração dispara. "A culpa foi minha. A culpa foi toda minha".

Depois de se livrar do delírio de achar que você controla a sua vida – e aqui tenho que recordar que esse é um dos pilares da filosofia estoica –, assuma as suas imperfeições, seus erros, suas falhas. Mas também assuma a sua capacidade de aperfeiçoamento e reinvenção. Assuma as suas dualidades. Aceite-se. Não assimile nenhum rótulo – e não permita que ninguém faça isso! Você pode ser alegre e triste. Pode ser generoso e mesquinho. Ter coração aberto e ter toque de recolher; ser ciumento e possessivo, mas também pode saber soltar a mão. Faça da sua condição dualista um mantra para a sua vida de todos os dias.

Quando interiorizamos o nosso eu por inteiro, fica mais fácil assumir os erros, aceitá-los e consertá-los.

E, claro, não é para exagerar no acolhimento dos erros. Você não precisa se transformar num personagem do dramaturgo Nelson Rodrigues e bradar aos céus o "eu não presto" ou "eu me arrependo do marido, não me arrependo dos amantes". Manter diálogo e negociar, não é mimar. Voltando a Adão e Eva, esse simbolismo poderoso da nossa gênese não deve ser ignorado, mas para sermos realistas é preciso que se aceite que mesmo se conseguíssemos eliminar todas as cobras/erros que nos tentam, não estaríamos a salvo. Afinal, o inimigo somos nós. Carregamos dentro de nós, a falha, a imperfeição e o erro. Mas podemos sempre caminhar – com lucidez e realismo – em direção ao melhor. E sem culpas!

CAPÍTULO 11
VIRTUDES

"O homem, graças à sua covardia, é o ser no qual o infortúnio amadurece."

PETER SLOTERDIJK

Agradecer é prática de esotéricos e filósofos estoicos?

11.1. Ciência confirma: a gratidão é a mãe da felicidade

Hoje, o tema Virtudes é considerado obsoleto. A virtude ou uma pessoa virtuosa está associada à filosofia antiga, a Teologia. Acredita-se que a sua prática exija renúncia e sacrifício, portanto, é exclusivamente para ascetas e suas vidas austeras e contemplativas. Não é para o homem moderno ocupado nas suas rotinas excessivas e aceleradas. Quando ajustamos o foco e vislumbramos os valores lá fora, as virtudes são ainda mais inadequadas. Qual é o espaço das virtudes num mundo onde valoriza-se o ter, poder e prazer? Uma tríade que resume exatamente o extremo oposto das virtudes: os vícios.

A falta de popularidade é ainda mais chocante quando somos confrontados com o seu significado: virtude é uma inclinação para a prática do bem. Aristóteles chamava a atenção para o seu caráter prático: "A virtude é uma disposição para fazer o bem e aperfeiçoa-se com o hábito". Ser virtuoso é sinónimo de alguém com uma boa essência, um indivíduo que realiza boas ações motivadas por índole própria, que busca a excelência no exercício de viver. Para os gregos antigos, as virtudes eram causa e caminho para uma vida com significado, o porto onde a felicidade se abrigava.

E eis aqui o primeiro ponto onde o mundo antigo e o de hoje se encontram: a busca da felicidade. Ora, não há felicidade sem virtudes. Mas como praticar a virtude num mundo que caminha em sentido contrário de tudo o que é virtuoso? Não há razão para nos alarmarmos. Apesar das diferenças de cenário, o exercício das virtudes é tão difícil hoje, como era para os gregos antigos. Um exemplo disso é o estoicismo. Essa corrente da filosofia, que data do século III a.C, tem como foco a importância – e as dificuldades – do exercício das virtudes.

Sêneca, um dos grandes representantes do estoicismo, recomendava abraçar as virtudes nobres – como a generosidade – e pô-las em prática, por mais difíceis que fossem. Complexas e contraditórias, as virtudes têm uma prática árdua. O próprio Sêneca debatia-se com essas dificuldades: foi a vida inteira um estoico que remava contra a maré das suas inclinações para o epicurismo, vertente filosófica que cultiva os prazeres como pedra angular da existência humana.

Mais para a frente, na era medieval, Agostinho de Hipona – um pensador cristão de primeira grandeza, canonizado pela igreja católica como Santo Agostinho – debatia-se com o mesmo problema e lamentava que não conseguia implementar o bem que sabia. Agostinho é o autor da célebre invocação: "Deus, dá-me moderação e castidade, mas não já".

Porém, apesar da nossa teimosia e resistência, tendemos para as virtudes, inclinamo-nos na sua direção porque precisamos delas para sermos felizes. Talvez, exatamente pela necessidade, algumas virtudes brotam da terra. Foi com grande espanto que acompanhei o surgimento da moda da gratidão. Essa virtude instalou-se e está em toda parte. Há inúmeros estudos científicos, muitas entradas no Google, emojis, e nas redes sociais há uma profusão de #gratidão. E é muito curioso observar que estamos a seguir exatamente a recomendação da filosofia antiga, para a qual o ato de agradecer é uma espécie de supervirtude. O filósofo e senador romano Marco Túlio Cícero afirmava que a gratidão não é apenas a maior, mas a mãe de todas as virtudes. Isso porque, todas as virtudes podem ser melhoradas com a prática da gratidão. E não podemos ignorar que talvez o seu surgimento não seja apenas por necessidade, mas também porque ela se encaixa nos novos tempos. Afinal, há uma forma rápida, fácil e eficiente de sermos virtuosos. Basta praticar a gratidão.

E aqui cabe um aparte: o bom senso manda desconfiar da fórmula fácil-rápida, mas quando vem de alguém com a envergadura de Cícero, devemos prestar atenção. O Renascimento foi, acima de tudo, um reavivar de Cícero. E, depois dele e através dele, de toda a antiguidade clássica. John Locke, David Hume, Montesquieu, todos os principais pensadores do Iluminismo, tiveram Cícero como fonte.

Depois dessa contextualização, chegamos à questão: afinal, o que é gratidão? Em linhas gerais, é a percepção – e a valorização – de que alguém, ou algo, nos prestou uma ajuda ou um benefício. É o reconhecimento de uma dádiva.

Daqui extrai-se uma faceta importante da gratidão: ela é também zelo pelo outro. Recebo uma dádiva, valorizo-a e quero que o outro saiba do meu apreço. Essa é uma condição que verificamos no nosso dia a dia. Pessoas são acusadas de serem ingratas, muitas vezes, apenas porque elas não reconheceram como dádiva a oferta do outro.

Para o filósofo francês André Comte-Sponville, a gratidão é a mais agradável das virtudes, mas também a mais rara. Isso porque os seus limites são difusos, não é fácil identificá-la. Há muito boa gente que se considera um praticante assíduo dessa virtude, mas não o é. Talvez uma forma de ajudar na percepção dos seus contornos seja estabelecer o que não é gratidão. Há quem seja muito cioso e tem uma noção clara do dever de reciprocidade à uma cortesia. Isso não é gratidão, é retribuição. Há quem esteja sempre atento a compensar um favor, isso não é gratidão, é troca.

A gratidão é uma virtude desinteressada. Talvez conheça alguém que se considera um profissional da gratidão. Mal tem um motivo, apressa-se logo a agradecer de mil maneiras. Isso também não é gratidão, é subserviência e egoísmo disfarçados. Só se agradece porque espera que venha mais da fonte. Não é gratidão, é lisonja. E a lisonja é um vício.

E por fim, a gratidão reconcilia-nos com o passado e o presente – um importante indicador da vida plena. Essa faceta da gratidão funciona como um antídoto contra às doenças modernas que estão associadas à incapacidade de lidar com o passado e viver no presente – como a depressão e a ansiedade. "A gratidão vem de uma alegria do passado", diz Epicuro. Algo que recebemos no passado, reconhecemos e validamos no presente.

Eis aqui o retrato falado da gratidão. Na posse deles, fazemos o *check list* de todos os nossos últimos #gratidão nas nossas redes sociais e percebemos que afinal não estamos a praticar essa virtude. Portanto, não sentimos nenhum dos seus efeitos.

Não é sem razão que, apesar da sua génese filosófica, a gratidão voltou a ser notícia pela mão da psicologia positiva. Essa corrente da psicologia prega que as emoções positivas – desencadeadas pela prática da generosidade, amor, compaixão, gratidão – aumentam a qualidade do pensar e do agir e contribuem para o bem-estar emocional. E hoje esse é o nosso terreno. A psicologia, em parceria com a neurociência, tem uma profusão de estudos sobre as virtudes, principalmente, sobre a gratidão. Tudo que a filosofia identificou há quase 2 mil anos, hoje, está a ser corroborado e provado por esses estudos.

A afirmação de Cícero de que "a gratidão não é apenas a maior, mas a mãe de todas as virtudes" foi confirmada pelo grupo de estudo do departamento de psicologia da Northeastern University (Boston, EUA), a *Social Emotions*. O estudo identifica que uma pessoa que dedica o seu tempo, dinheiro ou outros recursos, em detrimento ao seu próprio prazer, para agradecer a alguém, ou fazer um sacrifício por outra pessoa, movida pelo desejo de agradecer algo do passado; ou simplesmente quando ajuda um amigo – tendo em vista a permanência da amizade a longo prazo – ela tem tendência a ser mais íntegra, justa e sensata.

De acordo esses estudos, voluntários expostos ao sentimento de gratidão, tiveram mais propensão à honestidade. A percentagem de trapaceiros caiu pela metade (de quase 49% para 27%) entre aqueles que – encontrando-se na oportunidade de enganar – lembraram-se de um momento em que se sentiram gratos, em comparação com aqueles que descreveram um momento em que se sentiram felizes ou sem nenhuma emoção específica.

Outros estudos atestam que a gratidão ativa e fortalece outras virtudes. Os seus praticantes têm maior probabilidade de ajudar os outros, de serem leais mesmo em sacrifício próprio, de dividir seus lucros de maneira mais igualitária. Antes desses estudos, o pensador alemão Georg Simmel escreveu que a "gratidão é a memória moral da humanidade". E esses são apenas alguns exemplos tangíveis. Não é preciso estudos para compreender que quem se sente agradecido reconhece o valor dos outros, assume que não é autossuficiente, e que não domina todas as situações. É um exercício de humildade.

E há um bónus extra. A prática da gratidão apresenta um precioso efeito colateral: o autocontrole. O estoicismo, no seu corpo filosófico, aponta que grande parte das angústias e dilemas da existência poderiam ser facilmente resolvidos com o autocontrole. A associação é óbvia: dos grandes dilemas morais à tomada de decisões, quase tudo na vida resume-se ao autocontrole. Um estudo de 2014 demonstrou que as pessoas induzidas a sentirem-se gratas, em comparação com aquelas induzidas a sentir felicidade ou nenhuma emoção, ficaram muito mais dispostas a esperar por uma recompensa financeira maior (por exemplo, 80 dólares em três semanas) em comparação com uma recompensa menor e imediata (35 dólares agora).

Há quem acredite que não há espaço, nem tempo e nem protagonistas para a prática das virtudes, muito menos para a supérflua gratidão. Vivemos numa modernidade agitada, onde somos inundados pelas demandas da vida quotidiana. Não há tempo. A reflexão sobre elas exige a construção de contextos e certos rituais. Não há espaço. E, finalmente, não há protagonistas. O ser humano é hoje muito mais individualista e centrado em si mesmo do que em qualquer outra época da história.

Mas, mesmo com esses entraves, não é aceitável a má vontade em agradecer. É um ato simples. Aliás, incomoda-me tanto o descaso com essa prática, que acho que a ausência dela – a ingratidão – deveria ser incluída na lista de pecados capitais. Só há benesses. Aqueles que se sentem agradecidos são mais propensos à partilha e à ajuda aos outros. Tendem a ser mais leais, mesmo em contextos adversos e em sacrifício próprio. E, óbvio, sem contar que os ingratos levam o mesmo rótulo das pessoas tóxicas. Eles estão sempre a reclamar, a vestirem a capa da vítima e a culpar os outros pelos seus infortúnios. E mais do que isso, são pessoas que estão sempre à procura de recompensas, convictas de que o mundo lhes deve alguma coisa.

Para além de todos os benefícios para quem a pratica e para quem a recebe, a gratidão é um traço de caráter, uma sensibilidade, uma forma de estar, uma delicadeza social. É uma espécie de boa vontade que predispõe a retribuição de um benefício; pagar – com zelo e gosto – uma "dívida"; é um fortalecedor de relações. Então, quando estiver num momento de reflexão e notar que precisa de mais bem-estar, contentamento, satisfação com o passado, otimismo para o futuro, fluidez no presente... Pratique a gratidão. Recorde-se das suas últimas dádivas, dos seus respectivos benfeitores e comece o exercício. E nem é preciso ter paciência para esperar pelos resultados. Os efeitos são imediatos: para os outros e para si mesmo. Agradeça!

Dúvidas sobre o que é certo e errado? Depende do filósofo.

11.2. Kant sugere o amor como o melhor conselheiro

Todos os dias somos confrontados com escolhas. Começamos o dia decidindo a que horas levantar, o que vestir, o que comer. São escolhas simples, de nível um – dizem respeito apenas a nós mesmos. No nível dois estão as decisões complexas. Essas comportam mais variáveis e mais protagonistas. "Devo aceitar a nova proposta de trabalho?" ou "Faço essa viagem"? E, inevitável, chegamos ao nível três: terreno dos grandes dilemas, das tragédias gregas... Você está num enorme embate interno, precisa tomar uma decisão, executar a ação e, para agravar, precisa ainda considerar, incluir, lidar... com o outro. Suas razões, as razões dos outros, o que é bom para mim, não é bom para o outro. E para aumentar ainda mais a complexidade, entra em cena interrogações como "o que é certo?", "o que é justo?", "o que é o bem?". Um labirinto de difícil saída.

O entrave começa logo pela definição do conceito de bem. Na filosofia não existe um consenso, mas para escolher um caminho, apresento um conceito clássico da filosofia e a minha favorita: "O bem é tudo aquilo que não é o mal". Essa afirmação faz parte do corpo filosófico de um pensador de primeira grandeza: Santo Agostinho. Parece uma não resposta, um truque para fugir do assunto. Não é. A definição de algo através do seu contrário, vem do seguinte pensamento: o mal não possui uma natureza negativa, mas a perda do bem recebe o nome de mal. Isto é: há ações praticadas pelo homem que o aproximam e outras que o afastam do bem.

O que é o certo já é mais complicado. Há várias divergências ao longo da história da filosofia. Vamos a um exemplo prático. Diante de determinado objetivo, você implementou duas ou três ações para alcançá-lo. E agora você pergunta para Nicolau Maquiavel (filósofo, poeta, músico e autor da imortal obra *O Príncipe*): fiz o certo?

— Depende. Alcançou o seu objetivo? — pergunta Maquiavel.
— Sim.
— Então, você agiu certo.
— Mas, Maquiavel, o senhor não quer saber o que fiz para alcançar os meus objetivos?

Maquiavel diz que não e reafirma que se você alcançou os seus objetivos, você agiu certo. "Os fins justificam os meios" (sim. Maquiavel é o autor desse célebre conceito). Pode parecer chocante, mas as ideias de Maquiavel estão em plena vigência; principalmente na política e no mundo corporativo. Por acaso o seu chefe pergunta o que você fez para conseguir bater a meta do mês?

Se você fizer a mesma pergunta para o pensador inglês John Stuart Mill, ele irá questionar sobre o número de pessoas que foram favorecidas pela sua decisão. Para Mill, um utilitarista, a ação correta é aquela que beneficia o maior número de pessoas. Constrangido, você confessa que só houve um único beneficiado: você mesmo. Sir Mill é categórico: "então você agiu mal, não fez o certo". Emanuel Kant, outro gigante do pensamento ocidental, ouve a conversa e questiona as suas intenções. Kant não concorda que o inferno está cheio de boas intenções, é justamente o contrário. Se a intenção é boa, a sua ação também é boa. Você tem a oportunidade de subtrair um objeto muito valioso, mas você não o faz. Agiu certo? Depende. Você não o fez porque acreditou não ser um comportamento correto ou porque você teve medo de ser apanhado? – pergunta Kant?

O que é possível reter dessas teorias é que, dependendo das variáveis consideradas, poderemos estar mais perto ou mais longe de sermos bons. É claro que temos uma inclinação para o bem porque sabemos que bondade desencadeia mais bondade, faz bons ambientes, minimiza os conflitos, traz leveza. E o oposto, a maldade, desencadeia mais maldade. Mas apesar dessa ciência, falhamos no "agir bem". Às vezes, somos travados pelos nossos estados de espírito – o estressado, o irascível ou o deprimido dificilmente conseguirá agir com bondade. Outras vezes, falta mesmo "vontade política" para controlar a nossa agressividade. Sacudimos os ombros para os estragos, julgamos que o outro merece, queremos mesmo é botar para quebrar, soltar as nossas feras. Mas, grande parte das vezes não sabemos mesmo como agir bem, não sabemos qual é a decisão certa. É certo para quem?

Quando os dilemas surgirem e você questionar sobre a atitude certa para caminhar em direção ao bem, esqueça todas as teorias e lance mão de uma receita infalível: o amor na prática. Você precisa tomar uma decisão que envolve – e pode prejudicar – diretamente outra pessoa. Pergunte-se: qual seria a sua atitude se você amasse a pessoa em causa? Essa é a melhor recomendação para o caminho do bem. Hoje amamos pouco e "poucos" e, na pós-modernidade, a tendência é amar cada vez menos. Amamos os filhos, os pais, o cônjuge (nem sempre), irmãos, três ou quatro amigos... Antes de decidir, questione-se: como eu agiria se amasse essa pessoa? O que o seu coração responder, essa será a melhor atitude. Essa é a recomendação máxima para fazer o que é certo e para fazer o bem. Ame! E se não for possível amar, aja como aqueles que amam.

Tensão, ofensa, conflito... Como neutralizar a hostilidade?

11.3. *O incrível poder da gentileza*

Uma pessoa berra ao celular; a impaciência domina outra ao volante; dois usuários do metrô tentam embarcar e desembarcar ao mesmo tempo; duas pessoas chocam-se na rua e se entreolham com hostilidade... Esse é o cenário micro, mas no macro, não é diferente: cresce no mundo os movimentos de extrema-direita com os seus nacionalismos e a hostilização do outro, do estrangeiro, do diferente. Paira no ar a tensão de uma crise instalada. As razões são muitas, mas uma salta à vista: a falta de gentileza. O fenômeno é explicado pelos especialistas como um efeito colateral do individualismo e do estilo de vida acelerado. Não há tempo, nem espaço – aliás, sequer enxerga-se o outro.

Mais a pressa não é o único entrave. Há uma espécie de preconceito contra a gentileza. As boas maneiras são encaradas como algo fora de moda, falso, um verniz para esconder o que se sente. O que é um grande equívoco. Não se trata apenas de gestos concretos de cortesia. Eles não valem apenas pelo seu valor de verdade, são do domínio do ritual. Quando dou "bom dia" a alguém, raramente estou desejando que a pessoa tenha um dia bom, na verdade, o que digo é "estou aqui e vi que você também está". O automático "obrigado" não é um simples agradecimento. O termo "grato" vem do latim "gratia" que significa "receber uma graça", "um favor divino". Ao dizer "obrigada" a alguém que segurou a porta, não acho que ela me concedeu uma dádiva celestial. São convenções que acolhem, demonstram respeito e facilitam o contato com o outro. Não é sem razão que o Japão, que ainda conserva rituais milenares, é considerado o país mais gentil do mundo. O respeito pelo outro – comunicado através de gestos de gentileza – garante a harmonia e a ausência de conflito, tão valorizados na cultura japonesa. Quem não se encantou com o comportamento do Japão na Copa do Mundo de 2018? Após a sofrida derrota frente aos belgas, a seleção nipônica deixou o balneário impecavelmente limpo e uma nota de "Obrigado" – escrita em russo – para os seus anfitriões.

Imediatamente a seguir aos preconceitos que cercam a gentileza, vem a dificuldade da prática. Conviver é um jogo de equilíbrios complexos: precisamos do nosso espaço e também precisamos respeitar o espaço do outro; devemos ser discretos, mas atenciosos; interessados, mas não invasivos... A todo momento corremos o risco de aborrecer e ser aborrecido, irritar e ser irritado... Mafalda, célebre personagem do cartunista Quino, resumiu esse exercício agridoce: "É muito fácil amar a humanidade, difícil mesmo é amar as pessoas". Amar quem está longe é fácil, amar o próximo – aquele que está na sua casa, na sua rua –, ah! Esse é mais difícil.

No entanto, não há outra forma. A ligação com o outro faz parte da nossa natureza. Somos gregários, está no nosso DNA. Precisamos do outro e só estamos bem quando estamos bem com o outro. A experiência do acolhimento, da partilha, do afeto, da sensação de plenitude só se dá com o outro. E quando estamos mal, também é com o outro. Cultivar atos de incivilidade abre a porta para a aspereza, para a agressão e para relações que machucam. Seja qual for o cenário, os ganhos e os prejuízos são para todos. Quando, anos atrás, o povo brasileiro e o próprio presidente da república pediram ao técnico para incluir Romário na seleção, ele respondeu com um sonoro "não". Concordava que era um grande jogador, mas era um indivíduo conflituoso e desagregador, portanto, não era bom para a equipe, para o todo. Alguns questionam o sucesso de Gisele Bündchen. Por que faz tanto sucesso se há outras modelos tão ou mais bonitas do que ela? A resposta do seu agente? "Ela é gentil, sabe fazer bons ambientes; todos adoram trabalhar com ela". Há uma analogia esclarecedora que mostra que a gentileza é semelhante a partilha. Se você tem uma vela acesa e deixa que o outro acenda a vela dele na sua, você não perde luz, o outro ganha luz e tudo fica muito mais iluminado.

É possível ser gentil diante da raiva e da frustração do outro? É, e recomenda-se. A gentileza pode minimizar o conflito e criar um cenário favorável para acordos e consensos. E também pode evitá-lo. Recentemente, fui a uma festa na casa de uma amiga e ela comentou que estava muito feliz na sua nova moradia. O único problema era o vizinho alemão. Em quatro meses, ele havia reclamado três vezes do barulho e, em uma das vezes, tinha chamado a polícia. Comentou que era uma pessoa muito rude e tinha deixado claro que não toleraria barulho após às 23 horas. Fiquei preocupada. Relembrei a ela que o aniversário seria no dia seguinte, portanto, cortaríamos o bolo à meia-noite. Sugeri que ela deveria comunicar a festa ao alemão. Ela argumentou que estava "na sua casa"; eu concordei, mas acrescentei que ela vivia num condomínio. Ela abriu muito os olhos, calçou os sapatos e decidiu: "vou falar com o alemão". E assim fez. Bem... veio o jantar, veio o eufórico "parabéns", veio o barulho... mas o alemão não veio.

O segundo entrave para a prática da gentileza é autoconstruída. Para escapar da responsabilidade de incluir o outro – e justificar um comportamento impróprio – muitos se apegam ao "não sou falso", "tenho personalidade forte", "sou frontal". Munidos dessas muletas, a menor contrariedade, partem para a vida num desespero canalha, atirando para todos os lados. Qualquer um que cruze o seu caminho é visto como responsável pelo seu mau humor, seu dia ruim e, portanto, um alvo a abater. E há muitos assim. Estão por toda parte. Como lidar? Neutralize-os com a gentileza. E se for você mesmo um protagonista da categoria do "definitivamente não sou afável e não me sinto confortável nesse papel" e os atos de gentileza fazem com que você pareça exteriormente o que você não é interiormente, há solução. O homem está em construção e essa construção é feita através do exercício, da prática. Aristóteles afirma que o bom arquiteto é o que faz boas casas. De tanto exercitar, um dia a gentileza fará parte da sua personalidade. E será tão natural em você que ninguém dirá que é uma virtude recém-conquistada. Pratique a gentileza!

VIRTUDES

As más notícias das rotinas calculadas e o "nada pode dar errado".

11.4. *A coragem de ser imperfeito*

O mundo é povoado de pessoas perfeitas. Homens que se orgulham da sua rotina eficiente e perfeitamente integrada entre compromissos profissionais e pessoais. Mulheres *workaholics* e supermães. Controladores e focados são verdadeiras máquinas. E são pessoas deste tempo. Hoje todas as esferas da vida – não apenas a profissional – exigem competência e alta performance. Toda a competência exigida na carreira profissional foi estendida à vida pessoal. Já soube de casos de pessoas que vão viajar e fazem uma planilha de Excel para aproveitar ao máximo a viagem. São pessoas perfeitas.... até nas férias.

E por que é assim? Porque a perfeição é irresistível, para nós e para os outros. Porque está no nosso DNA a luta para sermos aceitos e amados e acreditamos que quanto mais perfeitos, mais aumentamos as nossas chances de sermos bem-sucedidos nessa ambição. Qualquer indício que se distancie disso, é escondido pelo seu reverso: o medo de mostrar as nossas imperfeições e sermos rejeitados. Com esse medo como pano de fundo, muitos andam 24 horas por dia com a máscara da perfeição. E vale tudo: do esconder problemas e anomalias até a mentira.

O grande problema dessa ambição é a nossa humanidade irremediavelmente imperfeita. Aquele que busca a perfeição 24 horas por dia paga um preço alto. O "perfeito" torna-se uma pessoa funcional, sisuda, sem hobbies, sem flexibilidade, sem criatividade e, consequentemente, sem alegria de viver. Não existe qualidade de vida quando negamos a nossa humanidade. Viver como um executor de tarefas é uma agressão à vida.

Mas o que fazer? Assumir as fraquezas, ficar vulnerável às críticas e sujeito ao desprezo de quem espera a competência e a perfeição em nós? Sim. Resista a pressão – sua e dos outros. Tenha coragem para ir contra o politicamente correto e as ideias preconcebidas do mundo cor-de-rosa. Você não precisa estar sempre certo. A vida é cheia de incertezas, nenhuma tentativa de perfeição irá mudar isso. E ainda bem, porque nem todas as incertezas são necessariamente negativas. E não é só a impossibilidade da perfeição que está em causa. Brené Brown – uma norte-americana especialista no assunto – autora dos livros *A Coragem de ser imperfeito* e a *Imperfeição é uma virtude* – afirma que quem não aceita a sua vulnerabilidade, foge de emoções como o medo, a mágoa e a decepção. Portanto, se fecha para o amor e a aceitação. Quem tem medo de errar, deixa de viver experiências significativas e não se desenvolve. Já quem assume suas fraquezas é mais aberto ao novo e vive mais experiências significativas, portanto evolui, é mais autêntico e realizado.

Há outro aspecto que precisa ser considerado. Se a ideia é ser aceito e amado, a perfeição está longe de ser o caminho! Há um poema de Fernando Pessoa onde ele demonstra toda a sua aversão às pessoas perfeitas. No "Poema em Linha Reta" ele lamenta o seu infortúnio de não conhecer uma única pessoa que tivesse levado porrada, que tivesse um ato ridículo ou uma covardia para contar. Ele só conhecia campeões. Gente perfeita, boa em tudo. Pessoa, mais do que lamentar a sua inadequação – um ser imperfeito em meio de tantos perfeitos –, estava entediado pela quantidade de pessoas chatas neste mundo. Não há nada que aborreça mais do que pessoas certinhas, com horário para tudo, que escolhem o melhor destino de férias, que têm sempre razão, que usam os melhores produtos, que fazem as melhores compras... Ora, se um está 100% certo, para o outro sobra zero. Que tipo de relação existe nessa matemática? Nenhuma.

Mas essa não é ainda a pior das fissuras. Os perfeitos não cobram apenas de si mesmos, exigem a perfeição também de quem está ao seu redor. Vê? A fuga é a única saída possível.

Complexidades à parte, eu própria, na minha vida profissional, já busquei a perfeição. Tenho uma capacidade absurda para abstração, sou excessivamente distraída. Minha mente é dispersa – interesso-me por todas as coisas deste mundo e do outro – e o resultado é foco zero. Todo esse conjunto torna-me pouco produtiva. Ciente disso, certa vez decidi que queria combater essa imperfeição e inscrevi-me num treinamento *outdoor*. Fui inserida numa equipe e tínhamos de cumprir determinados objetivos. Durante todo tempo, a trajetória da equipe – e o papel de cada um – foi monitorada e avaliada por profissionais de *coaching*. No final, em privado, um psicólogo avaliava a performance de cada um, apontava os problemas e sugeria melhoras.

Bem... Tudo o que sou foi minuciosamente observado e não me trouxe nada de novo: falta de foco, pensamento disperso e caótico, extrema abstração e outras imperfeições. O psicólogo explicou-me que eu poderia eliminar todas essas características, porém alertou-me para os efeitos colaterais. "Você poderá ser mais produtiva, mas não será tão criativa. Poderá ter mais foco, mas perderá a visão multidisciplinar do mundo. Bem, não preciso dizer que declinei a perfeição. De posse da lei universal que dita que todas as coisas – desde uma virtude até uma simples ideia – têm duas faces, aceitei a minha imperfeição. Eu me prefiro assim. É óbvio que procuro melhorar, mas sem fanatismo e sem violência. Procuro estender o olhar para o meu todo e tenho até um certo carinho pelos meus pedaços pouco recomendáveis, porque eles também fazem parte da minha condição de exemplar único. E para quem se aproxima de mim, quem manifesta o desejo de se relacionar comigo, não escondo as minhas imperfeições. Dou aos que me cercam a mesma chance que dei a mim mesma, de aceitá-las ou não. Entra-se no terreno verdadeiro da aceitação. E como quer Caetano, "cada um sabe a dor e a delícia de ser o que é".

A falta de empatia traz solidão e miséria existencial.

11.5. *Colocar-se no lugar do outro é uma virtude sofisticada – e pode ser aprendida*

Quando um dilema nos aflige, questionamos "você me entende?" Se somos testemunhas da dor extrema de alguém, dizemos "meus sentimentos". Diante de uma incompreensão, pedimos "por favor, coloque-se no meu lugar". Em todas essas situações, o que está em jogo é a empatia. Se considerarmos que a relação com o outro é condição da nossa humanidade, a empatia é o seu motor. Ela é a chave para a qualidade, a harmonia e a paz nas relações e, por isso, a sua ausência é duramente sentida. E ela é necessária em todas as esferas humanas – da relação amorosa à liderança política. Não foram apenas os franceses que não perdoaram a falta de empatia de Maria Antonieta diante do povo que passava fome. O mundo também indignou-se com a célebre frase creditada à última rainha da França: "se não têm pão, que comam brioches". Nem mesmo um soberano está dispensado da prática da empatia.

A prova mais recente de que a empatia também é um assunto de estado vem da Dinamarca contemporânea. Desde 1993, o país – que está sempre nos primeiros cinco lugares no ranking da felicidade – tem a empatia como disciplina escolar obrigatória para estudantes dos 6 aos 16 anos. Os dinamarqueses reconheceram que a importância da empatia é de longo alcance. Todos os desafios que as sociedades modernas enfrentam – do bullying nas escolas à guerra – tem origem na ausência de empatia.

A opção pelo ensino formal da empatia não é apenas pela sua importância na vida pessoal, social e política, é também pelo desafio do seu exercício. Sofisticada e plural, a empatia pode ser definida como um conjunto complexo de atividades cerebrais que faz com que alguém experimente e interprete as ações, comportamentos, emoções e expectativas do outro. E, mais além, a partir desse conhecimento, ela exige uma ação, uma resposta atenciosa e preocupada com o outro. Esse combo conhecimento + ação é o que diferencia a empatia da bondade e da compaixão, por exemplo.

Os blocos de construção da empatia começam a ser construídos na infância e se desenvolvem pela vida afora – daí a importância de começar cedo. O primeiro exercício desse aprendizado é o "colocar-se no lugar do outro". Só compreendemos uma experiência na sua totalidade quando a vivenciamos. O que ocorre é que nem sempre temos repertórios semelhantes. Nesse caso, o máximo que podemos fazer é ouvir atentamente o outro e exercitar a imaginação. Não há para onde fugir, estamos sempre – quase de forma automática – a espera a empatia dos outros. Quando reclamamos o "coloque-se no meu lugar", "se você estivesse na minha pele", ou "queria ver se fosse com você", estamos apelando à empatia do outro. Em inglês há a expressão contundente, o correspondente a "coloque-se no meu lugar" é *"put yourself in my shoes"*. Algo como "quer saber como eu me sinto? Calce os meus sapatos".

E não é apenas um aprendizado cognitivo, neurocientistas afirmam que o aprendizado da empatia tem uma base fisiológica, denominada de habilidade de espelhamento. Sim, a biologia também comanda a empatia. É o mesmo mecanismo que faz com que você boceje quando vê alguém bocejar. Nunca conseguimos ser indiferentes ao sofrimento do outro, nem mesmo no cinema. Você já parou para pensar por que você chora no cinema – mesmo sabendo que aquele drama não é verdadeiro? É o espelhamento em ação.

Outra faceta que faz da empatia um assunto de estado, é que ela também ajuda a minimizar conflitos sociais e políticos. E aqui chegamos ao seu longo alcance: o acolhimento de refugiados só é possível a partir da empatia. Ora, só somos capazes de empatia quando compreendemos o outro. E como os refugiados vêm de outras culturas, passam por situações que nunca passamos (geralmente, guerras), a empatia é mais difícil. Como ter empatia por pessoas que não conhecemos pessoalmente e que passaram por experiências que nunca experimentamos? Somos mais sensíveis àquilo que compreendemos – assim como tememos o desconhecido. Somos tendenciosos quando se trata de empatia. Somos melhores em ler aqueles que são como nós do que pessoas diferentes. Nessa vertente, o ensino e a sensibilização são fundamentais.

Outra razão pela qual a empatia não é tão espontânea quanto deveria ser, prende-se com os males da modernidade. Como é possível haver espaço para o outro numa sociedade de pessoas egocêntricas e egoístas, onde as selfies são o prato do dia? Onde impera relações tóxicas e a manipulação do outro? E esses não são os únicos entraves modernos contra a empatia. A modernidade com suas crises e pandemias, onde impera o medo e a insegurança, deixa pouco espaço para outro. Porém, vencida essa primeira barreira, há recompensas, pois empatia gera empatia. Quanto mais exercitamos a empatia, mais a recebemos de volta.

Bem entendido é o clássico "fazer ao outro aquilo que você gostaria que ele fizesse a você"? Não é. Na verdade, trata-se de "Não faça ao outro o que você gostaria que ele fizesse a você; ele certamente tem gostos diferentes". E essa é a grande dificuldade da empatia. Recentemente passei por essa experiência desastrosa. Uma conhecida telefonou-me às lágrimas dizendo que ela realmente teria de fazer um cateterismo. Como já havíamos falado sobre essa possibilidade, estranhei muito a reação dela. Bem... Se eu estivesse no lugar dela, o que eu esperaria de uma amiga? Esperaria que ela me ajudasse a desdramatizar a situação, com argumentos de que é um procedimento médico com grande margem de segurança, que ela deveria enfrentar o medo etc. E foi isso que eu fiz. Grande erro. Ela esperava que eu aumentasse o seu drama, que tivesse pena dela. Ela queria que me oferecesse para ir até a sua casa para, pessoalmente, ela repetir todos os passos até a notícia da prescrição do exame. Resumo da história: a amizade acabou ali. E qual foi o meu erro? Por não conhecê-la bem – era uma amizade recente – agi de acordo com o que eu esperava que ela agisse comigo.

Os graus de empatia são diferentes de pessoa para pessoa. O seu exercício exige atenção e sensibilidade, vejam algumas práticas.

Não dê conselhos – O ditado popular tem muita sabedoria: se conselho fosse bom, vendia-se. Cada um tem os seus próprios valores e o que serve para você, pode não servir para o outro. Procure entender a realidade e as expectativas do outro e ajude-o a construir uma solução que faça sentido para ele.

Aumente a sua capacidade de compreensão – Fale com desconhecidos. Quando falamos com pessoas no metrô, na lavanderia ou mesmo pessoas fora do nosso círculo social, nos deparamos com perspectivas diferentes, ampliamos a nossa visão do mundo e enriquecimentos o nosso repertório de vivências.

Livre-se de preconceitos – Eles são como nevoeiro que inviabiliza o acesso ao outro. Na vida, todos nós estamos sempre abaixo ou acima de alguém, dependendo do ângulo que analisamos. Enfrente os seus preconceitos. Todas as culturas têm aspectos positivos e negativos – e também muitos pontos de contato. Identifique-os. Recentemente, numa estadia na Inglaterra, fiz uma amiga chinesa. Eu, sul-americana, urbana e criada numa grande metrópole. Ela, asiática, tímida, nascida e criada nos confins da China rural. Eu já viajei o mundo. Ela, era a primeira vez que saia da China... Fiquei impressionada como tínhamos coisas em comum.

Autocrítica – Apontar o dedo ao outro é o caminho mais fácil. Faça uma autocrítica e questione se você não faria o mesmo se estivesse em situação semelhante. Seja generoso.

Não julgue! – Há pessoas que se deparam com um drama e já julgam os protagonistas. E pior, já partem para a condenação do suposto responsável. Todas as histórias têm pelo menos duas versões. Respeite todos os envolvidos e ajude a elaborar perspectivas construtivas.

Aja! – Não fique apenas na compreensão do outro. Um exemplo de uma ação empática é o trabalho voluntário. Com o que você se importa? Escolha a sua causa e engaje-se.

Seja afetivo – O ato empático é como um abraço psicológico. Pode não ter a mesma beleza plástica do abraço físico, mas tem o mesmo poder. Abrace o outro, abrace o mundo.

Como lidar com o estranho e o diferente de nós?

11.6. Respeito: a igualdade possível de Aristóteles

A igualdade é um princípio ético fundamental do homem. Mas será que ela é alcançável? O que se sabe é que há a igualdade formal – todos são iguais perante a lei. Isso quer dizer que cada um pode viver como quiser, desde que cumpra a legislação e não prejudique os outros. Ironicamente, o grande obstáculo para essa igualdade formal é que ela só funciona se aplicada entre iguais. Na sociedade, quando há desigualdades, se o estado não intervir, os menos iguais não conseguem viver como querem e ficam cada vez menos iguais. Assim, o estado deve proporcionar aos menos iguais, condições para que eles se tornem mais iguais. E chega-se ao primeiro degrau: a igualdade de oportunidades. O que também não é fácil. Os não iguais comportam uma enorme diversidade – nacionalidade, etnia, gênero, orientação sexual, religião...

Aqui entramos no coração do problema. Não é por capricho que desde os pré-socráticos – passando pela liberdade, igualdade e fraternidade da Revolução Francesa e os teóricos da filosofia política – especula-se sobre o tema. E quando entra em cena as ambições particulares – projetos, sonhos e necessidades –, o quadro é ainda mais complexo. Vamos supor que 10 pessoas possuem uma plantação de abacaxi. Fim da colheita, o abacaxizal dispõe de oito suculentos frutos. Aqui, uma metáfora da vida: os recursos são escassos – não há para todos. Como fazer uma divisão justa? Todos os trabalhadores, igualados na sua necessidade dos frutos, renegam a igualdade na sua distribuição. Um alega que trabalhou mais, portanto reivindica um abacaxi inteiro para si. Outro afirma que seus 100 quilos distribuídos em 1,90 metro demandam mais alimento do que os outros... E assim, na impossibilidade da igualdade, cada um reivindica a sua diferença. Para quem vê nesse exemplo uma alegoria infantil, mude o abacaxizal para um orçamento de estado ou a renda de uma família. A pergunta é: quem tem direito ao que e por quê?

Essa problemática da igualdade veio à luz pela mente magnífica de Aristóteles. E aqui a igualdade precisa da ajuda da equidade, a capacidade de apreciar e julgar com imparcialidade e justiça.

O que os fanáticos da igualdade esquecem de falar é que – tal como o colesterol – há desigualdades boas e desigualdades ruins. A desigualdade boa é a que vem do esforço, da capacidade criativa e dos talentos de cada um. Nietzsche com a sua visão aguda do mundo ria do conceito de igualdade. Precocemente genial – dos 9 aos 15 anos de idade buscou o saber universal e a partir dos 17 ocupou-se da evolução ética e intelectual do homem – desafiava: somos iguais? Então venha conversar comigo.

Ora, todos nós sabemos – e sentimos na pele – essa realidade. Em diversas fases da vida, detectamos pessoas mais capazes intelectualmente do que nós e outras menos capazes; sabemos que há outros com mais dinheiro e outros com menos dinheiro do que nós; contemplamos outros socialmente acima de nós e outros tantos abaixo de nós.

O que a nossa experiência prática mostra é que a igualdade perante a lei é mínima; e as ações para diminuir as desigualdades são ineficientes. E a recomendação de Aristóteles: "Devemos tratar igualmente os iguais e desigualmente os desiguais, na medida de sua desigualdade" é difícil de aplicar. Sua prática comporta complexos desdobramentos e muitas incertezas. Infelizmente, o problema tem se agravado. Nos países considerados civilizados e cristãos, as desigualdades e a violência gerada por elas, sobem em ritmo acelerado. Os crimes de ódio e preconceito fazem as manchetes do dia. Em Portugal, o feminicídio aumenta a cada ano. A agressão física e psicológica da mulher são fenômenos em ascensão, apesar de todas as leis de proteção e campanhas de conscientização. E isso para não falar no mundo árabe, onde o tratamento destinado às mulheres e crianças ultrapassa os limites do bárbaro. E não são apenas as mulheres. Minorias religiosas, etnias, homossexuais e imigrantes recebem o mesmo tratamento.

Agora, na pós-modernidade – talvez pelo insucesso da igualdade –, tem aparecido uma outra convidada: a diversidade. E ainda bem que o mundo busca estratégias mais eficientes. O neurocientista português António Damásio alerta que a diversidade – o contingente de desiguais – veio para ficar e "se não houver educação massiva para a aceitação, os seres humanos vão se matar uns aos outros".

O problema é que o processo educativo é lento. Seus efeitos demoram gerações para serem notados. O que faremos enquanto o gosto pelo outro não chega? Combater a pior desigualdade de todas, causada não pela falta de recursos ou de oportunidades, mas pela falta de respeito. Podemos ser muito diferentes uns dos outros, mas se nos tratamos com respeito, somos, em termos relacionais, iguais. Enquanto não há pontos de contato, de semelhanças que promovam a relação entre iguais, pode-se fazer um pacto. Em que ponto somos iguais? No respeito. Eu trato você com respeito e você me trata com respeito.

A noção de que precisamos urgentemente de respeito está em toda parte. Não é sem razão que a campanha "Tudo começa pelo respeito", idealizada pela Rede Globo, no Brasil, já angariou vários prêmios internacionais. Mensagens curtas, estreladas por atores, abordam temas como a violência contra a mulher, brigas de torcidas, Síndrome de Down, homofobia etc. A atriz afrodescendente (como prefere alguns) Taís Araújo, em iluminação cinematográfica, diz: "Eu respeito seu sotaque. Eu respeito seu cabelo. Eu respeito a cor da sua pele. Eu respeito quem você é. Respeite quem eu sou também". A violência contra a mulher não ficou de fora, com o alerta da atriz Cássia Kis: "Acabar com a violência contra a mulher começa com uma coisa muito simples: o respeito. Eu respeito o seu corpo, respeite o meu também".

Apesar das campanhas focarem as minorias, a falta de respeito é generalizada. Médicos, professores, motoristas de ônibus e outros trabalhadores são agredidos diariamente no seu exercício profissional. Coisificados e vistos como uma peça da engrenagem que, quando "quebram", são desrespeitados. Recentemente, em Washington, EUA, a empresa de transporte Metrobus, fez uma campanha massiva de apelo ao respeito. Chegaram ao seu limite. Diariamente, seus funcionários são agredidos, esfaqueados, pulverizados com fluídos, atingidos por objetos arremessados... A situação é gravíssima. Nesse quadro, não é apenas a vida do motorista que está em risco, mas também a vida de todos os passageiros a bordo e das pessoas na rua. A campanha, exibida em todos os ônibus, mostrava a foto de uma motorista acompanhada de uma breve biografia: "Mãe. Amiga. Motorista da Metrobus – Espero que você veja todas as coisas que eu sou e me respeite, como eu respeito você".

O apelo ao respeito atua no coração do problema. A propaganda lembra que ali não há uma peça da engrenagem; há um vizinho, um familiar, um amigo. Está ali uma pessoa que tem muita coisa em comum com você, que respeita e quer ser respeitada. Hoje, da aldeia global prometida pela internet, avistam-se tribos polarizadas e raivosas, onde o ódio e a intolerância têm livre trânsito. Nesse palco, a nossa salvação, o nosso último recurso, é mesmo o respeito.

Quero tudo! E quero já!

11.7. Paciência, porque a pressa é inimiga da vida

Como mãe tive dificuldade em ensinar a paciência ao meu filho. Regras como "levante a mão e espere a sua vez" e "não interrompa quando outros conversam" não são fáceis para a criança. Não apenas porque contraria o mundo egocêntrico infantil, mas também porque vai na contramão do mundo, bate de frente com os botões imediatistas da tecnologia. Nessa minha missão, lancei mão desde brinquedos de montar, como os LEGOs – que ele nunca teve nenhum gosto especial –, até aos mais radicais, como o Mosaico. Achei esse último um exercício perfeito para a paciência. Juntos, "pintávamos" desenhos com centenas de minúsculos quadrados coloridos. Ele achava tedioso, mas fazia.

O difícil mesmo era receber as críticas da plateia. Faz parte: o nosso entorno também tem uma palavra a dizer sobre a educação – principalmente quando se trata da educação do filho dos outros. Torturando a criança?". "E eu que pensava que o teu filho tirava partido do seu jeito meigo"... Foi duro. Parecia que eu estava fazendo mal ao meu filho. Aceitei que "educar é difícil", resisti às piadas e não desisti. Uma criança que exercitou a paciência terá mais chances de levar o aprendizado para a vida adulta. Assim minimizam-se os riscos de se transformar num adulto infantil e birrento.

Muitos teóricos da educação denunciam esse fenômeno. Como já foi citado, o psicólogo brasileiro Içami Tiba chamava a atual geração de parafusos de geleia: não aguentam nenhum aperto. Não suportam tédio, frustração e esperas. O fracasso nessa aprendizagem está à vista. Temos os exemplos recentes exibidos pela pandemia do Covid-19. Uns recusam-se a seguir os procedimentos de higienização, fazem birras para não usarem a máscara, tentam invadir estabelecimentos vetados. Alguns chegam a orgulhar-se desses atos, a encarnar uma tardia rebeldia adolescente.

E não se trata apenas de situações pontuais, o impaciente vive o inferno da frustração constante, com a porta aberta para a raiva. Ele enxerga tudo de forma negativa e nada o satisfaz. Se algo demora cinco minutos, ele exige dois. Tem sempre os olhos no passo seguinte e está sempre estressado e ansioso. Um estado permanente de alerta que maltrata e adoece o corpo e a mente. É verdade que há coisas inaceitáveis e que devemos lutar contra elas. Porém, há outras em que não há remédio, precisamos aceitar – e aceitar de coluna ereta, com dignidade. Saber qual é uma e qual é outra, já é outro departamento – faz parte do livro da arte de viver. Porém, o que já dá para adiantar é que esse discernimento não está acessível ao impaciente. E ele segue assim, desgastado na tarefa de jogar escuridão onde já não existe luz.

O mal de sermos impacientes só perde para o convívio com outros impacientes. Conviver com eles não é fácil. São conhecidos como aqueles "que fervem em pouca água", "os desatinados", "os explosivos". O que eles querem, querem agora, sem respeito e sem flexibilidade para com o outro. Mais do que uma não virtude, a impaciência também é vista como má educação. Afinal, chiliques na fila do embarque, explosões quando a mensagem não é imediatamente respondida ou quando o motorista à frente não avança no exato segundo que o sinal muda para o verde são considerados atos grosseiros e desrespeitosos.

Por isso, os impacientes, catalisadores de emoções negativas, são vistos com desconfiança e excluídos dos bons convívios. E essa rejeição é confirmada pela ciência. Há estudos que associam a impaciência à incompetência cognitiva e social. O assunto não é apenas sobre pessoas impulsivas que agem antes de pensar e vivem ao sabor das reações no aqui e no agora; são pessoas que se deixam levar por preconceitos e julgamentos rápidos. Elas não se aprofundam na informação que chega porque seu nível de atenção é baixo e seu pensamento é rígido. Portanto, não estão abertos a novas perspectivas e aprendizados. E a impaciência é igualmente danosa nas relações íntimas. A proximidade emocional – pré-requisito para a conexão com o outro – exige elasticidade e ritmo delicado.

Como todas as virtudes, a paciência pode ser ensinada, mas só se materializa na prática. E como se dá esse exercício? Com autocontrole. Assim que a impaciência surge, deve ser neutralizada. Devemos refletir sobre situações que roubam o nosso equilíbrio e disparam o gatilho da impaciência. É preciso identificar e desarmar esses gatilhos. Uma boa estratégia é trazer para a cena o pensamento racional. Alguém do seu convívio tem um comportamento que tira você do eixo? Resolva. Uma conversa-acordo (em tempo de paz, bem entendido) é muito eficiente. Ou se não for o caso, questione-se. Será que a irritação com o outro faz sentido? É, claro, às vezes o racional não basta e nem tudo dá para mudar. Nesse caso, o *mindfulness* e as técnicas de respiração podem ser úteis para neutralizar os gatilhos. Eles acalmam a mente impaciente e trazem discernimento para a gestão emocional. São exercícios penosos, mas na hora de passar pelas brasas podemos contar com a promessa de Rousseau que nos garante que a "paciência é amarga, mas seus frutos são doces".

E nesse caminho, quais são os obstáculos? Muitos. Mas, a medir forças, cresce também apelos para a qualidade que só vem com tempo e paciência. Há a tendência para o estilo de vida *slow* e cresce o número de adeptos da meditação, yoga, retiros e períodos sabáticos. Há um regresso às tradições, às práticas que têm o tempo como ingrediente, como a fermentação natural do pão. Mas não chega, porque também vivemos uma sociedade que valoriza a eficiência e a velocidade. Na vida de todos os dias somos ensinados e incentivados a sermos impacientes. A vida moderna dissociou "esforço e resultado" e prega que é possível obter o que se deseja, o mais rápido possível e a qualquer preço. Na cultura do imediatismo, a ausência de resultados instantâneos é fonte de angústia. E mais do que isso, há o culto trazido pelo mundo virtual de que tudo está ao alcance de um simples toque no botão. E por cima de tudo, a incerteza sobre o futuro – ameaça de vírus, catástrofes ambientais e instabilidade econômica – traz uma imensa insegurança. E quando estamos inseguros, ficamos pouco flexíveis: queremos tudo do nosso jeito.

Como não é possível eliminar a impaciência, o objetivo realista é diminuir os seus níveis. O exercício não serve apenas para combater atitudes extremas de tolerância zero, ele faz parte da construção da felicidade porque a paciência é uma espécie de coragem que ajuda a suportar os reveses da vida. Ser paciente é ser forte, é exercer ativamente o poder sobre si mesmo. Para a filosofia estoica, a impaciência pode agravar todos os males do mundo. E quais são esses males? Doenças, necessidades do corpo e da alma, desejos enganosos, tédio, equívocos amargos, orgulho ferido, paixões que nos consomem, rejeição, esperanças vãs, trabalhos estéreis, solidão. Se você olhar bem, verá que são males que nos perseguem desde o berço até ao leito de morte. Se não somos capazes de evitar a maioria deles, podemos, pelo menos, não agravá-los com a impaciência. É por isso que Zenon de Cítio, fundador do estoicismo, classificava a paciência como a suprema sabedoria. Com a prática, somos compensados pelos seus frutos doces: o autocontrole, a posse de nós mesmos... a satisfação que vem da certeza de que somos donos e senhores da nossa casa. Ser paciente é ser sábio.

Persistir, acreditar até o fim... Afinal, é bom ter esperança.

11.8. Comte-Sponville e a outra faceta da esperança

O apelo à esperança está por toda parte. É difícil enxergar os traços não tão bons da esperança porque máximas como "esperança é a última que morre" fazem parte da nossa cultura. Mas será que a esperança é tão maravilhosa assim?

A primeira vez que vi o lado escuro da esperança foi no filme *The Shawshank Redemption* (traduzido no Brasil como *Um sonho de liberdade* – 1994). Nesse que figura na lista dos "melhores-filmes-da-minha-vida", há uma espécie de menu de esperanças para cada tipo de personalidade. Ali, constatei que a esperança pode inviabilizar o futuro e até enlouquecer uma pessoa. Foi um soco no estômago porque até então eu considerava a esperança completamente maravilhosa. O micromundo de uma penitenciária põe a nu a capacidade humana de confiar, condenar ou esperar o devir. O que resta ao indivíduo privado da sua liberdade, se não exercitar a capacidade de esperar? Mas o mesmo não se poderia dizer sobre a vida na sua generalidade? Baseado no livro *Rita Hayworth and Shawshank Redemption*, de Stephen King, o filme conta a história do banqueiro Andy Dufresne (o enorme Tim Robbins) – condenado injustamente à prisão perpétua pelo assassinato da esposa e do amante dela. Na prisão, uma grande amizade unirá Andy e o detento Ellis Boyd "Red" (na pele de Morgan Freeman). Uma relação que equilibra-se entre a esperança de Andy de sair da prisão "contra todas as possibilidades" – quase como um traço de loucura – e a ausência de esperança de Red, que faz o contraponto e alerta para o caráter insano da esperança.

Ficção à parte, o apelo à esperança está por toda parte. É difícil enxergar os traços não tão bons da esperança, porque máximas como "a fé move montanhas", "quem espera, sempre alcança", a "esperança é a última que morre" fazem parte da nossa cultura de tradição judaico-cristã. A gênese dessa crença é que a esperança compõe – juntamente com a fé e o amor – as três virtudes teologais. É esse tripé que rege, motiva e é objeto imediato da nossa relação com Deus. Temos que amar o próximo, ter esperança na vida depois da morte física e muita fé para manter a certeza desse caminho. E, por extensão, essa prática garante-nos o agir bem e a felicidade.

Mais tarde, a minha concepção de esperança recebeu mais um golpe com o seminário "A felicidade desesperadamente", do filósofo francês André Comte-Sponville. Habituada ao sinônimo comum de "desespero" como aflição extrema, no meio do seminário fui surpreendida pela constatação de que o "desesperadamente" ali referido era, literalmente, "não esperar". Eis um caminho para a felicidade, recomendado por Comte-Sponville: não ter esperança.

Diante de tais paradoxos, vale a pena olhar mais de perto. A esperança é um sentimento, um dado da consciência, um afeto, algo que se sente, mas que também acontece no corpo. A esperança é um afeto da mesma espécie da alegria. De acordo com a teoria dos afetos de Baruch Espinosa, os afetos são tudo aquilo que aumentam ou diminuem a potência de viver. E aqui vem a origem da nossa grande atração pela esperança: é um conteúdo emocional imaginado – não existe – mas que aumenta a nossa potência de viver. Só para continuarmos no pensamento de Sponville: quando você fantasia um primeiro encontro amoroso, isto é um tipo de esperança, um afeto alegrador.

E essa alegria serve para quê? Não prática, não serve para muita coisa. Os estoicos – e mais tarde Nietzsche irá retomar o assunto – são os primeiros a denunciar os aspectos negativos da esperança. O primeiro diagnóstico é o cenário: a esperança só surge em cenários desfavoráveis – e essa é a primeira razão por que muitos se agarram a ela. Por que ela não está presente em contextos ou momentos de vida em que nos sentimos plenos? Porque não precisamos dela. Mas, não é maravilhoso na adversidade pensarmos em coisas boas, abstrair-se? Qual é o problema disso? Primeiro, responde Nietzsche, porque é uma estratégia de fuga, uma forma de negar a vida. E, segundo, porque a fuga não é impunemente, há um preço. Esse comportamento produz consequências. O esperançoso deixa de viver o presente para habitar uma realidade que não existe. Vive-se num modelo ideal mental, no futuro, não na vida real.

E não é apenas porque a esperança funciona como freio de mão da vida. Vista no raio X, ela exibe o indivíduo no terreno da ignorância. Quando você espera por alguma coisa é porque não tem certeza se ela virá – se tivesse certeza, você não esperaria. Portanto, o esperançoso vive na ignorância. Se você pudesse realizar o seu desejo, você agiria – e não esperaria. Portanto, o esperançoso é também impotente. E, finalmente, toda esperança pressupõe algo que falta, portanto, aquele que espera é carente.

Eis aqui a face inteira daquele que espera: ignorante, impotente e carente. E para piorar, aquele que espera perde o melhor da festa porque todos esses adjetivos tiram o foco da vida. Como você imagina uma vida impotente, carente e ignorante? É uma vida desfocada, morna. A esperança desintensifica a vida. E fecha-se o ciclo da crítica de Comte-Sponville: "A felicidade é o alinhamento entre o corpo e a mente num mesmo instante". Na esperança, a mente habita o futuro.

Eu reconheço que me entusiasmo com as teorias filosóficas, sou uma nietzschiana assumida com o seu forte apelo para a necessidade de viver a vida como ela é – com direito às veias saltadas do estoicismo – e proponho tarefas duras aos leitores. Portanto, corrijo. A esperança não é de toda má, ela pode ser amorosa e confortante como uma pantufa no inverno. Permita-se – às vezes – tê-la por perto. Mas quando a esperança estiver na sua frente, olhe-a de cima a baixo, dê-lhe o braço, talvez um passeio no quarteirão.... mas nunca seja guiado por ela.

REFERÊNCIAS

BARTHES, Roland. *Fragmentos de um discurso amoroso*. São Paulo: Martins Fontes, 2003.
BOÉCIO. *A consolação da filosofia*. São Paulo: Martins Fontes, 1998.
BOTTON, Alain. *As consolações da filosofia*. Lisboa: Lua de Papel, 2013.
BOTTON, Alain. *Como pensar mais sobre sexo*. Lisboa: Lua de Papel, 2013.
CLEARY, Skye. *Existentialism and romantic love*. London: Palgrave MacMillan, 2015.
COMTE-SPONVILLE, André. *Pequeno tratado das grandes virtudes*. São Paulo: Martins Fontes, 2002.
ESPINOSA, Baruch. *Ética*. Lisboa: Relógio D'Água, 1992.
FREUD, Sigmund. *O mal-estar da civilização*. Lisboa: Relógio D'Água, 2008.
FREUD, Sigmund. *Três ensaios sobre a teoria da sexualidade*. Lisboa: Livros do Brasil, 1981.
FRIDAY, Nancy. *My secret garden*: woman's sexual fantasies. New York: Poket Books, 1974.
GRAY, John. *Sobre humanos e outros animais*. Lisboa: Lua de Papel, 2007.
HAN, Byung-Chul. *A sociedade do cansaço*. Lisboa: Relógio D'Água, 2014.
MACHIN, Anna. *Why we love*. New York: Pegasus Books, 2022.
NIETZSCHE, Friedrich. *Genealogia da moral*. Lisboa: Europa-América, 2002.
NIETZSCHE, Friedrich. *A gaia ciência*. Lisboa: Relógio D'Água, 1998.
PESSOA, Fernando. *Odes a Ricardo Reis. Lisboa*: Ática, 1946. p. 148. Disponível em: http://arquivopessoa.net/textos/503. Acesso em: 14 abr. 2023.
PETERSON, Jordan B. *12 Regras para a vida*. Lisboa: Lua de Papel, 2018.

SCHOPENHAUER, Arthur. Dores do mundo. Rio de Janeiro: Edições de Ouro, 1985.

SCHOPENHAUER, Arthur. *Metafísica do amor, metafísica da morte*. São Paulo: Martins Fontes, 2000.

SENECA, Lúcio Aneu. *Cartas a Lucílio*. Lisboa: Fundação Calouste Gulbenkian, 2004.

SLOTERDIJK, Peter. You *must change your life*. Cambridge: Polity Books, 2013.

ÍNDICE REMISSIVO

Aceitação, 24, 81, 82, 203, 205, 206, 216, 253, 254, 260
Adler, Alfred, 211, 214
afetos, 136, 210, 219, 229, 230, 231, 267
agressão, 24, 52, 61, 81, 190, 216, 227, 250, 252, 260
alegria, 29, 30, 44, 45, 49, 84, 101, 122, 129, 143, 152, 157, 169, 170, 171, 203, 204, 219, 229, 232, 233, 235, 236, 244, 252, 267
alma gêmea, 71–75
alteridade, 202, 203
amor, 19, 20, 36, 39, 45, 48, 61, 69, 70–97, 100, 101, 106, 108, 134, 140, 149, 152, 155, 162, 163, 186, 194, 196, 206, 207, 213, 219, 221, 230, 234, 244, 246, 248, 253, 266
angústia, 18, 45, 53, 64, 74, 106, 148, 177, 181, 186, 225, 234, 235, 264
ansiedade, 53, 65, 84, 85, 110, 111, 115, 122, 138, 142, 143, 152, 160, 178, 179, 185–189, 194, 220, 229, 244

Aristóteles, 59, 128, 161, 169, 241, 251, 258–262
ascetismo, 40
autoconstrução, 173, 174, 176
autoestima, 20, 63, 104, 125, 153, 187, 206, 208, 210, 212, 215

Barthes, Roland, 64–67
Bauman, Zigmunt, 104–109
Beauvoir, 75, 77, 78
bem, 19, 58, 59, 247, 248, 249
Bergson, Henri, 128, 130–132
Botton, Alain de, 17, 18, 22, 80, 81, 82, 87, 88, 89, 90, 91, 104, 153

Calligaris, Contardo, 95, 96, 232–236
cansaço, 50, 52, 53, 62, 96, 110, 112, 113, 120
casamento, 19, 57, 61, 77, 92–97, 100, 103, 107, 138, 139, 140, 153, 167, 235
celebridades, 101–104, 118
Cícero, Marco Túlio, 242, 243
cinismo, 138, 207–210

complexidade, 130, 132, 133, 178, 179
Comte-Sponville, André, 243, 265--268
consumo, 99–100, 105, 106, 115, 170
coração partido, 83–86
coragem, 19, 23, 24, 25, 27, 96, 148, 162, 169, 170, 211–215, 217, 231, 252–254, 265
corpo, 19, 24, 52, 58, 59, 63, 68, 78, 79–83, 84, 95, 100, 110, 112, 115, 116, 122, 123, 128, 130, 131, 151, 158, 160, 161, 162, 167, 186, 187, 188, 189–192, 194, 198, 208, 217, 219–225, 230, 261, 263, 265, 267, 268
covardia, 86, 148, 149, 160–164
culpa, 28, 76, 80, 96, 145, 197, 198, 201–204, 232, 236–239

Delfos (oráculo), 125–128
depressão, 18, 51, 52, 84, 111, 115, 142, 143, 152, 178, 194, 225, 233, 235, 244
desejo, 71, 73, 78, 80, 94, 96, 99–101, 103, 105, 127, 128, 157, 158, 159, 209, 214, 244, 254, 265, 267
desistir, 56, 65, 76
dualismo, 58

emoção, 219, 221, 223, 245, 245
empatia, 120, 210, 222, 236, 254--258
Epicuro, 19, 151–155, 162, 164, 168, 228, 244
esperança, 54, 142, 145, 195, 265–268

Espinosa, Baruch, 36, 43, 53–57, 59, 101, 126, 128–130, 143, 145, 169, 190, 216, 219, 229, 231, 267
esteticismo, 40–42
estoicismo, 19, 21, 22, 23, 24, 29, 30, 31, 162, 242, 245, 265, 268
ética 18, 28, 30, 32, 40–42, 177, 216, 218, 260
excessos, 41, 42, 96, 199

felicidade, 19, 22, 23, 30, 43, 45, 59, 68, 74, 76, 84, 94, 95, 97, 138, 144, 151–171, 179, 192, 199, 229, 234, 235, 241–246, 255, 265, 266, 267, 268
fracasso, 18, 53, 69, 112, 118, 121, 125, 151, 186, 187, 202, 263
Freud, Sigmund, 36, 44, 59, 71, 75, 79, 82, 83, 90, 94, 117, 126, 128, 160--164, 190, 195, 211, 223

gentileza, 213, 249–251
gratidão, 138, 213, 241–246

Han, Byung-chul, 50–53, 110, 111, 196
Heidegger, Martin, 55, 56, 61, 132, 139, 226
Heráclito, 134, 148, 149, 150

imperfeição, 53, 90, 112, 236, 239, 253, 254
impotência, 45, 64, 212
impulsos, 48, 58–59, 126
incerteza, 106, 134–137, 265

ÍNDICE REMISSIVO

intuição, 130–133
inveja, 101, 118, 119, 120, 153, 155, 208, 229, 232

Kant, Emanuel, 26, 58, 74, 132, 189, 246–249

leveza, 67–70, 113, 133, 248
Lorenz, Konrad, 215, 217

mal, 26, 31, 40, 52, 58, 65, 90, 91, 111, 117, 118, 127, 134, 137, 142, 143, 144, 151, 175, 184, 185–189, 132, 247, 263
Maquiavel, 247
medo, 22, 26, 59, 69, 70, 78, 79, 86, 121, 122, 143, 174, 187, 191, 227–228, 229, 231, 233, 252, 253, 257
meritocracia, 153, 187
mitos gregos, 35–39
monismo, 58
multitasking, 111

natureza humana, 143, 180–185, 215, 216
Nietzsche, Friedrich Wilhelm, 20, 21, 25–29, 35, 36, 43–46, 59, 60–63, 68, 79, 119, 125, 126, 128, 134, 136, 137, 143, 152, 154, 156, 160, 173, 190, 195, 210, 222, 223, 227, 237, 259, 267

paciência, 60, 66, 101, 168, 170, 178, 246, 262–265
passado, 44, 56, 135, 141–148, 149, 155–160, 180, 244, 246

perfeição, 90, 149, 238, 252–254
perseverança, 128
Platão 18, 36, 58, 72, 73, 74, 99–101, 131, 132, 152, 189
positividade, 50–53, 121, 168, 170, 171, 228–232
presente, 32, 66, 67 83, 100, 101, 132, 135, 141–148, 149, 185, 187, 217, 228, 244, 246, 267
procrastinação, 196, 197, 198, 199
pulsão, 59, 79, 191, 226

raiva, 32, 54, 122, 183, 201–204, 215, 221, 231, 232, 251, 263
razão, 33, 58, 76, 130, 133, 180,
reativo, 125, 126, 221
respeito, 81, 178, 249, 258–262, 263
ressentimento, 97, 145, 201, 213, 222
ritual, 116, 138, 139, 140, 249
rompimentos, 44, 83–86, 106, 213,
Russel, Bertrand, 75, 78

Santo Agostinho, 58, 127, 141, 142, 147, 189, 242, 247
Sartre, Jean-Paul, 77, 177, 186, 203
schadenfreude, 117–120, 182
Schopenhauer, Arthur, 19, 20, 71, 75, 76, 77, 79, 101, 117, 155–160, 190, 226, 230, 231
Sêneca, 19, 22, 24, 25, 29–35, 115, 142, 197, 242
sexo, 41, 78, 79–83, 96
silêncio, 120–123, 132
sociedade líquida, 105, 106, 108, 109
Sócrates, 17, 47–49, 62, 73, 126, 127, 195, 201, 209

sofrimento, 22, 25, 33, 45, 65, 71, 76, 77, 85, 90, 107, 111, 127, 143, 157, 158, 159, 160–164, 182, 205, 206, 208, 225, 228, 232, 233, 256

solidão, 21, 22, 46, 53, 72, 78, 106, 113, 116, 156, 162, 166, 195, 225–227, 254, 265

tecnologia (danos), 113–117
temor, 28, 137, 227–228, 229, 23

tristeza, 43–46, 122, 170, 186, 203, 204, 222, 229, 230, 232–236

vida (não vivida), 53–57, 59, 61, 64, 65, 68, 69, 70, 74, 76, 78, 81, 88, 90, 91

vida boa, 40–42, 104, 169, 171, 173, 208, 219, 226, 227

virtudes, 23, 24, 163, 169, 170, 171, 241–268